Clara Zetkin

Zur Geschichte der proletarischen Frauenbewegung Deutschlands: Analyse des kommunistischen Frauenkampfs

e-artnow 2018

Friedrich Nietzsche
Zur Genealogie der Moral

Heinrich Schreiber
Volkssagen: Die Legenden der Stadt Freiburg im Breisgau und ihrer Umgegend

Oscar Wilde
De Profundis (Deutsche Ausgabe)

Karl Marx
Manifest der Kommunistischen Partei

Magnus Hirschfeld
Berlins drittes Geschlecht

Clara Zetkin

Zur Geschichte der proletarischen Frauenbewegung Deutschlands: Analyse des kommunistischen Frauenkampfs

Klassiker der feministischen Literatur

e-artnow, 2018
Kontakt: info@e-artnow.org

ISBN 978-80-273-1341-9

Inhaltsverzeichnis

Vorwort

Den Ausgangspunkt der nachfolgenden Studie bildete eine gedrängte Darstellung der Entwicklung und des Wirkens der Internationalen Gewerksgenossenschaft der Manufaktur-, Fabrik- und Handarbeiter, die im Februar 1869 zu Crimmitschau in Sachsen gegründet wurde. Diese Organisation war zusammen mit der zwei Jahre früher ebenfalls in Crimmitschau entstandenen Spinn- und Webgenossenschaft E. Stehfest & Co. der feste Kern und die lebendige Kraft der sozialdemokratischen Aufklärungs-, Werbe- und Organisierungstätigkeit im sächsischen Erzgebirge und Vogtlande, und vor allem unter dem Textilproletariat dort, das der junge aufstrebende Kapitalismus mit der ihn auszeichnenden Brutalität einer schrankenlosen Ausbeutung unterwarf. Es muß hinzugefügt werden, daß es Sozialdemokraten Eisenacher Richtung waren, die von Crimmitschau aus planmäßig und tatkräftig dafür wirkten, die Textilarbeiterschaft zunächst dieser Gegend und dann ganz Deutschlands zum Kampfe wider das kapitalistische Unternehmertum zu vereinigen und zu rüsten. Sozialdemokraten Eisenacher Richtung, das besagt die innere Zugehörigkeit zu der Internationalen Arbeiterassoziation, im Ringen mit dem bürgerlichen Liberalismus um die Sammlung der Proletarier das offene Bekenntnis zu den Grundsätzen der I. Internationale und die Betätigung in ihrem Geiste. Die Entstehung, das Leben und Weben der Internationalen Gewerksgenossenschaft der Manufaktur-, Fabrik- und Handarbeiter zu Crimmitschau wurde durch die Richtung ihrer Führer bestimmt. Die innere Verknüpfung mit der I. Internationale ist zweifelsohne von entscheidendem Einfluß darauf gewesen, daß der Internationalen Gewerksgenossenschaft der Textilarbeiter die Ehre zufällt – soweit ich festzustellen vermöchte –, die erste Organisation in Deutschland gewesen zu sein, die Arbeiterinnen und Arbeiterfrauen zusammen mit den Männern auf dem Boden des revolutionären Klassenkampfes sammelte, organisierte und als gleichberechtigte und vollwertige, tätige Mitglieder gegen den kapitalistischen Klassenfeind führen wollte.

Was darüber in dieser Broschüre berichtet wird, wurde im wesentlichen bereits im Sommer 1905 geschrieben und erschien im »Illustrirten Neue Welt-Kalender« der deutschen Sozialdemokratie für 1906. Die Eigenart der Publikationsstelle und der damit zusammenhängende geringe Raum, der mir zur Verfügung stand, zwangen mich, meine Arbeit auf das äußerste zu beschränken. Wenn ich mich trotzdem für ihre Veröffentlichung im »Illustrirten Neue Welt-Kalender« entschied, so geschah es im Hinblick auf die dadurch gesicherte Massenverbreitung. Der Kalender findet in Deutschland einen weiter ausgedehnten Kreis von Lesern und Leserinnen als andere Parteiliteratur, als Zeitungen, Zeitschriften und Broschüren. Vor großen Massen das so gut wie unbekannte Kapitel aus der Geschichte der proletarischen Frauenbewegung und der Sozialdemokratischen Partei Deutschlands aufzuschlagen dünkte mir aber wertvoller, als darüber mit wissenschaftlicher Geste vor einer kleinen Zahl von Geschulten zu berichten.

Nach meinem Dafürhalten konnten gerade die in ihrer Einstellung zu den sozialen Dingen Unsicheren und Ängstlichen, die Ungeschulten, Scheuen und Schüchternen, die »Kleinen« der Bewegung – und unter ihnen besonders die Frauen – aus dem Bilde hingebungsvollen, ausdauernden Ringens und Aufbaus in der Vergangenheit Belehrung gewinnen, ebenso auch Ansporn, Ermutigung, Begeisterung und Beispiel. Ich hoffte des weiteren, die Arbeit werde die Veröffentlichung von Erinnerungen und Schriftstücken aus jener Zeit anregen, denn damals lebten noch Genossinnen und Genossen, die die erste organisierte Zusammenfassung von proletarischen Frauen und Männern zum Klassenkampf mitgeschaffen und getragen hatten. Außerdem erachtete ich es für eine Pflicht der Gerechtigkeit und Dankbarkeit, die Massen daran zu erinnern, daß sie über der verheißungsvollen Entwicklung der Arbeiterbewegung, dem Ruhm der Sozialdemokratie und ihrer Führer, dem Aufschwung der Gewerkschaften in der damaligen Zeit nicht die Namen und die Leistungen der sich selbst verleugnenden Männer und Frauen vergessen dürften, das Streben und Mühen zahlreicher Ungenannter und Unbekannter, die unter gehäuften Schwierigkeiten und Opfern in den Jahren der Anfänge zur Organisierung der deutschen Arbeiterklasse als Baumeister, Werkführer oder schlichte Kärrner tätig gewesen sind.

Nun, da meine Arbeit als Broschüre erscheinen sollte, war die damals gebotene Beschränkung gegenstandslos. Umgekehrt: Eine Erweiterung und Ergänzung der früheren Studie erwies sich als nötig für die richtige geschichtliche Bewertung der Frühzeit proletarischer Frauenbewegung in Deutschland. Was als deren Anfang erscheint, ist gleichzeitig der Abschluß einer wichtigen Entwicklungsstufe der Sammlung und Organisierung des Proletariats als Klasse. Die von Crimmitschau ausgegangene erste organisierte Zusammenfassung von Arbeiterinnen und Arbeiterfrauen mit ihren Klassenbrüdern gleicht der Quelle, die, stark und rasch abfließend, aus dem Boden tritt, deren Hervorbrechen aber die Vereinigung vieler feiner Wasseradern zur Voraussetzung hat. Die Internationale Gewerksgenossenschaft der Manufaktur-, Fabrik- und Handarbeiter ist die Verkörperung einer geschichtlichen Einstellung zur industriellen Frauenarbeit und Frauenemanzipation, die sich auch die Elite des deutschen Proletariats erst allmählich zu eigen gemacht hat. Die Broschüre zeigt den Weg, den das sich organisierende Proletariat Deutschlands seit den Revolutionstagen 1848/1849 bis Mitte der sechziger Jahre des vorigen Jahrhunderts zurückgelegt hat, um von dem Mitgefühl für die jammervolle Lage der Arbeiterinnen und den Klagen über ihre verhängnisvolle Rückwirkung auf Arbeits- und Lebensbedingungen des gesamten Proletariats zur Betätigung dieser Erkenntnis zu gelangen: Kein Verbot der Industriearbeit, der Erwerbsarbeit der Frauen, vielmehr Schutz gegen ihre mörderische Ausbeutung, gemeinsame Organisierung der von der Kapitalistenklasse ausgebeuteten Frauen und Männer zum entschlossenen Kampfe gegen den gemeinsamen Feind. Gewiß, vereinzelte Fünkchen dieser Erkenntnis blitzten 1848 und später in der Stellungnahme organisierter Arbeiter und in frauenrechtlerischen Strömungen auf. Jedoch davon abgesehen, daß diese Fünkchen meist nicht ganz klar und hell brannten, zündeten sie nicht unter den Proletarierinnen selbst und entfachten nicht ihre klassenbewußte Aktivität. Die ersten Teile der Broschüre geben einen Überblick über das, was vor der Gründung der Internationalen Gewerksgenossenschaft des Textilproletariats in Deutschland war. Dazu gehört auch ein gedrängtes Eingehen auf das erste Eintreten bürgerlicher Frauen für die Gleichberechtigung des weiblichen Geschlechts, auf die Anfänge der bürgerlichen Frauenbewegung, die, den Zeitströmungen entsprechend, mit einem Sträußlein Interesse für die Lage der Arbeiterinnen, von Mitgefühl für ihre Leiden geschmückt sind. Ist das überschwengliche Lob gerechtfertigt, das die deutsche Frauenrechtlerei in beiden Beziehungen ihren ersten Vorkämpferinnen spendet? Die Broschüre beantwortet diese Frage mit Tatsachen. Sie erhärten unbestreitbar, daß in Deutschland Schwäche und Verschwommenheit die hervorstechenden Merkmale des Kampfes bürgerlicher Frauen für die volle Emanzipation ihres Geschlechts waren und mehr noch ihres Eintretens für das Recht der Proletarierinnen, der Arbeiterklasse. Helles Licht fällt darauf durch die Forderungen, die die kühne Flora Tristan in Frankreich einige Jahre vor Louise Otto für die volle Befreiung des weiblichen Geschlechts und des Proletariats als Klasse erhob; fällt darauf durch die rücksichtslose Energie, mit der Frauen der Vereinigten Staaten von Nordamerika 1848 ihre uneingeschränkte Gleichberechtigung heischten. Die angeführten Tatsachen weisen zugleich hin auf die geschichtlichen Ursachen der Kümmerlichkeit hier, der Stärke dort. Sie unterstreichen, daß die klassenbewußte proletarische Frauenbewegung Deutschlands keineswegs ein wildwuchernder Absenkung der bürgerlichen Frauenbewegung ist, wie manche glauben.

So gliedern diese Teile der Studie den Beginn des Aufmarsches der deutschen Proletarierinnen zum Kampfe für ihre Gleichberechtigung noch fester als früher in den Werdegang der deutschen Arbeiterbewegung bis zum Erlaß des Sozialistengesetzes 1878 ein. Sie erbringen damit den Nachweis, daß die planmäßigen Bestrebungen zur Organisierung der Proletarierinnen als klassenbewußter Kämpferinnen und ihre Schulung ein wesentlicher Bestandteil dieses Werdeganges sind. Das gilt insbesondere für die Frühzeit der Gewerkschaftsentwicklung, die sich auf dem Boden des Klassenkampfes vollzog. Der Gewerkschaftskongreß zu Halberstadt 1892 hat sich nur zu einem Grundsatz bekannt, der mehr als 20 Jahre vor ihm gewerkschaftliche Praxis gestaltete, als er beschloß, die der Generalkommission angegliederten zentralisierten Verbände hätten ihre Statuten dahin zu ändern, daß die Arbeiterinnen als gleichberechtigte Mitglieder aufzunehmen seien. Ein bedeutsames Stück geistiger, ideeller Entwicklung der deutschen Arbeiter offenbart sich in ihrem Aufstieg von der früheren Forderung des Verbotes der industriellen Frauenarbeit bis zum tatkräftigen Eintreten für die Organisierung der Lohnsklavinnen, der Proletarierinnen, in Reih und Glied ihrer Klassengenossen zum Kampfe gegen die kapitalistische Wirtschaft, die bürgerliche Ordnung. Diese Entwicklung ist auf das engste verbunden mit der fruchtbaren Ausstrahlung der Auffassung von Marx und Engels von der geschichtlichen Tragweite der industriellen Frauenarbeit und mit der von ihnen beeinflußten Stellungnahme der I. Internationale zu den das Proletariat bewegenden Zeit- und Streitfragen. Das wird in der vorliegenden Broschüre gezeigt und gewürdigt.

Die engere Zusammenbindung der Ansätze zur klassenbewußten Organisierung der Proletarierinnen mit der Entwicklung der allgemeinen Arbeiterbewegung in Deutschland machte eine gründliche Revision des alten Textes unerläßlich. Nicht daß er einschneidende sachliche Veränderungen erfahren hat. Wohl aber war an manchen Stellen eine erläuternde und erklärende Fassung erforderlich, hier und da auch die Einschaltung von Sätzen, die auf späteres Geschehen hinweisen. Gestrichen ist, was den inneren Zusammenhang der Crimmitschauer Organisation mit der I. Internationale nachwies, weil es ausführlicher an anderer Stelle steht.

Nichts jedoch von diesen Korrekturen ändert den grundsätzlichen Charakter der alten Arbeit, mit einer einzigen Ausnahme. Nicht die Länge der seit 1905 verrauschten Zeit, vielmehr die in ihr erfolgte Umwandlung der deutschen Sozialdemokratie aus einer stolzen revolutionären Klassenpartei des Proletariats in eine bescheiden-bürgerliche, demokratisch-soziale Reformpartei hat mich gezwungen, den Schluß der alten Arbeit völlig umzuändern. Diese endete mit einem vollen und damals wohlverdienten Lob für die sozialdemokratische Frauenbewegung in Deutschland. An Stelle des Lobes mußte schärfste Kritik treten. Die deutsche proletarische Frauenbewegung hat ihr gerüttelt Maß Anteil an dem Verfall, dem Niedergang der Sozialdemokratischen Partei. Sie ist von einer tapferen, zielklaren Kämpferin für den revolutionären Marxismus in der II. Internationale zu einer gehorsam dienstbaren, fleißigen Magd des Reformismus geworden, die auf selbständiges Prüfen, Urteilen und Handeln verzichtet. Die Kennzeichnung dieser schimpflichen Mauserung war Pflichtgebot, sollte meine Arbeit ihrem alten Ziel treu bleiben: die Klärung und Kräftigung des proletarischen Klassenbewußtseins zu fördern, eine Klärung und Kräftigung, die die ausgebeuteten und geknechteten Männer und Frauen zur siegreichen, entscheidenden Macht der Geschichte zusammenballt.

Als Anhang ist der Broschüre Biographisches über die drei Persönlichkeiten hinzugefügt, die im Verlaufe der Darstellung besonders hervorgetreten sind: Louise Otto-Peters, Flora Tristan und Julius Motteler. Viel Zeit ist seit 1905 verstrichen, da die Erinnerung an entscheidende Einzelheiten der Frühperiode und des »Heldenzeitalters« der deutschen Sozialdemokratie unter dem Ausnahmegesetz wie an ihre führenden Persönlichkeiten noch lebendig war und vielerlei vorausgesetzt werden konnte. Gewaltigste Ereignisse sind seither in die Geschichte getreten, haben Geschichte gestaltet. Für die nachgerückten Geschlechter beginnt eine Vergangenheit zu verblassen, die um mehr als ein halbes Jahrhundert zurückliegt. Wie viele oder richtiger wie wenige der Jungen wissen heute, durch welche unsterblichen Verdienste um die Sache des geknebelten und gehetzten Proletariats Motteler den Ehrennamen des »Roten Feldpostmeisters« erwarb?

Moskau, Ende 1928
Clara Zetkin

Die Forderung der Frauenemanzipation in der deutschen Revolution 1848/1849

Es muß auffallen, daß in dem revolutionären Sturm und Drang von 1848/1849 in Deutschland nur wenige einzelne Frauen, noch weniger fordernde Frauenmassen handelnd hervorgetreten sind, geschweige denn Frauenorganisationen, die beherzt und kräftig in das politische und soziale Geschehen eingegriffen hätten. Welcher Gegensatz zu dem Verhalten der Frauen des Dritten Standes und ganz besonders der Kleinbürgerinnen und Proletarierinnen der Pariser Vorstädte während der Französischen Revolution. Es sei an einige besonders markante Episoden und Frauengestalten aus der Geschichte jener Zeit erinnert: an den Zug der Pariserinnen nach Versailles, um »den Bäcker und die Bäckerin«, das heißt den König und die Königin, samt der Nationalversammlung nach Paris zu führen, jenen denkwürdigen Zug, der angefeuert wurde durch die »Amazone der Freiheit«, Theroigne de Méricourt, die beim Sturm auf die Bastille in vorderster Reihe focht und auch am Aufstand des 10. August tätigsten Anteil nahm, der 1792 zum Sturz des Königtums führte; an das stürmische Begehren der Frauen, mit der Waffe das Land der Revolution zu verteidigen. Im Namen mehrerer hundert Bürgerinnen forderte Pauline Léon von der Volksvertretung Piken, Pistolen, Säbel und die Errichtung eines Übungslagers. In Paris und in vielen Departements formierten sich Amazonenkorps; 4000 junge Mädchen entfalteten zu Bordeaux am 14. Juli 1792 ihre Fahnen. Ganz zu schweigen von den einzelnen Frauen und Mädchen, die als Soldaten die Feldzüge der jungen Republik gegen die Koalition des reaktionären Europas mitfochten und die nicht selten in den Tagesbefehlen der revolutionären Armee für ihre Tapferkeit mit Auszeichnung erwähnt wurden. Es sei erinnert an den führenden Einfluß, den Madame Roland in der Partei der Girondisten, das heißt der Großbourgeoisie, ausübte, während die Schauspielerin Rose Lacombe, die für ihre Tapferkeit bei der Einnahme der Tuilerien mit der Bürgerkrone ausgezeichnet wurde, gestützt auf die »Gesellschaft der revolutionären Republikanerinnen«, eine treibende Kraft in der Manifestation war, die die Vernichtung dieser Partei einleitete; an die Petition der Pariserinnen an die Nationalversammlung 1789, in der sie politische Gleichberechtigung und wirtschaftliche Betätigungsfreiheit des weiblichen Geschlechts forderten; an die »Erklärung der Rechte der Frau und Bürgerin« durch Olympe de Gouges; an das leidenschaftliche Interesse, mit dem die Frauen den Verhandlungen der Verfassungsgebenden und der Gesetzgebenden Versammlung und den Kämpfen des Konvents folgten und sich an ihnen durch Zwischenrufe, Anregungen und Deputationen beteiligten; an ihr Auftreten in den politischen Klubs und in den Frauenvereinigungen. Es gab in ganz Frankreich keine große und keine kleine Stadt, die nicht ihren Frauenklub gehabt hätte, und mancherorts waren selbst Dorfbewohnerinnen Mitglieder politischer Frauenvereinigungen. Die Gesellschaft der »Freundinnen der Freiheit und Gleichheit« zu Lyon stand an der Spitze der Bewegung im Herbst 1792, die ihren Ursprung in einer Hungerrevolte hatte und die Stadt vorübergehend in die Gewalt der Frauen brachte. Diese setzten die Preise der lebensnotwendigen Waren fest und ließen das Preisverzeichnis öffentlich anschlagen. Die »Freundinnen der Freiheit und Gleichheit« zu Besançon faßten einen Beschluß, daß vom Konvent für die Frauen das Stimmrecht in den Versammlungen der Urwähler gefordert werden solle. Während aber in der Provinz die meisten Frauenklubs sich mehr in dem allgemeinen Kampf der Republikaner gegen die Feudalaristokratie betätigten, ergriffen in der Hauptstadt politisch organisierte Frauen in den Schlachten Partei, in denen innerhalb des bürgerlichen Lagers die Klassen auf Tod und Leben um den Inhalt der Revolution rangen. Die »Gesellschaft der revolutionären Republikanerinnen« zu Paris verband ihr Wirken und ihr Schicksal mit den extremsten Revolutionären, deren soziale Ziele weit über die der Politik Robespierres und selbst die Forderungen der Hebertisten hinausgingen. Vornehmlich um diese »Tollen« in der »Gesellschaft der revolutionären Republikanerinnen« zu treffen, die sich durch Deputationen und radikale Petitionen unbequem machte und die stets mit den revolutionären Sektionen demonstrierte und marschierte, schloß der Wohlfahrtsausschuß Ende 1793 alle Frauenklubs. Das erwachte politische Bewußtsein und die materielle Not trieben die Frauen aber immer wieder in den öffentlichen Kampf. Zahlreich nahmen sie teil an dem Aufstand im Mai 1795, in dem die hungernden Massen der Pariser Vorstädte zum letzten Mal versuchten, der seit dem Thermidor herrschenden und zunehmenden Reaktion Halt zu gebieten. Daraufhin erließ der Konvent eine Verordnung, die Frauen hätten in ihren Behausungen zu verbleiben.

Gewiß, auch in Deutschland wurden die Forderungen der Frauenemanzipation laut, die zuerst in Frankreich und England erklungen waren. Gleichzeitig mit der »Verteidigung der Frauenrechte« durch Mary Wollstonecraft hatte der Königsberger Bürgermeister und Polizeidirektor Theodor Gottlieb von Hippel unter dem Eindruck der gewaltigen Umwälzung in Frankreich in seiner Streitschrift »Über die bürgerliche Verbesserung der Weiber und über die weibliche Bildung« die volle Gleichberechtigung des weiblichen Geschlechts verfochten. Seitdem hatten die Ideen französischer und englischer Vorkämpfer und Vorkämpferinnen für die Gleichberechtigung beider Geschlechter im vormärzlichen Deutschen Bund Anhängerinnen geworben. Allein, ihre Zahl war nicht bedeutend, und wie eine organisatorische Zusammenfassung fehlte ihnen erst recht der politische, der revolutionäre Kampfmut. Sie gehörten überwiegend zu den begüterten Gesellschaftsschichten, und ihr individualistisches Streben nach Freiheit und Gleichberechtigung erschöpfte sich zumeist in der schöngeistigen literarischen Predigt einer durchaus subjektivistischen »Emanzipation des Herzens«, deren deutlich wahrnehmbarer Unterton die Stimmung der Romantik war. Soweit die Frauen des honetten Bürgertums durch die politischen Zeitereignisse von 1848 und 1849 aufgewühlt wurden, blieben sie mit ihrem Fühlen und Denken in der Nebelatmosphäre schwarzrotgoldener Schwärmerei für die »Demokratie«. Das trifft auch für die wenigen Frauen dieses Bürgertums zu, die politisch aktiv, kämpfend aus der Menge emportauchten. Es seien davon nur die drei bekanntesten »Amazonen der deutschen Revolution« erwähnt: Amalie von Struwe, Mathilde Anneke und Emma Herwegh. Niemand wird die glühende, schwärmerische Liebe der drei und einiger anderer Gesinnungsgenossinnen für die Ideale des Märzen bezweifeln, die Stärke und Lauterkeit ihrer Hingabe an sie, den Mut ihrer Überzeugung. Jedoch überprüft man das Leben und Handeln dieser Frauen als Ganzes, so tritt sinnfällig in Erscheinung, daß die Liebe zu ihren Gatten die stärkste Triebkraft war, die sie zur politischen Betätigung und in revolutionäre Kämpfe führte. Davon abgesehen, war das deutsche Amazonentum von 1848/1849 mehr Kostüm als Tat. In der sozialdemokratischen Literatur von heute wird es anerkennend verzeichnet, daß die Revolutionärinnen von 1848 wohl kaum Gebrauch von den Dolchen und Pistolen gemacht haben, die sie im Gürtel trugen. Die Anerkennung wird zur unbeabsichtigten Kritik leerer, theatralischer Gesten, deren es zur Bekundung fester Kampfentschlossenheit nicht bedurft hätte. Amalie von Struwe hielt sich aufrecht, stolz, als sie von einer betrunkenen, tollgemachten Soldateska abtransportiert wurde. Emma Herwegh wird größere Kaltblütigkeit und Tapferkeit in gefährlichen Situationen als ihrem Mann nachgerühmt.

Jedoch alles in allem scheint es, daß das revolutionäre Auftreten der genannten Frauen mehr die Zielscheibe sittlicher Entrüstung und billiger Witzeleien des wohlanständigen deutschen Philistertums gewesen ist als ein Gegenstand ernster Beachtung oder gar von Befürchtungen der Gegenrevolutionäre. Im Gegensatz zu den Kämpferinnen der Französischen Revolution sind ihre deutschen Nachfolgerinnen bei wichtigen Episoden des Ringens für das neue, freiheitliche Deutschland nicht als selbständig Handelnde, ja Entscheidende hervorgetreten, haben sie sich nicht als Bewegerinnen und Führerinnen Recht und Freiheit heischender Frauenmassen, Volksmassen betätigt, die ein gemeinsamer politischer Zielwille im Sturmschritt vorwärtstrieb. Nebenbei: Sozialdemokratische Geschichtsklitterung versucht es, die Regierungskoalition, der Reformisten mit der Bourgeoisie zu rechtfertigen und insbesondere die Proletarierinnen für sie zu begeistern, indem sie in sentimentaler Seichtbeutelei die Schatten der Frauengestalten aus der achtundvierziger Revolution heraufbeschwört, denen als besonderes Verdienst angerechnet wird, daß sie zu den Besitzenden und Gebildeten gehörten und nur durch ihr Mitgefühl für die Leiden des Volkes, nicht aber durch Klassensolidarität mit diesem verbunden waren. Demgegenüber sei auf das vorbildliche Heldentum der Pariser Kommunekämpferinnen hingewiesen, das sich ebenso schlicht, einfach, gleichsam selbstverständlich äußerte, wie es unsterblich ist.

Und noch ein anderes Beispiel: Die russischen Revolutionärinnen, die als Propagandistinnen »unter das Volk gingen«, als Terroristinnen Brust an Brust mit dem Zarismus rangen und in Sibirien oder am Galgen endeten, stammten zum großen Teil aus der Aristokratie und Bourgeoisie; die Geschichtsschreibung der Frauenrechtlerei hat ihnen keine Lorbeerkränze gewunden. Es versteht sich, daß in der Atmosphäre der deutschen Revolution freiheitlich gerichtete Frauenvereine aufkamen, jedoch ohne sozial klar fundierte politische Ziele, ohne grundsätzliche Frauenrechtsforderungen. Ihnen eignete überwiegend der Charakter von Hilfsorganen demokratischer Vereine der Männer, von Samariterorganisationen. Ihre Mitglieder betätigten sich beim Aufbringen von Geldern, von Proviant, sie leisteten Kundschafter- und Verbindungsdienste, übernahmen die Verwundeten- und Flüchtlingspflege und vieles andere mehr. Über den Anteil der Frauen des deutschen Bürgertums an dessen revolutionärem Waffengang gegen die feudale Gesellschaft kann nicht mehr gesagt werden, als was Louise Otto-Peters nach fast 20 Jahren darüber schrieb, als die zeitliche Entfernung manches nüchtern bewerten ließ und manches verklärte. Louise Otto-Peters war eine der wenigen Frauen in Deutschland, die mit voller Überzeugung den Kampf für die Gleichberechtigung ihres Geschlechts mit der revolutionären Bewegung von 1848/1849 verknüpfte, wenn sie auch einzig und allein mit ihrer Feder focht und ohne Dolche und Pistolen im Gürtel auftrat. Auf jene Tage zurückblickend, gab sie diese Charakteristik: »War auch der größte Teil der Frauen auf der Seite jener Fanatiker der Ruhe, welche den Sieg der Freiheitsbestrebungen fast viel mehr erschwerten als selbst die erbittertsten Gegner derselben, und rächte es sich dadurch furchtbar, daß man die Frauen und selbst seitens der dem Fortschritt huldigenden Männer von aller Teilnahme an den politischen Angelegenheiten des Tages ausgeschlossen und sie in Indifferentismus und in Unwissenheit erhalten hatte – so fanden sich doch unzählige begeisterte Frauen, welche der Sache der Demokratie dienten und zugleich für die eigenen, d. h. die weiblichen politischen Rechte das Wort und die Feder ergriffen. Die Sache der Frauen und ihre Stellung war eine Parteiangelegenheit geworden, und es gab kein vereintes weibliches Wirken, das nicht im Dienste einer Partei geschehen wäre. Da und dort entstanden demokratische Frauenvereine, die namentlich zur Zeit der niedergeworfenen Erhebung noch voll schöner Hingebung Gutes und Großes unter eigenen Gefahren wirkten. Aber eben darum wurden diese Frauenvereine nur zu bald gewaltsam aufgelöst, und damit waren, angesichts der immer mehr hereinbrechenden und immer mehr die Gemüter niederdrückenden Reaktion, auch alle die Bestrebungen und Interessen wieder verschwunden, an die auch das weibliche Geschlecht sich mit erwachendem Bewußtsein freudig hingegeben hatte. Erging es doch unter der Männerwelt nicht besser – wie hätten die Frauen dem allgemeinen Schicksal, das auf allen lastete, sich entziehen sollen?« Louise Otto, »Das Recht der Frauen auf Erwerb«, Hamburg 1866, S. 77/78.

Und die Frauen des werktätigen Volkes? Peitschte nicht die Härte ihres Loses sie mit Klagen und Anklagen in den Kampf für eine neue, bessere Zeit, in den Kampf für volle Rechte, die nicht nur die ihres Geschlechts, sondern die ihrer Klasse waren? Die wirtschaftliche Entwicklung der Gesellschaft war in dem Deutschland der vierziger Jahre des vorigen Jahrhunderts unbestreitbar weiter fortgeschritten als in dem Frankreich der großen Revolution. Der sich rasch entfaltende Kapitalismus stampfte ohne Erbarmen die Handwerker und andere Kleingewerbetreibende unter seine eisernen Füße, verwandelte sie in seine Lohnsklaven in seinen Fabriken oder auch mittels des Verlagssystems und ähnlicher Betriebsformen im eigenen Heim. Er unterwarf anschwellende Scharen von Frauen, jungen Mädchen und Kindern zarten Alters seiner mörderischen Auspressung und steigerte mit alledem das Elend des Proletariats auf das höchste.

Das schwerste Kreuz lastete auf den Schultern der Frauen und Töchter der Besitzlosen und Wenigbesitzenden und beugte namentlich die Industriearbeiterinnen nieder. Durch ihre Lage in der Familie an Fügsamkeit und Sichduckenmüssen gewöhnt, sozial widerstandsschwächer, wehrloser und gefesselter als die Arbeiter, frondeten sie für Hungerlöhne endlos lange Arbeitszeiten bei Tag und Nacht – wie es dem Profitbegehren und der Willkür der Unternehmer gefiel – unter Bedingungen, die auch den bescheidensten hygienischen Anforderungen hohnsprachen. Ihre Behandlung war schmachvoll. Die Ketten der Vergangenheit zogen sie zu Boden, und alle

Skorpione der neuen Ära der Kapitalsgewalt züchtigten sie. Sicherlich bewegte Tausende dieser Opfer der bürgerlichen Ordnung in ihrem Herzen die Hoffnung auf ein anbrechendes Reich der Freiheit, Gleichheit und Brüderlichkeit. Manche von ihnen leisteten den Aufständischen wertvolle Hilfsdienste, bis zum Kugelgießen und dem Bau von Barrikaden. Allein von ihrem geschlossenen Auftreten als organisierte Fordernde in Versammlungen und Konferenzen, gemeinsam mit den wider Ausbeutung und Knechtschaft sich erhebenden Brüdern, von ihrem gemeinschaftlichen Aufmarsch mit diesen vor Gemeinde- und Staatsbehörden erzählen keine mir bekannten Dokumente. Die Arbeiterinnen schwiegen von dem, was sie als ausgebeutete Proletarierinnen, als sozial Unmündige fordern und erkämpfen mußten. Die Ideologie dessen, »was der Frau ziemt«, hatte offenbar in Deutschland eine besonders stark bindende Kraft, die erst zusammenbrach, als der Kapitalismus unerbittlich weiter und gründlicher »mit dem Hammer philosophierte«.

Wozu Tausende, Hunderttausende sich nicht erkühnten, das wagte eine junge Schriftstellerin, Louise Otto, deren Rückblick auf die Revolutionsjahre wir oben wiedergaben. Sie tat ihren Mund auf für die Stummen und verlieh ihrem namenlosen Jammer eine Stimme. In der »Leipziger Arbeiter-Zeitung« vom 20. Mai 1848 veröffentlichte sie die »Adresse eines Mädchens« an den sächsischen Minister des Innern, an die durch ihn berufene Arbeiterkommission und an alle Arbeiter. Dieses denkwürdige Schriftstück enthält folgende bemerkenswerte Sätze:

»… ich schreibe diese Adresse nicht, trotzdem daß ich ein schwaches Weib bin – ich schreibe sie, weil ich es bin. Ja, ich erkenne es als meine heiligste Pflicht, der Sache derer, welche nicht den Mut haben, dieselbe zu vertreten, vor Ihnen meine Stimme zu leihen … denn die Geschichte aller Zeiten hat es gelehrt und die heutige ganz besonders, daß diejenigen, welche selbst an ihre Rechte zu denken vergaßen, auch vergessen wurden. Darum will ich Sie an meine armen Schwestern, an die armen Arbeiterinnen mahnen! Meine Herren, wenn Sie sich mit der großen Aufgabe unserer Zeit: mit der Organisation der Arbeit beschäftigen, so wollen Sie nicht vergessen, daß es nicht genug ist, wenn Sie die Arbeit für die Männer organisieren, sondern daß Sie dieselbe auch für die Frauen organisieren müssen … weil die Frauen nur zu wenig Arten von Arbeiten zugelassen sind, die Konkurrenz in denselben die Löhne so heruntergedrückt hat, daß, wenn man das Ganze im Auge behält, das Los der Arbeiterinnen noch ein viel elenderes ist als das der Arbeiter …

Nun kann man zwar sagen: Wenn die Männer künftig besser als jetzt bezahlt werden, so können sie auch besser für ihre Frauen sorgen und diese sich der Pflege ihrer Kinder widmen, statt für andere zu arbeiten. Einmal fürchte ich, wird das Los der arbeitenden Klassen nicht gleich in diesem Maße verbessert werden können, und dann bleibt immer noch die große Schar der Witwen und Waisen, auch der erwachsenen Mädchen überhaupt, selbst wenn wir die Gattinnen und Mütter ausnehmen. Ferner heißt dies aber auch, die eine Hälfte der Menschen für Unmündige und Kinder erklären und von der anderen ganz und gar abhängig machen. Es heißt dies, um es geradeheraus zu sagen: die Sittenlosigkeit, das Verbrechen begünstigen … Auf alle Fälle wird die Zahl der unglücklichen, unmoralischen, leichtsinnig geschlossenen Ehen, der unglücklichen Kinder und der unglücklichsten Proletarierfamilien auf eine bedenkliche Weise gerade dadurch vermehrt, daß das Los der alleinstehenden Arbeiterinnen ein so trauriges ist …

Vergessen Sie bei der Organisation der Arbeit die Frauen nicht! … Vergessen Sie auch die Fabrikarbeiterinnen, Tagelöhnerinnen, Strickerinnen, Näherinnen usw. nicht! – Fragen Sie auch nach ihrem Verdienst, nach dem Druck, unter dem sie schmachten …

Und auch für Sie, meine Herren, auch für Sie, die ganze große Schar der Arbeiter, habe ich diese Adresse geschrieben … Sind das nicht Ihre Frauen, Schwestern, Mütter und Töchter, deren Interessen es zu wahren gilt, so gut wie Ihre eigenen? – Statt dessen hat es in Berlin geschehen können, daß die Fabrikarbeiter, die eine Verbesserung ihres Loses begehrten, darauf drangen, daß aus den Fabriken alle Frauen entlassen würden! – Nein, geben Sie nicht zu, daß fortan noch das Elend Ihre Töchter zwingt, noch ihr einziges Besitztum, ihre Ehre, da man ihre Arbeitskraft verschmäht, an den lüsternen Reichen zu verkaufen! … Denken Sie nicht nur daran, wie Sie sich selbst, sondern auch wie Sie Ihren Frauen, Töchtern Brot verschaffen können!«

Das Blatt, in dem die »Adresse« erschien, durfte sich im wahrsten Sinne des Wortes eine Arbeiterzeitung nennen, denn es war eine Schöpfung von Proletariern. Leipziger Setzer hatten 1847 eine eigene Zeitschrift »Typographia« gegründet. Louise Otto war bald nach Gründung von einer Abordnung der Setzer zur Mitarbeit an der »Typographia« aufgefordert worden. Sie sagte zu und schrieb für die Zeitschrift noch mehr, als diese sich 1848 in die erste »Leipziger Arbeiter-Zeitung« verwandelte. Als Louise Otto 1848 mit der »Adresse eines Mädchens« hervortrat, hatte sie bereits mehrere Jahre in der demokratischen Presse für die Gleichberechtigung des weiblichen Geschlechts mit der Feder gefochten. 1844 war in Robert Blums »Sächsischen Vaterlands-Blättern« die Frage aufgeworfen worden: »Haben die Frauen ein Recht zur Teilnahme an den Interessen des Staates?« Zur Beantwortung dieser Frage schrieb Louise Otto ihren ersten Artikel, dessen Kern der Satz war: »Die Teilnahme der Frauen an den Interessen des Staates ist nicht allein ein Recht, sie ist eine Pflicht der Frauen.« Ebenda, S. 76. Der Artikel erschien mit der öffentlichen Aufforderung, »mehr in diesem Sinne zu schreiben«. So wurde Louise Otto Mitarbeiterin an demokratischen Blättern, Zeitschriften und anderen Veröffentlichungen. »Überall vertrat ich die Rechte meines Geschlechts«, sagte sie von ihrer schriftstellerischen Tätigkeit. Ihre Veröffentlichungen erwarben ihr die Sympathien und das Vertrauen weiter Arbeiterkreise.

Louise Otto gründete und leitete das erste deutsche Frauenblatt, die »Frauen-Zeitung«, mit dem Motto: »Dem Reich der Freiheit werb' ich Bürgerinnen!« Es erschien wöchentlich; die erste Nummer kam am 21. April 1849 heraus. Die »Frauen-Zeitung« war aus dem gleichen Geiste geboren und wurde von der nämlichen arbeiterfreundlichen, mehr gefühlsmäßigen als sozial erkenntnisklaren Auffassung beherrscht wie die »Adresse eines Mädchens«, nur daß in ihr die Forderung der politischen Gleichberechtigung der Frau unzweideutiger, nachdrücklicher vertreten wurde. Das Programm der »Frauen-Zeitung« erklärte unter anderem: »Mitten in den großen Umwälzungen, in denen wir uns alle befinden, werden sich die Frauen vergessen sehen, wenn sie selbst an sich zu denken vergessen!

Wohlauf denn, meine Schwestern, vereinigt Euch mit mir...

Wir wollen unser Teil fordern: das Recht, das Rein-Menschliche in uns in freier Entwicklung aller unserer Kräfte auszubilden, und das Recht der Mündigkeit und Selbständigkeit im Staat.

Wir wollen unser Teil verdienen: Wir wollen unsere Kräfte aufbieten, das Werk der Welt-Erlösung zu fördern, zunächst dadurch, daß wir den großen Gedanken der Zukunft: Freiheit und Humanität (was im Grunde zwei gleichbedeutende Worte sind) auszubreiten suchen ... Wir wollen unser Teil aber auch dadurch verdienen, daß wir nicht vereinzelt streben, nur jede für sich, sondern vielmehr jede für alle und daß wir vor allem derer zumeist uns annehmen, welche in Armut, Elend und Unwissenheit vergessen und vernachlässigt schmachten.«

Das Programm enthält die Bitte an »diejenigen meiner Schwestern, die nicht Schriftstellerinnen sind, um Mitteilungen, zunächst die Bedrückten, die armen Arbeiterinnen, auch wenn sie sich nicht geschickt zum stilisierten Schreiben fühlen...« Es ist wichtig, »daß gerade ihre Angelegenheiten vor die Öffentlichkeit kommen, so kann ihnen am ersten geholfen werden«. Anders gesagt, Louise Otto warb um Korrespondentinnen aus den Reihen der Arbeiterinnen, der werktätigen Frauen. Ihre »Frauen-Zeitung« erschien bis 1852, als auch sie der Reaktion zum Opfer fiel. Ihre Wirkung scheint nicht sehr groß gewesen zu sein und namentlich nicht die Arbeiterinnen erfaßt zu haben.

Louise Ottos Hervortreten mit der Forderung voller sozialer Gleichberechtigung des weiblichen Geschlechts war zweifellos eine mutige Tat und bleibt ein denkwürdiges Ereignis. Ihr Ruf nach Recht und Hilfe für die »armen Schwestern«, die Arbeiterinnen, darf ebensowenig vergessen werden. Um jedoch Louise Ottos Verdienst geschichtlich richtig zu werten, muß man den Blick über den Rhein hinüber nach Frankreich wenden. Dort begann unter der Julimonarchie die moderne kapitalistische Produktion sich in rascherem Tempo zu entfalten, die sozialen Beziehungen differenzierten sich, und die Lebensformen der Bourgeoisie erfuhren eine Wandlung. In der Folge entfesselte die Frage der Frauenemanzipation im öffentlichen Leben eine breite Strömung, die bereits von einer Tiefe war, daß die Klassengegensätze der bürgerlichen Gesellschaft in ihr Ausdruck fanden. Die Stärke dieser Bewegung erhellt daraus, daß sie schon die Gegenspielerinnen der Frauenrechtlerinnen auf den Plan rief. Die christlichen Frauen verwarfen in ihrer Frauenzeitung jegliche politische und soziale Entsklavung der Frau. Sie forderten nur eine Reform der Erziehung des weiblichen Geschlechts, und dies lediglich zu dem Zweck, die Frau für ihren einzigen Beruf als Gattin und Mutter innerhalb der patriarchalischen Familie besser zu rüsten. Betont bürgerlich und beschränkt feministisch waren die Ziele der Frauenrechtlerinnen, die sich unter der tätigen Führung von Madame de Mauchamps um eine politische Frauenzeitschrift scharten. Sie beschworen Louis-Philippe, König der Franzosen, sich auch zum »König der Französinnen« zu erklären, indem er die politischen Vorrechte, die der große Besitz genoß, auch den besitzenden Frauen zukommen lasse. Des weiteren verlangten sie die Öffnung der freien Berufe, wie des der Ärzte, und der Beamtenlaufbahn für die Frauen, was wiederum nur denjenigen unter ihnen zugute kommen konnte, die die teuren Studien zu bestreiten vermochten. Beschränkten sich die Bemühungen dieser Frauenrechtlerinnen darauf, innerhalb der bürgerlichen Gesellschaft den Kreis der Bevorrechteten durch Frauen der besitzenden Klassen zu erweitern, so zielten die Bestrebungen des anderen Flügels der Frauenbewegung über den Rahmen der bestehenden Ordnung hinaus. Hier setzte man sich für die völlige Befreiung des gesamten weiblichen Geschlechts ein, und Frauen und Männer verkündeten vereint diese Forderung als untrennbaren Teil der radikalen Neuordnung der Gesellschaft. So bildeten in Frankreich in den dreißiger und vierziger Jahren des vorigen Jahrhunderts Forderungen und Bestrebungen, wie sie Louise Otto in der deutschen Revolution vertrat – nur viel weitergehend – , einen wesentlichen Bestandteil der Lehren sozialistischer Sekten und Schulen und hatten auch in dem politischen und schöngeistigen Schrifttum Eingang gefunden.

Die großen Utopisten und ihre Schüler schlossen in die planvolle, harmonische Organisation der Menschheit, die sie als Rettung aus den qualvollen Widersprüchen und Gegensätzen der bürgerlichen Gesellschaft erträumten, wie die Befreiung der Arbeiter so auch die Emanzipation der Frau als selbstverständlich ein. Friedrich Engels verwies darauf in seiner Polemik gegen Dühring, der sich einbildete, »man könne die modern-bürgerliche Familie von ihrer ganzen ökonomischen Grundlage losreißen, ohne dadurch ihre ganze Form zu verändern«. Friedrich Engels, »Herrn Eugen Dührings Umwälzung der Wissenschaft (Anti-Dühring)«, Dietz Verlag, Berlin 1957, S. 396. Engels schrieb: »Die Utopisten stehn hier weit über Herrn Dühring. Ihnen war mit der freien Vergesellschaftung der Menschen und der Verwandlung der häuslichen Privatarbeit in eine öffentliche Industrie auch die Vergesellschaftung der Jugenderziehung und damit ein wirklich freies gegenseitiges Verhältnis der Familienmitglieder unmittelbar gegeben.« Ebenda, S. 396/397. Aus einer saint-simonistischen Messe im Jahre 1831 stammt folgender Glaubenssatz: »Die Frau und der Arbeiter bedürfen beide der Befreiung. Beide, gebeugt unter der Last der Sklaverei, müssen uns die Hand reichen und, der eine und die andere, eine neue Sprache uns offenbaren.« In der schönen Literatur fanden solche Ideen Widerhall, so unter anderem namentlich in den Romanen George Sands. Salonfähig geworden, drangen sie auch hinüber in die »Kinderstube Deutschland«. Wichtiger als ihr Schicksal im Bürgertum ist für uns hier die Tatsache, daß bereits im Anfang der vierziger Jahre in Frankreich der Versuch unternommen wurde, die Losung der Emanzipation des Arbeiters und der Frau unter die Massen der Proletarier und Proletarierinnen zu tragen, um sie durch die Massen selbst zu verwirklichen.

Eine Frau war es, die sich der Notwendigkeit dieses Schrittes bewußt geworden und die tapfer und umsichtig an die Durchführung ihres kühnen Planes ging. Flora Tristan fußte auf Saint-Simon, Fourier und Owen, aber doch so selbständig, daß sie den Gewinn aus deren Lehren organisch mit dem Erlebnis zu verbinden verstand, das ihr die Berührung mit der gewaltigen Klassenbewegung des Proletariats in England gab, mit dem Chartismus. Sie erfaßte die Arbeiter als eine besondere Klasse und erkannte, daß deren Rettung aus Elend und Unterdrückung nicht von der Ausführung dieses oder jenes sozialreformatorischen Rezepts abhängig gemacht werden könne, dessen Kosten vorzuschießen der Laune eines philanthropischen Kapitalisten überlassen blieb. Die Arbeiter als selbständige Klasse müßten vielmehr durch die eigene organisierte Kraft aus der Nacht und Not der Entbehrung und Unwissenheit emporsteigen. Über die Unterschiede von Vaterland, Sprache, Sitte, Rasse und Religion hinweg durch das gleiche Elend verbunden, müßten sie sich zu dem großen Werk ihrer Selbstbefreiung *international* zusammenschließen. Ebensostark wie von dieser Anschauung war Flora Tristan von der Überzeugung durchdrungen, daß der Arbeiter den Schritt zur sozialen und menschlichen Freiheit nun und nimmer ohne die hingebungsvolle kameradschaftliche Mitarbeit der Proletarierinnen vollziehen könne; eine Mitarbeit, deren Voraussetzung die Emanzipation der Frauen, die volle soziale Gleichberechtigung der Proletarierin bilde. Der unterdrückten Klasse den Weg zur Selbstbefreiung durch die internationale Organisation der Proletarier und Proletarierinnen zu weisen, schrieb sie 1843 ihr Buch »Die Arbeitervereinigung«. Darin entwickelt sie folgende Ideen: Das Proletariat als Klasse tritt auf in einer geschlossenen, festen und unauflöslichen Vereinigung. Diese Organisation wählt und besoldet den »Vertreter«, der das Recht des Proletariats als Klasse im Parlament vor der Nation und gegen die anderen Klassen verficht: Abschaffung aller Vorrechte; Anerkennung des Rechts auf Arbeit für alle, Männer und Frauen; Organisation der Arbeit. Die Vereinigung bringt die Mittel auf zur Errichtung von Volkspalästen, großen, schönen, zweckmäßigen Gebäudekomplexen, deren Vorbilder unzweifelhaft Fouriers Phalanstèren sind. In diesen Volkspalästen konzentriert sich die industrielle und landwirtschaftliche Arbeit; die Söhne und Töchter von Proletariern erhalten hier allgemeine und berufliche Erziehung und Bildung; die Volkspaläste umschließen – außer Heil-, Pflege- und Krankenanstalten für unfallverletzte und kranke Arbeiter und Arbeiterinnen – Altersheime und beherbergen als Gäste Gelehrte, Künstler und Fremde. Moralische, intellektuelle und fachliche Erziehung der Frauen des Volkes ist unumgängliche Voraussetzung dafür, daß diese zu Trägerinnen der moralischen Energie der Männer des Volkes werden. Rechtliche Gleichstellung von Mann und Frau ist der einzige Weg zur menschlichen Freiheit.

Gewiß, Flora Tristans Gedankengänge münden noch im Utopismus und sind noch auf weiten Strecken von Illusionen unterbaut. Zwar verschleierte sie nicht die Tatsache der Klassengegensätze in der bürgerlichen Gesellschaft, machte sie vielmehr zum Ausgangspunkt ihres Planes zur internationalen Vereinigung des Proletariats. Daß aber die Klassengegensätze ihre Grundlage in den gesellschaftlichen Produktionsverhältnissen haben und daß sie mitten im Rahmen der bürgerlichen Eigentumsordnung nicht aufzuheben sind, diese Haupttatsache blieb ihr verborgen. Damit entfiel für sie auch die geschichtliche Notwendigkeit des Klassenkampfes, die Notwendigkeit, den Klassengegensatz zwischen Proletariat und Bourgeoisie zum revolutionären Kampf gegen die kapitalistischen Produktionsverhältnisse zu steigern und ihn damit zum Hebel der neuen Gesellschaft zu machen. Die vereinigten Proletarier und Proletarierinnen ließ sie als Klasse nicht antreten zum Kampf gegen die ausbeutenden und herrschenden Klassen, vielmehr zur Kooperation mit ihnen. So trennt noch ein tiefes Tal Flora Tristan von dem Felsen des wissenschaftlichen Sozialismus, von dessen Gipfel aus Marx und Engels wenige Jahre später das Proletariat zur internationalen Vereinigung und zum Sturz des Kapitalismus aufriefen. Jedoch wie blaß, verschwommen und schwächlich erscheinen die leicht sozialistisch angehauchten Sätze in der »Adresse eines Mädchens« und in der »Frauen-Zeitung«, ja selbst die Rechtsforderungen für das weibliche Geschlecht, die Louise Otto in den Sturmjahren 1848/1849 erhob, neben den Plänen und Losungen, die die Französin aufstellte, noch ehe der Odem des Bürgerkrieges die Luft mit menschheitsbefreienden Ideen erfüllte und die Wogen der Massenbewegung den einzelnen über sich selbst hinaushoben. Der Tod machte dem kühnen Wirken Flora Tristans ein vorzeitiges Ende. Unter den Strapazen einer Werbereise durch Frankreich, auf der sie ihre soziale Auffassung unter die Arbeiter und Arbeiterinnen trug, erkrankte sie und starb im Alter von 41 Jahren. Ihre Erkenntnisse von der Notwendigkeit der Organisierung der Arbeiterklasse zur Selbstbefreiung wurden vier Jahre später in der Revolution bestätigt und zugleich in den von Flora Tristan vorgesehenen Mitteln berichtigt, als das französische Proletariat im Juniaufstand drohend seine Riesengestalt erhob. Die Februarrevolution 1848 verleiht der Frauenbewegung in Frankreich einen starken Aufschwung. Allerorts entstehen Frauenklubs und mobilisieren zum Kampf für die politische Gleichberechtigung des weiblichen Geschlechts. Die Bewegung reicht über das rein Politische und über die Kreise bürgerlicher Frauen hinaus, die bisher vornehmlich ihre Trägerinnen waren. Werktätige Frauen organisieren sich zur Verteidigung ihrer Interessen in der »Union der Arbeiterinnen«, in der »Clubassoziation der Wäschearbeiterinnen« und in anderen Berufsvereinigungen. Auch die Presse wird in den Dienst der Frauen gestellt. Eine Reihe von Frauenzeitungen, darunter Tageszeitungen, wirbt in den Massen um die Frauen und für die Frauen. Noch verdecken die Nebel des Freiheitsmorgens den unversöhnlichen Klassengegensatz zwischen Bourgeoisie und Proletariat; die ans Ruder gekommenen Schichten des Bürgertums bedürfen noch des starken Armes der Arbeiterklasse. »Organisation der Arbeit« ist das Schlagwort des Tages, das, wie wir weiter oben gesehen haben, auch nach Deutschland hinüberdrang. Den Wäscherinnen wird ein Arbeitstag von 12 Stunden zugestanden, an Stelle der bisherigen üblichen 14 Stunden; Gefängnisarbeit soll der weiblichen Handarbeit nicht länger Schmutzkonkurrenz machen. Der Forderung der Arbeiterinnen auf Vertretung ihrer Interessen bei den öffentlichen Gewalten wird von der Provisorischen Regierung stattgegeben: Weibliche Delegierte sollen zusammen mit der Arbeitskommission über die Organisierung der Frauenarbeit auf gerechteren Grundlagen beraten. Eine Fülle sozialer Ideen, die die Frauenrechtlerinnen auf die revolutionäre Tagesordnung stellen, verknüpft die Frauenbewegung mit dem Kampf und dem Schicksal der Arbeiterinnen und der Arbeiter: staatlicher Arbeitsnachweis; Produktivgenossenschaften, die unter Ausschaltung wucherischer Zwischenglieder ihre Erzeugnisse absetzen; Einrichtung öffentlicher Waschanstalten und Nähwerkstätten, in denen die Frauen des Volkes Bedürfnisse des Haushaltes befriedigen und ihre materielle und physische Bürde durch zweckmäßig organisierte gemeinschaftliche Arbeit erleichtern können; Fabrikspeiseanstalten; gesetzliche Verpflichtung, bei allen industriellen Betrieben Kinderkrippen einzurichten, in denen die arbeitenden Mütter ihre Kleinen unterbringen können; Organisation von Volkshäusern mit Gasträumen, Versammlungs- und Festsälen und Bibliotheken usw. usw.

Als mit der Entfaltung der Klassenkämpfe auf dem Boden der Republik die reaktionären Tendenzen in der Bourgeoisie das Übergewicht erhielten, trat deutlich die Schicksalsverbundenheit von Frauenbewegung und Arbeiterbewegung hervor. In der Kommission der Verfassunggebenden Versammlung 1848 reichte der Fourierist Victor Considérant, der Flora Tristan nahegestanden hatte, einen Antrag ein auf politische Gleichberechtigung des weiblichen Geschlechts. Die Ablehnung des Antrages ist nicht überraschend von seiten einer Versammlung, die das Proletariat in der Junischlacht niederwerfen ließ. Die neue Konstitution verwarf rundweg die politische Befreiung der Frau. Rein agitatorischen und demonstrativen Charakter trug daher die Aufstellung weiblicher Kandidaten im April 1849 bei den Wahlen zur Gesetzgebenden Versammlung. Eine dieser Kandidatinnen war Jeanne Desroin, eine Lehrerin, die die sozialistische Gesellschaftsordnung als Befreierin der Frauen und der Arbeiter erstrebte und die damals neben Eugenie Niboyet eine der tatkräftigsten Vorkämpferinnen der Frauen war. Sie wollte durch ihre Bewerbung in der immer dichter werdenden Finsternis der Reaktion ins helle Licht der Öffentlichkeit die Losung der Emanzipation des weiblichen Geschlechts stellen, die noch vor einem Jahre die große Mode gewesen war und nunmehr bereits der Vergessenheit anheimfiel. Durch ihr mutiges Auftreten setzte Jeanne Desroin in einem Pariser Wahlkreis ihre Nominierung als Kandidatin gegen den erbitterten Widerstand jener kleinbürgerlichen »Sozialisten« durch, die die Befreiung aller Unterdrückten stets und groß im Munde führten, aber sich aus Feigheit und kurzsichtigem persönlichem und fraktionellem Egoismus ängstlich gegen die Konsequenzen ihrer »Ideale« sträubten. Bei den Wahlen selbst erhielt Jeanne Desroin, neben der auch George Sand auf der Liste stand, noch keine 20 Stimmen. 1851 forderte Pierre Leroux, ein Sozialist aus der Schule Saint-Simons, vor der Gesetzgebenden Versammlung die politische Mündigkeitserklärung der Frau; natürlich ohne Erfolg.

Ein weiteres Beispiel aus der Frühzeit der Frauenbewegung läßt durch den Kontrast hervortreten, wie kümmerlich in der politischen Revolution der deutschen Bourgeoisie eines der sozialen Grundprobleme der modernen Gesellschaft zum Ausdruck gelangte. Im Juli 1848 tagte zu Seneca Falls im nordamerikanischen Staate New York eine Versammlung bürgerlicher Frauen, die den planmäßigen Kampf für die volle Gleichberechtigung des weiblichen Geschlechts einleiten sollte. Die Einberuferinnen der Tagung, Elizabeth Cady-Stanton und Lucretia Mott, hatten sich ihre Sporen als soziale Kämpferinnen bereits in der Bewegung für die Befreiung der Negersklaven verdient. Es gehörte damals neben moralischem auch physischer Mut für eine Frau dazu, in der Öffentlichkeit über oder gar gegen die Sklaverei zu sprechen. »Der Pöbel heulte, die Presse zischte, von der Kanzel donnerte es«, berichtet Lucy Stone, eine der tatkräftigsten Vorkämpferinnen für die Befreiung der Frauen und der Schwarzen in den Vereinigten Staaten. Und es blieb nicht bei dem Geheul; Pfaffen und Zeitungsschreiber hatten die Genugtuung, daß tätliche Angriffe gegen die tapferen Frauen nicht ausblieben, die für die Neger öffentlich einzutreten wagten. Solche Erfahrungen und die Konsequenz ihres Kampfes für die Emanzipation der schwarzen Sklaven reiften in Elizabeth Cady-Stanton und Lucretia Mott den Entschluß, »einen Konvent einzuberufen und über die Sklaverei der Frau zu beraten«. Die in Seneca Falls versammelten Frauen sprachen sich einstimmig für das Wahlrecht ihres Geschlechts aus und legten ihre Beschwerden und Forderungen in einer äußerst radikalen »Erklärung« nieder, die freilich kein Dokument reifer geschichtlicher Erkenntnis ist. Dies um so weniger, als sie getreu jene weltberühmte Erklärung kopierte, in der nahezu ein dreiviertel Jahrhundert zuvor, am 4. Juli 1776, die 13 nordamerikanischen Kolonien Englands ihre Unabhängigkeit proklamiert hatten, eine Erklärung, die mit stark religiöser Färbung von der philosophischen Auffassung eines »Naturrechts« aller Menschen ausging. Das Recht zu diesem Schritt hatten die weißen Bewohner der Kolonien abgeleitet aus den unveräußerlichen Menschenrechten, mit denen sie der Schöpfer begabt habe und zu deren Sicherung die Regierung vom Volke eingesetzt worden sei. Die britische Regierung hatte diese Rechte verletzt, nicht zuletzt dadurch, daß sie den amerikanischen Handel und die amerikanische Industrie zugunsten des englischen Mutterlandes unterdrückte. Nur ist in der »Erklärung« von Seneca Falls an die Stelle König Georgs III., des sündigen Hauptes jener wider göttliche und natürliche Gesetze frevelnden Regierung, der Mann getreten als der »Tyrann«, der die Frau, obgleich sie »von Gott ihm gleich geschaffen wurde«, »betrügerisch der heiligsten Rechte beraubt«. Der Mann wird in naiver Welt- und Geschichtsanschauung als der bewußte, allmächtige und selbstherrliche Urheber aller sozialen Zustände und Einrichtungen gekennzeichnet, unter denen die Frauen seufzen. Jedoch wie rückhaltlos und offen werden diese Verhältnisse gebrandmarkt, wie kräftig ist der Ton der »Erklärung«, wie energisch und gradlinig sind ihre Forderungen. Es heißt darin unter anderem:

»Die Geschichte der Menschheit ist eine Geschichte wiederholter Schädigungen und Übergriffe von Seiten des Mannes gegenüber der Frau, die zum unmittelbaren Zweck die Begründung einer Tyrannei über sie haben ... Der Mann hat der Frau niemals erlaubt, ihren unveräußerlichen Anspruch auf das politische Stimmrecht auszuüben ... Er hat sie gezwungen, sich Gesetzen zu unterwerfen, bei deren Abfassung sie keine Stimme hatte. Er hat ihr Rechte vorenthalten, die man den unwissendsten und entartetsten Männern, Einheimischen und Fremden, gewährt. Indem er sie des vornehmsten Rechtes eines Bürgers, des Wahlrechtes, beraubte und sie ohne Vertretung in den gesetzgebenden Körperschaften ließ, hat er sie allseitig unterdrückt. Er hat die verheiratete Frau, vom Standpunkt des Gesetzes aus, bürgerlich totgemacht. Er hat ihr alles Eigentumsrecht genommen, sogar auf den selbstverdienten Lohn. Er hat sie moralisch zu einem unverantwortlichen Wesen gemacht, da sie ungestraft viele Verbrechen begehen kann, vorausgesetzt, daß sie sie in Gegenwart ihres Mannes begeht. In dem Heiratsvertrag ist sie gezwungen, ihrem Manne Gehorsam zu versprechen, der in jeder Beziehung zu ihrem Herrn wird, indem das Gesetz ihm das Recht verleiht, sie ihrer Freiheit zu berauben und sie zu züchtigen.«

Die »Erklärung« stellt des weiteren fest, daß der Mann die Ehescheidungsgesetze in bezug auf die Gründe und Folgen der Trennung so gestaltet hat, »daß dabei das Glück der Frau ganz außer acht gelassen wird«. Die besitzende unverheiratete Frau besteuert er, »um eine Regierung zu unterstützen, die sie nur anerkennt, wenn ihr Vermögen nutzbar gemacht werden kann. Er hat fast alle einträglichen Berufe monopolisiert, und in denen, die sie ausüben darf, erhält sie nur eine kärgliche Bezahlung. Er verschließt ihr alle Wege zu Reichtum und Auszeichnung ... Er hat ihr die Gelegenheit versagt, sich eine gründliche Bildung anzueignen, indem er ihr alle höheren Schulen verschloß. Er gesteht ihr in der Kirche wie im Staat nur eine untergeordnete Stellung zu ... Er hat die öffentlichen Moralanschauungen verwirrt, indem er der Welt ein verschiedenes Sittengesetz für Mann und Frau gab ... Er hat sich das Vorrecht Jehovas selbst angemaßt, indem er für sich das Recht in Anspruch nimmt, ihren Lebenskreis zu bestimmen, während das doch Sache ihres Gewissens und ihres Gottes ist. Er hat sich in jeder Weise bemüht, ihr Vertrauen in ihre eigene Kraft zu zerstören, ihre Selbstachtung zu verringern und sie willig zu machen, ein abhängiges und unwürdiges Leben zu führen.

Nun, angesichts dieser gänzlichen Knechtung der einen Hälfte unseres Volkes, ihrer sozialen und religiösen Erniedrigung, angesichts der eben erwähnten ungerechten Gesetze und weil die Frauen sich beleidigt, unterdrückt und betrügerischerweise ihrer heiligsten Rechte beraubt fühlen, bestehen wir darauf, daß sie sofort zu allen Rechten und Privilegien zugelassen werden, die ihnen als Bürger der Vereinigten Staaten zustehen. Indem wir dieses große Werk beginnen, sehen wir kein geringes Maß von Mißdeutungen, Mißverständnissen und Lächerlichkeit voraus, aber wir werden jedes Mittel, das in unsere Macht gegeben ist, anwenden, um unser Ziel zu erreichen. Wir werden Redner aussenden, Abhandlungen verteilen, Bittschriften an den Staat und die gesetzgebenden Körperschaften richten, und wir werden uns bemühen, die Kanzel und die Presse für unsere Sache zu gewinnen. Wir hoffen, daß dieser Versammlung eine Reihe von anderen Versammlungen in allen Teilen des Landes folgen werden.«

Die Frauen in Seneca Falls hatten natürlich richtig vorausgesehen, als sie als ersten Erfolg ihres Auftretens Verdrehungen und Verhöhnungen prophezeiten. »Da gab es keine Zeitung, von Maine bis Louisiana, die nicht unsere Unabhängigkeitserklärung gebracht und die ganze Sache ins Lächerliche gezogen hätte. Mein guter Vater kam von New York mit dem Nachtzug, um zu sehen, ob ich nicht den Verstand verloren habe«, schreibt Elizabeth Cady-Stanton. Was aber schmerzlicher war: »Eine Menge von Frauen, die die ›Erklärung‹ unterzeichnet hatten, zogen ihre Unterschrift zurück.« Übrigens: So beschränkt auch die naturrechtliche Begründung des Anspruchs der Frauen auf volles Bürgerrecht war als die Rückforderung ihrer »durch den Mann geraubten unveräußerlichen Rechte«, formal waren die Amerikanerinnen damit nicht vollständig im Unrecht. Kraft des Grundgesetzes der englischen Verfassung: »Keine Besteuerung ohne Vertretung« hatten in den ehemaligen Kolonien Englands in Nordamerika die Frauen als »freigeborene Einwohner«, »Steuerzahler« oder »Haushaltungsvorstände« das Wahlrecht zu den gemeindlichen und staatlichen Vertretungen. Ein Recht, das den Frauen als Besitzenden auch im englischen Mutterland im Staat bis 1832 und in der Gemeinde bis 1835 zustand. Es war letzten Endes nicht das Recht des Menschen, sondern das Recht, die Macht des Besitzes, des Eigentums, aber trotz dieses seines beschränkten Charakters doch eine grundsätzliche Anerkennung des Rechts der Frauen zur Mitwirkung an den öffentlichen Angelegenheiten. Die englischen Frauen hatten freilich in den letzten zwei Jahrhunderten vor dem Verlust dieses Rechtes kaum noch Gebrauch davon gemacht. Als sich nach dem Unabhängigkeitskriege gegen England 1774 bis 1783 die 13 bisherigen Kolonien zu einem Staatenbund zusammenschlossen, konnten noch in 9 dieser Staaten die Frauen auf Grund jenes Wahlrechtes aktive Bürger sein. Nur in 4 Staaten– Virginia, New York, Massachusetts und New Hampshire – war ihnen das Stimmrecht entzogen worden, zum Teil erst im Laufe der letzten Jahre vor der Gründung der Union. Die amerikanischen Frauen hatten im Kampfe gegen England und seine Söldnerscharen mutig und standhaft ihre Bürgerpflicht erfüllt. Bei der Beratung der Konstitution auf dem Kongreß zu Philadelphia 1787 forderten sie, das Wahlrecht des weiblichen Geschlechts solle allgemein anerkannt und in der Bundesverfassung für alle Staaten festgelegt werden. Ihr Verlangen wurde abgelehnt, und das Frauenstimmrecht fiel im Laufe der folgenden Jahre auch in jenen 9 Staaten, wo es 1787 noch bestanden hatte, indem in den Wahlgesetzen eigens das Wort »Mann« eingefügt wurde, zuletzt in New Jersey 1807.

Zu dem Inhalt der »Erklärung« von Seneca Falls ist weiter zu bemerken, daß die Vereinigten Staaten von Nordamerika um die Mitte des 19. Jahrhunderts noch in weitestem Umfange Kolonistenland waren mit wirtschaftlichen und sozialen Zuständen, die der Selbständigkeit und Tatkraft der Frau eine bedeutende Rolle in der sich formenden, noch unfertigen Gesellschaft zuwiesen. Der Nachklang der Unabhängigkeitserklärung vom Jahre 1776 aber widersprach auch im Tone dem neuen Texte nicht, am wenigsten für die Ohren jener puritanischen Gläubigkeit, die namentlich in den Neuenglandstaaten vorherrschte. Sie spiegelte sich von jeher lieber im Alten Testament mit seinen geistes- und schwertgewaltigen Kämpfern, Männern wie Frauen, denn in der Knechtsseligkeit des Neuen Testaments. Fremd war ihr die Ideologie der Unterwürfigkeit, wie sie die lutherische Richtung des Protestantismus kultivierte und in der alle Beziehungen von Mensch zu Mensch zum Verhältnis des Untertanen zur Obrigkeit verkümmerten. Nicht wenige gerade der radikalsten und tatkräftigsten Geister in der Neuen Welt stammten aus den Kreisen der steifnackigen Quäker, die Frau und Mann in Haus und Kirche gleiche Rechte und Pflichten zuerkannten in geradem Gegensatz zum Worte des Paulus: »Der Mann ist das Oberhaupt des Weibes wie Christus das Oberhaupt der Kirche.«

Die weiter oben angeführten Erscheinungen aus der Geschichte werfen helles Licht darauf, daß die deutsche Revolution von 1848/1849 in der Sache der Frauenemanzipation auch nicht den kleinsten Schritt über die Französische Revolution hinaus vorwärtsgekommen ist. Im Gegenteil, sie steht hinter ihr zurück, sowohl was die klare, bestimmte Formulierung der Rechtsforderungen für das weibliche Geschlecht und ihre kraftvolle Vertretung anbelangt wie auch das revolutionäre Eingreifen hervorragender Frauen und größerer Frauenmassen in den Gang der Ereignisse zur Umwälzung der Gesellschaft. Und das nach einem halben Jahrhundert geschichtlicher Entwicklung, die wirtschaftlich und sozial im Zeichen des mächtig emporstrebenden, umgestaltenden Kapitalismus stand. Daß die Frauenbewegung sich noch am nämlichen Platze befand, war gleichbedeutend mit Rückschritt. Diesem Rückschritt lag aber gerade der gewaltige Fortschritt mit zugrunde, den das geschichtliche Werden und das Reifen der Klassengegensätze in der Zeit zwischen der Französischen Revolution und der deutschen gemacht hatte. Es kommt darin einer der Widersprüche zur Geltung, die von der bürgerlichen, auf Gegensätzen beruhenden Gesellschaft unlösbar sind. Der deutschen Bourgeoisie war es nicht mehr vergönnt, gleich ihrer französischen Schwester in der großen Revolution mit der hinreißenden, berauschenden Rhetorik der naturrechtlichen Philosophie sich als Vertreterin und Verfechterin der höchsten und umfassendsten Menschheitsinteressen aufzuspielen. Sie konnte nicht ihren Klassengegensatz zum Proletariat ignorieren, wagemutig die verschiedensten gesellschaftlichen Probleme aufgreifen und die sich regenden und aufreckenden Energien aller Unterdrückten entfesseln und in ihren Dienst nehmen. Dieses geschichtliche Mißgeschick des deutschen Bürgertums hat Rosa Luxemburg so gekennzeichnet: »Die bürgerlichen Parteiführer sind um so mächtiger und einflußreicher, ihre Aktionen um so kühner, großzügiger und wirksamer, je mehr die Führer sich selbst und je mehr sie die hinter ihnen einhergehenden Massen über den wahren Charakter ihrer Ziele, über die historischen Schranken ihrer Aufgaben zu täuschen imstande sind. Ihre größten Führer haben die bürgerlichen Klassen in der Französischen Revolution gestellt, in jenem ersten modernen Klassenkampf, dessen geschichtliche Konsequenzen durch einen in Regenbogenfarben schillernden Nebel ideologischer Illusionen verhüllt waren. Je mehr die Selbsttäuschung und die Täuschung der Masse durch den Fortgang der Dinge unmöglich werden, um so mehr verfallen die bürgerlichen Parteien und sinkt das Niveau ihrer Führer. Man vergleiche mit den Riesen der großen Revolution die Pygmäen der 1848er Revolution.«

Die deutsche Revolution fand einen so weit fortgeschrittenen Klassengegensatz der Bourgeoisie zum Proletariat vor, daß sie sich nicht frei entfalten konnte, ohne das Kräfteverhältnis zwischen diesen beiden Klassen zugunsten des Proletariats zu verschieben und dessen eigene Revolution zu entfesseln. Die gezeigte allgemeine geschichtliche Tendenz hat sich auch für die reifer herausgebildeten Probleme der Frauenfrage durchgesetzt. Ihre Formulierungen blieben meist verschwommen, unaufrichtig, nicht zu Ende gedacht; die Losungen trugen den Stempel der Ängstlichkeit, Schwäche und Halbheit. Indem die Furcht vor dem Proletariat die deutsche Revolution verkrüppelte, drückte sie auch die Sache der Frauenemanzipation auf ein niedrigeres Niveau herab, minderte ihre Größe und Tragweite, lähmte ihren Schwung. Damit war gegeben, daß auch die bürgerlichen Führerinnen der Frauenbewegung und Mitkämpferinnen für die Revolution an Kraft, Bedeutung und Glanz so weit hinter ihren französischen Schwestern zurückstehen. Der Odem der Revolution war nicht stark, nicht heiß genug, die schlummernden

Energien der Frauen zu wecken und ungestüm in den Kampf zu treiben. Im besonderen traten auch schärfer Probleme hervor, die die Verwirklichung der Frauenemanzipation in der bürgerlichen Gesellschaft aufrollten. In ihr sind vor allem die Intellektuellen, die Erwerbstätigen in den liberalen Berufen, die Träger und Fortentwickler der bürgerlichen Ideologie. Der sich entfaltende Kapitalismus steigert zwar die Bedeutung der Intellektuellen in der Gesellschaft, gleichzeitig aber gestaltet er ihre Lage unsicherer, widerspruchsvoller. Die Konkurrenzfurcht vor dem Eindringen der Frauen in die liberalen Berufe als Monopole des Mannes wird wach, wächst und läßt nicht nur auf die Klärung der Frauenfrage verzichten, sondern verfemt die Frauenemanzipation grundsätzlich im Namen Gottes oder der Wissenschaft. Außerdem reagiert auch der Bürger, der einem maßvollen Fortschritt huldigt, als Mann auf die Forderungen der Gleichberechtigung der Frau mit einerseits und andererseits. Sicherlich vermag er sich dem Eindruck der gewandelten Produktions- und Gesellschaftsverhältnisse nicht völlig zu entziehen. Er begreift oder empfindet wenigstens, daß mit der Zerstörung der alten produktiven Hauswirtschaft die überkommene Familienform sich auflöst, daß die Frau nach ausfüllender, ihr Wesen erhöhender Betätigung verlangt. Eine gebildete, ihn in allem verstehende Frau ist ihm angenehm, gegebenenfalls schmeichelt eine schöngeistige, eine sozial tätige Frau als Repräsentantin »seines« Hauses seiner Eitelkeit. Doch die größere Freiheit und Unabhängigkeit der Frau in der Familie, verglichen mit den Zuständen früherer Zeiten, stören seine Ruhe und Bequemlichkeit, seine Gewohnheiten. Seine grundsätzliche Herrenmacht im Hause möchte er um so weniger antasten lassen, je mehr draußen im öffentlichen Leben die traditionellen Sicherungen seiner Stellung schwinden und er sich im aufreibenden Wettbewerb behaupten muß. Des weiteren wird der Zwiespalt wirksam, in den der Bürger als Unternehmer Aug in Auge mit der Frauenbewegung gerät. Die Auflösung der Hauswirtschaft als Produktionswirtschaft und der geltenden Familienform ist nicht bloß Folge, sie ist auch Voraussetzung der kräftigen Entwicklung der kapitalistischen Industrie, der sie Arbeits- und Absatzgebiete erschließt und Arbeitskräfte zuführt. Allein, die durch Tradition und Gesetz gebundene Frau ist ein willigeres und wehrloseres Ausbeutungsobjekt als die gleichberechtigte Staatsbürgerin, die mit den gleichen politischen Waffen wie der Mann gegen ihre Ausbeutung kämpfen kann.

Das »Kommunistische Manifest« wie Engels' »Grundsätze des Kommunismus« sind die Bestätigung dafür, daß die umrissenen Tendenzen der kapitalistischen Entwicklung um die Zeit der deutschen Revolution wirksam waren und die Einstellung zur Frauenemanzipation beeinflußten. Die beiden Dokumente erweisen zugleich, daß in der Durchleuchtung und Wertung des geschichtlichen Prozesses, der zur Frauenbefreiung führt, der Kommunismus den Liberalismus, die Demokratie weit überflügelt hatte. Mit der weiteren Entfaltung des Kapitalismus und der sie begleitenden allgemeinen Widersprüche in der bürgerlichen Gesellschaft haben sich auch die Widersprüche in der Stellungnahme zur Frauenfrage stärker, schärfer als 1848 geltend gemacht. Sie wirken sich noch heute im Kampfe um die volle Befreiung und Gleichberechtigung des weiblichen Geschlechts aus.

Die Anfänge der bürgerlichen Frauenbewegung in Deutschland

Das im vorigen Kapitel angeführte kraftvolle Auftreten der Amerikanerinnen Ende der vierziger Jahre des 19. Jahrhunderts läßt stark die Schwächlichkeit und Zaghaftigkeit der bürgerlichen Frauen in Deutschland empfinden, als diese sich hier endlich in den sechziger Jahren zu einer organisierten Bewegung zusammenschlossen. Die große Zeit, auf die Louise Otto noch 1849 gehofft hatte, war bald verrauscht. Die deutsche Bourgeoisie zog die schmähliche Kapitulation vor dem Absolutismus einem mit Hilfe der Arbeiterklasse erfochtenen Siege der Revolution vor, die Furcht vor dem sich aufreckenden, »begehrlich« werdenden Proletariat steckte ihr in allen Gliedern. Die triumphierende Reaktion lastete in den Jahren nach 1849 mit bleiernem Druck auf allen freiheitlichen Bestrebungen. Sie schlug im Bürgertum die dürftigen, liberalisierenden Anwandlungen, die vorsichtigen Regungen demokratischer Elemente zu Boden; die noch fortglimmenden Fünkchen revolutionärer und kommunistischer Ideen im Proletariat suchte sie mit besonderem Haß auszutreten. Diese Situation lähmte auch in der bürgerlichen Frauenwelt die in der fortreißenden Atmosphäre der Revolution genommenen Anläufe, die Frauen als Rechtheischende zu organisieren und nebenbei den Arbeiterinnen »sozialen Beistand« zu bringen. Der physischen Macht des Polizeistaats gesellte sich im Dienste des Rückschritts die metaphysische Ohnmacht der Philosophie. In Schopenhauer fand das Bürgertum die Rechtfertigung seiner Feigheit und die Verklärung seiner Impotenz. Was der Bürger aber sich selbst versagte, konnte er unmöglich dem anderen Geschlecht zugestehen. Seine Manneswürde fühlte sich vielmehr gehoben durch den Beweis von der Inferiorität der Frau. Den Willen der Welt, nämlich in bezug auf die Weiber, formte Schopenhauer zu solcher Vorstellung:

»Schon der Anblick der weiblichen Gestalt lehrt, daß das Weib weder zu großen geistigen noch körperlichen Arbeiten bestimmt ist. Es trägt die Schuld des Lebens nicht durch Tun, sondern durch Leiden ab, durch die Wehen der Geburt, die Sorgfalt für das Kind, die Unterwürfigkeit unter den Mann, dem es eine geduldige und aufheiternde Gefährtin sein soll. Die heftigsten Leiden, Freuden und Kraftäußerungen sind ihm nicht beschieden; sondern sein Leben soll stiller, unbedeutsamer und gelinder dahinfließen als das des Mannes...

Zu Pflegerinnen und Erzieherinnen unserer ersten Kindheit eignen die Weiber sich gerade dadurch, daß sie selbst kindisch, läppisch und kurzsichtig, mit einem Worte zeitlebens große Kinder sind: eine Art Mittelstufe zwischen dem Kinde und dem Manne, als welcher der eigentliche Mensch ist...

Das niedrig gewachsene, schmalschultrige, breithüftige und kurzbeinige Geschlecht das schöne nennen konnte nur der vom Geschlechtstrieb umnebelte männliche Intellekt: in diesem Triebe nämlich steckt seine ganze Schönheit...Mit mehr Fug als das schöne könnte man das weibliche Geschlecht das unästhetische nennen. Weder für Musik noch Poesie, noch bildende Künste haben sie wirklich und wahrhaftig Sinn und Empfänglichkeit; sondern bloße Äfferei, zum Behuf ihrer Gefallsucht, ist es, wenn sie solche affektieren und vorgeben. Das macht, sie sind keines rein objektiven Anteils an irgend etwas fähig...

Demgemäß wird man als den Grundfehler des weiblichen Charakters Ungerechtigkeit finden. Er entsteht zunächst aus dem dargelegten Mangel an Vernünftigkeit und Überlegung.« Arthur Schopenhauer, »Parerga und Paralipomena«. Kleine philosophische Schriften, Zweiter Bd., Leipzig 1908, S. 652 und 654/655.

Als Teilerscheinung der bürgerlichen Demokratie, deren äußerster linker Flügel die konsequente Frauenrechtlerei ist, wurden mit dem Wiedererwachen fortschrittlicher Tendenzen in der Bourgeoisie und im Kleinbürgertum auch unter den Frauen dieser Schichten Bestrebungen für das soziale Recht des weiblichen Geschlechts wieder lebendig. 1865 erfolgte ein entscheidender Schritt vorwärts. Die erste deutsche Frauentagung trat im Oktober dieses Jahres in Leipzig zusammen unter Führung von Louise Otto-Peters und ihrer Schülerin Auguste Schmidt, die, wie ihre Meisterin, von hingebungsvollem Idealismus erfüllt, die Grundsätze des Liberalismus ernst nahm. Man weist in bürgerlichen Kreisen, besonders heute, wo Deutschland seiner Monarchen ledig und eine Republik geworden ist, mit Stolz darauf hin, daß in erster Linie »Achtundvierzigerinnen« die Trägerinnen der Anfänge der deutschen Frauenrechtsbewegung waren. Man heftet diesen Frauen damit wohl eine Tapferkeitsmedaille an, eine Medaille aber, auf deren Kehrseite leider dank liberalem Mannesmut geprägt steht: »Krähwinkler Landsturm«. Die Rückwärtserei der deutschen Bourgeoisie hinter die Halbheiten, zu denen sie sich in der Märzenbegeisterung 1848 hatte fortreißen lassen, war nicht ohne Einwirkung auf die Frauen dieser Klasse geblieben, und ihr Gros machte widerstandslos den Rückzug mit, der von Robert Blum zu Bismarck führte. Verglichen mit dem Schwung in den frauenrechtlerischen Dokumenten der Revolutionsjahre war die Signatur der Leipziger Konferenz die einer »einsichtsvollen« Resignation, eines bürgerlich »geläuterten Bescheidens«. Das entsprach der Einstellung, mit der Louise Otto-Peters in der im folgenden Jahre erschienenen Broschüre »Das Recht der Frauen auf Erwerb« den Charakter der Bewegung umriß. Sie schrieb dort:

»Im Dienste der Subjektivität wie im Dienste der Politik sind die weiblichen Bestrebungen beendet worden, nicht etwa um nun am Ende zu sein, sondern um nach Verirrungen und Prüfungen geläutert und erstarkt wieder neu aufgenommen zu werden im Dienste der Humanität und des Sozialismus.

Die Frage von dem Berufe und der Stellung der Frauen ist nicht anders zu lösen als nur auf diesem Wege.« Louise Otto, »Das Recht der Frauen auf Erwerb«, S. 79.

Man lasse sich nicht durch das Wort Sozialismus täuschen. Dieses Wort bildete damals nicht allein das Schibboleth Erkennungszeichen, Losungswort. utopischer Sekten. Reaktionäre Demagogen trieben Schindluder damit, und endlich gehörte das Wort und eine dunkle, wirre Vorstellung seines Gehalts zum eisernen Bestand der sozialpolitischen Apotheke vieler fortgeschrittener ehrlicher Demokraten. »Unter Sozialisten verstand man … andrerseits die mannigfaltigsten sozialen Quacksalber, die mit ihren verschiedenen Allerweltsheilmitteln und mit jeder Art von Flickarbeit die gesellschaftlichen Mißstände beseitigen wollten, ohne dem Kapital und dem Profit im geringsten wehe zu tun.« Karl Marx und Friedrich Engels, Ausgewählte Schritten, Bd. I, Dietz Verlag, Berlin 1958, S. 21. So führte Friedrich Engels 1890 in der Vorrede zu einer neuen Ausgabe des »Kommunistischen Manifestes« aus, um zu erklären, warum Karl Marx und er es nicht ein sozialistisches Manifest hatten nennen dürfen.

In Louise Otto-Peters ist die Erinnerung an die »große Zeit« und die aufrechte demokratische, sozial mitfühlende Gesinnung nie gestorben. Jedoch nicht diese ideellen Kräfte gaben der aufstrebenden bürgerlichen Frauenbewegung Gepräge und Richtung; dafür waren die wirtschaftlichen und sozialen Zustände ausschlaggebend, die sich mit dem Siegeszug des Kapitalismus durch Deutschland für breite Schichten bürgerlicher Frauen, namentlich des mittleren Bürgertums und der Intellektuellen, herausbildeten.

Auf der Leipziger Frauenkonferenz 1865 kam der Wandel zum Ausdruck, wenn auch noch verhüllt durch feierliche Redewendungen, so doch deutlich genug. Unbestritten, daß viel und mit Pathos von der Gleichberechtigung des weiblichen Geschlechts gesprochen wurde, von seiner Pflicht, am Staatsleben mitzuwirken, und anderen schönen Dingen. Allein, die Konferenz stellte nicht die Forderung des politischen Wahlrechts und der Wählbarkeit der Frauen, und dies angesichts der Tatsache, daß diese Losung wachsende proletarische Massen bewegte, seit Lassalles geniale Stimme die Arbeiter als Klasse zum Kampf für das allgemeine Wahlrecht aufgerufen hatte. Die von der Konferenz verlangte Gleichberechtigung des weiblichen Geschlechts schrumpfte in der Hauptsache zusammen zur Forderung des Rechts der Freiheit zur Berufsarbeit der Frauen. Ein Hauptmann a. D. A. Korn, Redakteur der »Allgemeinen Frauen-Zeitung«, führte aus, die Macht der Verhältnisse treibe zur Reformation der Zustände, vor der politischen Frage stehe die Brotfrage.

Zur Annahme gelangte folgender Antrag des Professors Eckhard, eines entschiedenen Kämpfers für die volle Gleichberechtigung der Frau: »Die erste deutsche Frauenkonferenz erklärt die Arbeit, welche die Grundlage der ganzen neuen Gesellschaft sein soll, für eine Pflicht und Ehre des weiblichen Geschlechts, sie nimmt dagegen das Recht der Arbeit in Anspruch und hält es für notwendig, daß alle der weiblichen Arbeit im Wege stehenden Hindernisse entfernt werden.« Louise Otto, »Das Recht der Frauen auf Erwerb«, S. 85/86. In den Referaten hatte es unter anderem geheißen: »Eine Verneinung der Berechtigung der Frauenarbeit wegen Überbürdung des Arbeitsmarktes wird entschieden zurückgewiesen, wohl aber Einigung der Frauen mit den Männern für notwendig erkannt, damit die Preise nicht verschlechtert werden.« Ebenda, S. 86. Angenommen wurde auch ein Antrag über Produktivassoziationen, »welche den Frauen vorzugsweise empfohlen werden«. Klar erweisen die obenstehenden Sätze, daß »die Brotfrage«, die für die tagenden Frauenrechtlerinnen »vor der politischen Frage« stand, die Brotfrage des Bürgerhauses war.

Für die Proletarierinnen handelte es sich nicht darum, um die »Ehre«, die »Pflicht« und das »Recht« der Arbeit zu kämpfen. In der rheinischen und sächsischen Industrie nahm in den sechziger Jahren die Lohnarbeit der Frauen und der Kinder ungeheuer zu. Die Profitgier der Kapitalisten, das Elend der Arbeiterfamilie und die wirtschaftstechnischen Fortschritte enthoben die Proletarierinnen jenes Kampfes um das »Recht« und die »Ehre« der Arbeit, für sie bestand nicht die »Pflicht«, nein, der grausamste Zwang zur Arbeit. Worauf es für sie ankam, war der Schutz gegen das Übermaß kapitalistischer Ausbeutung. Von der Notwendigkeit eines Kampfes dafür war jedoch nicht die Rede. Die gefühlvollen Worte über das Elend, die drohende Schande der »armen Schwestern«, die entrüsteten Ausführungen gegen ein etwaiges Verbot der Frauenarbeit in Fabriken gingen achtlos an den nicht fortzudeklamierenden Tatbeständen und Zusammenhängen der kapitalistischen Ausbeutungswirtschaft vorüber. Hinter ihnen stand die steigende Unfähigkeit der bürgerlichen Familie, ihren weiblichen Angehörigen standesgemäßen Lebensunterhalt und befriedigenden Lebensinhalt zu sichern. Als eine Voraussetzung für die Erweiterung der Berufstätigkeit bürgerlicher Frauen rückte auch die Bildungsfrage in den Vordergrund. Denn diese dachten sicherlich nicht daran, die Möglichkeit der Erwerbsarbeit in den Fabriken auszunutzen, selbst wenn Louise Otto-Peters in ihr »nichts Anstößiges mehr« auch für die »gebildeteren« Frauen zu erblicken vermochte. Die Bildungsfrage stand überdies auf der Tagesordnung der liberalen bürgerlichen Kreise, die ihr Herz für die Arbeiter entdeckten, weil sie das Bedürfnis empfanden, diese in politischer Vormundschaft zu halten.

Die Einberufung der ersten deutschen Frauenkonferenz war ausgegangen von dem im Frühjahr 1865 zu Leipzig durch Louise Otto-Peters, Ottilie von Steyber und Auguste Schmidt gegründeten Frauenbildungsverein, dem Muster weiterer Organisationen zur Hebung der Bildung des weiblichen Geschlechts. Als Ziel dieser Bildungsvereine war proklamiert: »Erweiterung des weiblichen Gesichtskreises, Erhebung und Anregung für stille Arbeitsstunden, Erweckung und Stärkung zu freudiger Berufstätigkeit usw.« Ebenda, S. 80. Ganz zugeschnitten auf die »stillen Arbeitsstunden« und die »freudige Berufstätigkeit« der Arbeiterinnen im lärmerfüllten Fabriksaal oder in dem dumpfigen einen Raum, der Wohn-, Eß-, Schlaf- und Arbeitsstube war, Geburts- und Sterbezimmer! Außer belehrenden Vorträgen über Themen aus der Geschichte, den Naturwissenschaften und der Literatur sollte die Bildung der Mitglieder der Frauenbildungsvereine gefördert werden durch »Deklamation ... Pianoforte- und Gesangsvorträge, sämtlich von Frauen und Mädchen gehalten«; Ebenda, S. 80/81. ausschließlich Frauen und Mädchen hatten zu den Abendunterhaltungen Zutritt. In der Sonntagsschule für erwachsene Mädchen, die in Leipzig mit dem Frauenbildungsverein verbunden war, empfingen die Schülerinnen »Unterricht in den Elementarwissenschaften... von Damen ...« Ebenda, S. 81. Die Führerinnen der Bewegung für die soziale Gleichstellung von Mann und Frau hielten also streng auf abgesonderte Bildung und Unterhaltung der beiden Geschlechter.

Für Louise Otto-Peters war dabei vielleicht in erster Linie der Gesichtspunkt maßgebend, daß die Frauen lernen müßten, ihre Fähigkeiten selbständig, ohne Unterstützung durch die Männer zu entwickeln. Immerhin hatte eine solche feministisch überspannte Einstellung für alte Tanten männlichen wie weiblichen Geschlechts die sympathische Folge, daß jene Schöpfungen zur Hebung der Bildung des weiblichen Geschlechts nicht bloß dem Wesen, dem Geiste nach Pflanzstätten gutbürgerlicher Gesinnung blieben, nein, daß sie auch vor jedem hohen Gerichtshof für philisterhafte Ehrbarkeit und Sittenstrenge bestehen konnten. Aber selbst eine Louise Otto-Peters schrieb in ihrer Broschüre »Das Recht der Frauen auf Erwerb«: »Schneidern und Frisieren für Damen ist nun vollends ein Gewerbe, das sich nicht für Männer ziemt, schon aus Schicklichkeitsrücksichten«, und: »Mögen doch Männer die Männerkörper studieren, aber die Frauen überlasse man den Frauen.« Ebenda, S. 101 und 98. Um so stärker muß es befremden, daß die Damen in Leipzig nicht flammenden Einspruch erhoben gegen die die Sittlichkeit gefährdenden Zustände – von Gesundheit und Leben schon nicht zu reden –, wie sie die »Ehre« der Arbeit für ihre »Arbeitsschwestern« in den Betrieben der kapitalistischen Ausbeutung mit sich brachte. So unterstanden beispielsweise die Dampfschleifereien Solingens als angebliche Handwerksbetriebe nicht dem Fabrikgesetz und konnten mithin die nötigen Schutzvorrichtungen an den Maschinen ersparen. In der Folge mußten die Mädchen ihre flatternden Gewänder ablegen und in Knabentracht arbeiten, was in der damaligen Zeit »den greulichsten Unfug veranlaßte«. Davon wußten freilich die bürgerlichen Frauenrechtlerinnen nichts oder wollten sie nichts wissen, hätte es doch das idyllische Bild getrübt, das sie sich von der Fabrikarbeit der Frau zu machen liebten. So sagt Louise Otto-Peters in der eben angeführten Broschüre: »Wie sich aber der meisten Handwerke die Fabrikindustrie bemächtigt hat, so dürfen auch die Frauen, auch die gebildeteren, nichts Anstößiges mehr darin erblicken, für Fabriken nicht nur zu Hause, sondern, wo es erforderlich ist, auch in den Fabriken, selbst in geschlossenen Etablissements, eine bestimmte Zahl Tagesstunden zu arbeiten. Nicht nur im industriellen Amerika tun dies die Frauen – Fabrikarbeiterinnen, die man ›Ladies‹ nennt –, die meist zu Wagen in die entfernte Fabrik geholt werden, wo man ihnen mit all der Achtung begegnet, die das weibliche Geschlecht überhaupt dort genießt, sondern auch in der benachbarten deutschen Schweiz verbindet man mit dem Begriffe ›Fabrikarbeiterin‹ nicht den einer armen und unwissenden Proletarierin, sondern man ehrt in ihr selbständige Jungfrauen, die Töchter guter Familien...« Ebenda, S. 102. In Deutschland verzichteten die »Töchter guter Familien« fürs erste darauf, im »Wagen in die entfernte Fabrik geholt« zu werden, um dort in einer Atmosphäre ritterlicher Achtung für das weibliche Geschlecht eine »bestimmte« Zahl Tagesstunden zu arbeiten. Um so besorgter mußte man daher sein wegen der Gefahren, denen die »selbständige Jungfrau« entgegenging, wenn sie eine höhere Bildung erwerben wollte. »Es können außerdem auch an höheren Lehranstalten sehr gut Sektionen für Mädchen errichtet werden, denn uns selbst kann allerdings nichts ferner liegen als etwa der Wunsch: es möchten sich einzelne Mädchen unter eine rohe Studentenschaft mischen«, Ebenda, S. 96. empfahl deshalb Louise Otto-Peters. Man muß es den bürgerlichen Frauenrechtlerinnen Deutschlands zugute halten, daß sie in ihren Kreisen eher Gelegenheit hatten, die Sitten der Studenten kennenzulernen als die Arbeitsbedingungen in den Fabriken.

Besondere Bedeutung erlangte die frauenrechtlerische Tagung zu Leipzig durch die Konstituierung des Allgemeinen Deutschen Frauenvereins. Dieser sollte die Frauenbewegung vor Zersplitterung bewahren, ihr einheitliche Richtung und Führung geben. Sein Organ wurde die Zeitschrift »Neue Bahnen«, von Louise Otto-Peters und Auguste Schmidt redigiert. Der Verein erweiterte sich mit der Zeit zum Bund Deutscher Frauenvereine. In ihm waren zunächst die Frauenrechtsorganisationen »gemäßigter« Tendenz zusammengefaßt, die ihr Wirken in der Hauptsache auf das Eintreten für höhere Berufsbildung und Berufstätigkeit der Frauen beschränkten und nur leise vom Frauenwahlrecht lispelten. Erst verhältnismäßig spät radikalisierte sich der Bund, als ihm aufblühende »linke« Frauenstimmrechtsorganisationen vordemonstrierten, daß auch in Deutschland ein rascheres und kräftigeres Ausschreiten der bürgerlichen Frauenrechtlerei nötig und möglich sei. Daß die bürgerliche Frauenbewegung in der Mitte der sechziger Jahre und in der folgenden Zeit so weit hinter die Losungen zurückwich, die schon im vormärzlichen Deutschland aufgetaucht waren und die Louise Otto 1848 verfochten hatte, gereichte ihr in liberalen Augen nur zum Lobe. Joseph Heinrichs schrieb in dem Vorwort zu dem »Recht der Frauen auf Erwerb« von Louise Otto-Peters 1866: Die Frauenbewegung der Gegenwart »hat mit den verschwommenen Emanzipations-Idealen der vierziger Jahre nichts zu schaffen... Die einzige Emanzipation, die wir für unsere Frauen anstreben, ist die Emanzipation ihrer Arbeit.« Ebenda, S. V.

Neben anderem läßt man so ganz sacht mit dem »verschwommenen Emanzipationsstreben« auch die politische Befreiung in der Versenkung verschwinden. Dank solch großer Bescheidenheit durfte die bürgerliche Frauenbewegung sich aber auch der Bundesgenossenschaft reaktionärer Kreise erfreuen. Zu dem Allgemeinen Deutschen Frauenverein trat in freundschaftliche Beziehung und verband sich mit ihm zu gemeinsamen Aktionen der Lette-Verein, der 1866 in Berlin aus dem »Zentralverein in Preußen für das Wohl der arbeitenden Klassen« hervorgegangen war. Sein Gründer und Leiter, W. A. Lette, ein tätiger Förderer weiblicher Erwerbsarbeit, veröffentlichte seine »Denkschrift über die Eröffnung neuer und die Verbesserung bisheriger Erwerbsquellen für das weibliche Geschlecht«; sie hatte »hauptsächlich die unverheirateten Frauenzimmer derjenigen mittleren wie auch der höheren Klassen im Auge, welche sich vermöge ihrer gewerblichen Beschäftigungen über den untersten Arbeiterstand erhoben«. W. A. Lette, »Denkschrift über die Eröffnung neuer und die Verbesserung bisheriger Erwerbsquellen für das weibliche Geschlecht«; »Der Arbeiterfreund«, Berlin 1865, S. 353. Lette steckte das Feld gesellschaftlicher Betätigung der Frau in der göttlichen und preußischen Weltordnung für die vergangenen, jetzigen und alle kommenden Zeiten folgendermaßen ab:

»Was wir nicht wollen und niemals, auch nicht in noch so fernen Jahrhunderten wünschen und bezwecken, ist die politische Emanzipation und Gleichberechtigung der Frauen. Wenn ihnen sogar der berühmte englische Nationalökonom John Stuart Mill das aktive und passive Wahlrecht, die Vertretung und Teilnahme an politischen Versammlungen zu vindizieren gewillt ist, so befindet er sich dabei im Widerspruch wie mit den tausendjährigen Einrichtungen aller Staaten und Völker, so auch mit der Natur und Bestimmung des Weibes und mit den ewigen Gesetzen der göttlichen Weltordnung. Der alte Satz der christlichen Kirche: ›Mulier taceat in ecclesia‹ (Das Weib schweige in der Kirchengemeinde) gilt für alle Zeit, nicht bloß für die kirchliche, sondern auch für die politische Gemeinde« Ebenda, S. 358.

Wie schwächlich und ängstlich auch die deutsche Frauenrechtlerei auf der Leipziger Tagung sich zeigte, in ihr kam dennoch zum Ausdruck, daß mit der Organisierung begehrender, fordernder Frauen etwas Neues, Vorwärtstreibendes in die Geschichte getreten war. Der junge Drechsler August Bebel, der im Vorstand des Leipziger Arbeiterbildungsvereins saß und als Gast an dem ersten Frauenkongreß in Deutschland teilnahm, empfand das so stark, daß er als Greis in seinen Lebenserinnerungen davon spricht. Bebel berichtet auch, daß der Frauenbildungsverein Leipzig an den Arbeiterbildungsverein mit dem Ersuchen herantrat, an Sonntagen sein Lokal einer Sonntagsschule für Mädchen zur Verfügung zu stellen. Der Arbeiterbildungsverein sagte das selbstverständlich zu.

Die allmählich erstarkende bürgerliche Frauenbewegung zeigte in den nächsten Jahren vor der Öffentlichkeit einige Male ihr Interesse für die Arbeiterinnen. Der Allgemeine Deutsche Frauenverein richtete eine Zuschrift an den 4. Vereinstag der Deutschen Arbeitervereine zu Gera im Oktober 1867. Diese Zuschrift wandte sich gegen das Verbot der Frauenarbeit in den Fabriken und forderte eine Verbesserung der jämmerlichen Lage der Arbeiterinnen. Sie fand beim Vereinstag günstige Aufnahme. Im gleichen Jahre bat der Frauenverein den Kongreß der Volkswirtschaftlichen Vereine in Hamburg, außer den Interessen der Arbeiter auch die der Arbeiterinnen zu beachten. 1869 erfolgte in Berlin unter dem Vorsitz von Louise Otto-Peters die Gründung des ersten Deutschen Arbeiterinnenvereins. Den Anstoß dazu hatte wahrscheinlich das himmelschreiende Elend der Berliner Konfektionsarbeiterinnen gegeben, das in einer Gerichtsverhandlung enthüllt worden war. Der Verein wollte die Lage der Arbeiterinnen durch belehrende und unterhaltende Vorträge und durch soziale Hilfe heben.

Sein Entstehen und seine Ziele lassen den inneren Zusammenhang der bürgerlichen Frauenbewegung mit der Galvanisierung des Liberalismus, dem Auftreten der bürgerlichen Deutschen Fortschrittspartei erkennen und dem damit verbundenen Bestreben, das mit wachsendem Klassenbewußtsein sich rührende Proletariat im Pferch der bürgerlichen Demokratie festzuhalten. Nicht lange bevor der Deutsche Arbeiterinnenverein in Berlin entstand, hatten Franz Duncker und Max Hirsch die Gewerkvereine ins Leben gerufen, Arbeiterorganisationen nach dem Muster jener Trade-Unions in Großbritannien, die engherzig zünftlerisch und politisch indifferent waren und wie sie von dem Wahngebilde einer Harmonie der Interessen von Ausbeutern und Ausgebeuteten beherrscht. Der Berliner Arbeiterinnenverein bestand bis 1871, ohne Nennenswertes für die Lage und den Zusammenschluß der Arbeiterinnen zu leisten, die er nicht zu organisieren vermochte. Die Mehrzahl seiner Mitglieder waren Kleinbürgerinnen. 1868 begannen die Sozialdemokraten – sowohl die Lassalleaner wie jene Richtung der Arbeiterbewegung, die sich ein Jahr später in Eisenach als Sozialdemokratische Arbeiterpartei konstituierte – mit der gewerkschaftlichen Organisation des Proletariats. Damit erstand den Arbeiterinnen eine klassenbewußte und darum kraftvollere Vertretung, als es die bürgerliche Frauenrechtlerei je war und sein konnte. Das Mitgefühl für »die armen Schwestern« in allen Ehren, aber es wohnte in den luftigen Wolken der demokratischen Ideologie und Phraseologie und zerstob wie diese Wolken, sobald die rauhen Stürme der gegensätzlichen Klasseninteressen von Bourgeoisie und Proletariat bliesen.

Es ist eine Legende, daß die klassenbewußte proletarische Frauenbewegung organisatorisch aus der bürgerlichen Frauenbewegung hervorgewachsen sei. Ebensowenig sind die Anfänge der einen und anderen ideologisch miteinander verbunden gewesen. Schon als die deutsche Frauenrechtlerei in der »Adresse eines Mädchens« ihren ersten Schrei ausstieß, als sie im Programm der ersten »Frauen-Zeitung« zu sprechen begann, offenbarte sie ihr unverfälscht bürgerliches Wesen, wenn dieses auch demokratische, ja sozialistisch schimmernde Schleier trug. Das ehrliche Empfinden für die Leiden der Arbeiterinnen, Arbeiterfrauen, des gesamten Proletariats paarte sich nicht mit der klaren Erkenntnis der letzten ausschlaggebenden Ursache der Leiden, die die Werktätigen peinigten. Louise Otto und ihre Gesinnungsgenossinnen entsetzten sich über die Konkurrenz um Lohn und Brot und ihre Folgen, sie begriffen jedoch nicht, daß diese Konkurrenz Voraussetzung und Folge der kapitalistischen Ausbeutungswirtschaft bildet und daß ihre letzte Wurzel das Privateigentum an den Produktionsmitteln ist. Sie erblickten nicht hinter den beklagten widerspruchsvollen Vorgängen in der Welt der Arbeit die Gestalt des profitheischenden Kapitalisten. Der die bürgerliche Gesellschaft gestaltende und zerklüftende unversöhnliche Klassengegensatz von ausbeutender Bourgeoisie und ausgebeutetem Proletariat war ihnen ein fremder, unverstandener, häßlicher Begriff. So waren sie wohl bereit, den Arbeiterinnen zu »helfen«, aber sie verstanden nicht, daß es für diese nur eine wirksame Hilfe gab: ihre Organisierung gemeinsam mit den Klassengenossen zum Kampf gegen den Kapitalismus und seinen Staat, seine soziale Ordnung.

Das Beste, was die bürgerliche Frauenbewegung an Vorarbeit für die proletarische Frauenbewegung geleistet hat, ist die Betonung der Bedeutung, die der Berufsarbeit für die Gleichberechtigung der Frau mit dem Manne zukommt, ist die damit begründete Forderung politischer Rechte, ist der Kampf gegen altersgraue Vorurteile von der Minderwertigkeit des Weibes. Jedoch auch in dieser Hinsicht wurde das Verdienst durch die Schranken der bürgerlichen Einstellung eingeengt. Die Frauenrechtlerinnen waren blind für den Tatbestand, daß in der Gesellschaft der kapitalistischen Privatwirtschaft und der Klassenherrschaft der Bourgeoisie die Berufsarbeit und das Wahlrecht zwar grundlegend, entscheidend für die Emanzipation der Frauen der Besitzenden sind, jedoch bei aller prinzipiellen Bedeutung unzulänglich, um die Freiheit und Gleichberechtigung der Proletarierinnen sicherzustellen. Die bürgerlichen Vorkämpferinnen der Frauenemanzipation gingen auch nicht über die Grenzen ihrer Gesellschaft hinaus, weder betreffs der Voraussetzungen noch der Auswirkungen der Wandlung, daß die Frau aus der Familie losgelöst und in die gesellschaftliche Produktion einbezogen wurde. Sie fürchteten die volle Tragweite dieser Umwälzung. Unbestritten, daß die bürgerliche Frauenbewegung in der Frühzeit ihrer Entwicklung den Boden gelockert hat, auf dem auch die proletarische Frauenbewegung säte. Unbestritten ebenso, daß sie manche schlummernden Kräfte – zumal im Kleinbürgertum – geweckt und ermutigt hat, die später in der Sozialdemokratie erfolgreich wirkten. Allein trotzdem: Die proletarische Frauenbewegung steht ihr weder organisatorisch noch ideologisch in der Rolle des Kindes gegenüber, das sich der Mutter undankbar entfremdet hat. Sie ist erwachsen als Teil der allgemeinen klassenbewußten Arbeiterbewegung Deutschlands, gemäß der geschichtlichen Wahrheit, daß die Befreiung der Arbeiterklasse und all ihrer Teile das Werk der Arbeiterklasse und all ihrer Teile selbst sein muß. Die bürgerliche Frauenbewegung hat hingegen, zumal in ihrer Frühzeit, aber auch später noch, wertvolle Förderung durch das Proletariat erhalten. Louise Otto-Peters hat das wiederholt rühmend anerkannt. So sagte sie zum Beispiel in ihrer

Eröffnungsrede zur Leipziger Frauenkonferenz am 15. Oktober 1865: »Dank besonders auch den Mitgliedern des Arbeiterbildungsvereins, die unserm Wirken schon so oft ihre Teilnahme bezeigten. Wie die Arbeiter überhaupt die Stütze der Nationen sind, so erfüllt es uns mit gerechtem Stolze, gemeinsam mit ihnen zu wirken.« Louise Otto, »Das Recht der Frauen auf Erwerb«, S. 83

Die deutschen Arbeiter in der Frühperiode ihres Klassenaufmarsches und die Frage der beruflichen Frauenarbeit

Langsam, im Verlauf von Jahrzehnten, hat sich in der deutschen Arbeiterklasse die Erkenntnis entwickelt, daß ihr kampfreicher Aufstieg zur Befreiung vom Elends- und Sklavenjoch des ausbeutenden Kapitalismus und die volle Verwirklichung menschlicher Freiheit in einer kommunistischen Gesellschaft unmöglich ist, wenn nicht auch die proletarischen, die werktätigen Frauenmassen verständnisklare, organisierte tätige Mitträgerinnen dieses Aufstiegs sind. Diese Erkenntnis reifte als ein wesentlicher Bestandteil der Erziehung durch den Marxismus. Am frühesten entfaltete sich die Einsicht für die nächstliegende praktische Notwendigkeit, die Arbeiterinnen, die erwerbstätigen Frauen aus Konkurrentinnen der Männer in Mitkämpferinnen gegen das ausbeutende kapitalistische Unternehmertum zu verwandeln. Es wurde den deutschen Proletariern allmählich durch die harte Logik der Tatsachen eingebleut, daß die rasch zunehmende Frauenarbeit in der Industrie sich sowenig zurückwerfen lasse wie die wirtschaftstechnischen Fortschritte, die eine ihrer wichtigsten Voraussetzungen sind. Das Verständnis dafür mußte sich in zähem Ringen mit einer hartnäckig festgehaltenen Einstellung durchsetzen, in der sich engbrüstiges Zünftlertum mit alten Vorurteilen von der natur- und gottgebotenen Stellung der Frau und des Mannes in Familie und Gesellschaft verquickten. Wie in Frankreich während der großen Revolution und später, wie in den Anfängen der Arbeiterbewegung Großbritanniens und noch über die Anfänge hinaus, so erhoben sich zur Zeit der deutschen Revolution aus den Kreisen der Arbeiter und Handwerker Stimmen, die das Verbot der gewerblichen Frauenarbeit forderten. Die Schneider und Zigarrenarbeiter taten sich besonders lebhaft dabei hervor. Die Schneider zum Beispiel hielten streng darauf, daß die von ihnen selbst ausgebildeten Näherinnen zwar in Familien zur Arbeit gehen, aber keine Arbeit in die eigene Wohnung nehmen durften. Solchen Frevel gegen die Zunft ließen sie durch hochnotpeinliche behördliche Haussuchungen bei den Verdächtigen feststellen, und er wurde mit der Beschlagnahme der Arbeitsstücke geahndet. Die Hetze der sonst sehr revolutionär auftretenden Schneider gegen die Frauenarbeit hat eine literarische Spur in einem bissigen Spottgedicht Chamissos hinterlassen, das mit dem Verse beginnt: »Und als die Schneider revoltiert – Courage!...« und diese zwei bezeichnenden Zeilen enthält:

> »Schafft ab zum ersten die Schneidermamselln,
> die das Brot verkürzt uns Schneidergeselln!«

Der 2. Kongreß des Nationalen Unterstützungsverbandes der Zigarren- und Tabakarbeiter, der 1849 in Leipzig tagte, beschloß nach Erörterung der Lohnfrage und der Möglichkeit, das Arbeitsangebot zu vermindern, das Verbot der Frauenarbeit in den Fabriken zu fordern. Am Kongreß nahmen Delegierte aus 77 Orten Deutschlands teil. Der Nationale Unterstützungsverband der Zigarren- und Tabakarbeiter war im Revolutionsjahr 1848 auf einer Tagung dieser Berufsgruppe gegründet worden, die im Anschluß an den großen allgemeinen Kongreß der deutschen Arbeiter in Berlin stattfand. Der Nationalverband hatte binnen kurzem einen so kräftigen Aufschwung genommen, daß in ungefähr 60 Orten Lokalvereine der Zigarren- und Tabakarbeiter entstanden und ihm angegliedert wurden. Der Beschluß der Leipziger Tagung ist kennzeichnend für die Auffassung, die sogar fortgeschrittene organisierte Arbeiterschichten in den Revolutionsjähren beherrschte, in denen von einer »sozialen Organisation der Arbeit« geträumt und gefabelt wurde.

Jedoch auch hinsichtlich des Problems der industriellen Frauenarbeit und der Gleichberechtigung des weiblichen Geschlechts ging die Propaganda der sozialistischen und kommunistischen Minderheiten, die im »Kommunistischen Manifest« gipfelte, nicht spurlos an den revolutionär vorstoßenden Arbeitern vorüber. Sie ließ in deren Elite einen Niederschlag zurück, der sich praktisch auswirkte – soweit sichere Bekundungen vorliegen – in der Organisation der »Arbeiterverbrüderung«, die die Frucht des Arbeiterkongresses war, der am 23. August 1848 in Berlin eröffnet wurde und auf dem 3 Arbeiterkomitees und 35 Arbeitervereine aus allen Teilen Deutschlands vertreten waren. Die treibende und leitende Kraft des Kongresses und der

»Arbeiterverbrüderung« war der hochbegabte Schriftsetzer Stephan Born, ein ausgezeichneter Organisator, der sich als Mitglied des Kommunistenbundes im Umgang mit Marx und Engels eine vertiefte sozialistische Erkenntnis erworben hatte und der die wirtschaftlichen und sozialen Probleme nicht bloß an der Oberfläche erfaßte.

Die »Arbeiterverbrüderung« wurde von einem Zentralkomitee geleitet, sie baute sich auf Lokalkomitees auf, die zu Bezirkskomitees zusammengefaßt wurden. Die Satzungen bestimmten, daß bei jedem Bezirkskomitee eine besondere Frauenabteilung bestehen solle. Die Organisation hatte einen proletarischen Charakter, sie verfolgte soziale, politische und gewerkschaftliche Ziele. Darüber hinaus erstrebte sie die Gründung von Konsum- und Produktivgenossenschaften und die gemeinschaftliche Bewirtschaftung von Land. Sie war von der Illusion erfüllt, auf diesem Wege »immer größere Teile des Proletariats von der Ausbeutung durch fremdes Kapital zu befreien«. Siegfried Nestriepke, »Die deutschen Gewerkschaften bis zum Ausbruch des Weltkrieges«; Stuttgart 1925, S. 28/29. Der »Arbeiterverbrüderung« waren 20 bis 25 Organisationen angeschlossen, Vereine von Arbeitern und Handwerkern, und sie hatte 1849 bereits einen Einkaufsverein für Bekleidungsgegenstände errichtet, einen gemeinschaftlichen Broteinkaufsverein, eine Schneider- und eine Schuhmacherwerkstätte, eine Genossenschaft der Seidenwirker und eine »Hemdenorganisation«, die bei den notleidenden Webern in Schlesien Leinen einkaufen und in eigenen Näherinnenwerkstätten auf genossenschaftlicher Grundlage verarbeiten lassen wollte. Die Frauenabteilungen der »Arbeiterverbrüderung« sollten also an der Durchführung wichtiger und vielseitiger Aufgaben mitwirken. Leider fehlt es an Dokumenten darüber, in welchem Umfange und mit welchem Erfolg die Frauen in der Organisation tätig gewesen sind. Immerhin bleibt die Tatsache beachtenswert, daß die Satzungen grundsätzlich ihr Recht anerkannten, für die weitgesteckten Ziele der »Arbeiterverbrüderung« zu wirken.

Die Jahre der schwärzesten Reaktion bekamen dem deutschen Kapitalismus ausgezeichnet. Sich an billigem Frauen- und Kinderfleisch mästend, ungestört durch »Meutereien unbescheidener Arbeiter«, wuchs er rasch empor. Die Bourgeoisie büßte für die kurze Maienblüte ihrer politischen Sünde in betriebsamer und erfolgreicher Geschäftüchtigkeit. Das Fordern und Ringen des Proletariats schien erstorben. Die Reaktion ließ die Zügel etwas locker. Der »Fortschritt« entdeckte seine Mission, die Arbeiter geistig zu heben und zu führen. Der Nationalverein, diese saftlose Frucht am Baume des bürgerlichen Liberalismus, rief seit 1860 Arbeiterbildungsvereine ins Leben, die vielerorts mit Fach- und Fortbildungsschulen verbunden wurden.

Die kapitalistischen Unternehmer bedurften in ihren Betrieben neben einer Mehrzahl von Arbeitskräften, deren Profitwert in möglichster Billigkeit bestand, auch eines kleinen Stabes von Proletariern, deren Wissen und Können das Bildungsniveau der Armeleuteschule überschritt. Außerdem und vor allem kam es den »Vollen und Ganzen« des Liberalismus und der Demokratie darauf an zu verhindern, daß die Arbeiter als selbständig denkende und handelnde Klasse in die Arena politischer und sozialer Kämpfe traten. Wie nützlich konnten hingegen diese »Ungeschlachten« werden, wenn sie bürgerlich-liberal säuberlich gewaschen und gekämmt von den Fortschrittlern am Gängelband gehalten wurden. Dann würden sie »der besten aller Welten« nie Gefahr bringen, im Gegenteil, sie könnten unter Umständen vorkommandiert werden, um für den Liberalismus die Kastanien »maßvoller und vernünftiger Fortschritte« aus dem Feuer zu holen. Die Arbeiterbildungsvereine sollten einen Stab von »Feldwebeln der Bourgeoisie« Siehe Franz Mehring, »Geschichte der Deutschen Sozialdemokratie«, Dritter Bd., Stuttgart 1919, S. 12. stellen, also faßt Franz Mehring in seiner glänzenden »Geschichte der Deutschen Sozialdemokratie« treffend die edlen Absichten der Fortschrittler zusammen. Der Bürgermeister von Leipzig erklärte offiziell als Zweck dieser Organisation, »eine Aristokratie von Arbeitern zu züchten«. Als »Genossenschaften zur Erwerbung und Vermehrung des geistigen Kapitals ihrer Mitglieder« wurden die Arbeiterbildungsvereine von ihren Begründern und Gönnern vor der Bourgeoisie legitimiert; die Bezeichnung spiegelt den unverfälscht kapitalistischen Geist wider, der sie beherrschen und leiten sollte. Das »Soll« politischer und sozialer Spekulanten wurde jedoch nicht zum »Haben«.

Binnen kurzer Frist entwickelten sich in verschiedenen Teilen Deutschlands Arbeiterbildungsvereine. Sie waren nicht nur ein Operationsfeld für parteipolitische Falschmünzer, sie erfreuten sich auch der wertvollen Unterstützung und Mitarbeit ehrlich demokratischer Ideologen, darunter Naturwissenschaftler und andere Gelehrte von Rang, die wähnten, daß durch Bildung der Klassengegensatz zwischen Bourgeoisie und Proletariat ausgeglichen, der Klassenkampf ausgeschaltet werden könne. Die Arbeiter drängten zu den Bildungsvereinen mit dem geistigen Heißhunger einer enterbten Klasse, die eine Pforte in das ihr verschlossene Monopolgebiet der Besitzenden geöffnet sieht. Außerdem zog es sie – bewußt oder mehr gefühlsmäßig – zu diesen Organisationen als zu den damals einzigen Stätten, wo sie sich vereinigen, in größerer Zahl Meinungen austauschen, die Tagesereignisse erörtern, sich über ihre Interessen verständigen konnten. Die Gesetzgebung des Deutschen Bundes und der meisten Einzelstaaten erschwerte die politische und gewerkschaftliche Organisierung der Proletarier auf das äußerste, wenn sie diese nicht ganz unmöglich machte, und die allgewaltige Polizeifaust konnte jederzeit das kümmerliche Mögliche zerdrücken.

In striktem Gegensatz zu dem Wünschen und Wollen der »fortschrittlichen« Hier und auf den folgenden Seiten wird »fortschrittlich« von Clara Zetkin mit Bezug auf die Deutsche Fortschrittspartei gebraucht. Drahtzieher entwickelten sich die Arbeiterbildungsvereine zu Diskutierklubs der Arbeiter über zeitgenössisches Geschehen, zu »Exerzierplätzen« für die sich sammelnde Vorhut des deutschen Proletariats. Hier wurden Rekruten des proletarischen Klassenkampfes zusammengeführt und geschult, junge aufstrebende Talente übten sich lernend und arbeitend für spätere Meisterschaft. Die großen, reichen Fähigkeiten August Bebels als überragender Führer des deutschen, des internationalen Proletariats haben sich zuerst in dem Arbeiterbildungsverein zu Leipzig ausgewirkt und entfaltet. Zusammengefaßt: Der Prometheus-Funke des proletarischen Klassenbewußtseins ließ sich nicht auslöschen, er flammte heller und heller auf. Die Arbeiterbildungsvereine wurden zu einer Vorstufe von größter Bedeutung für den Aufmarsch des deutschen Proletariats als Klasse, für die Entwicklung der Sozialdemokratie in ihrer Frühperiode. Darin ist begründet, daß ein Rückblick auf die Anfänge der klassenmäßigen proletarischen Frauenbewegung in Deutschland nicht an ihnen vorübergehen darf.

Lassalles unvergängliche Ruhmestat, die deutschen Arbeiter um das Banner des allgemeinen Wahlrechts zu sammeln, zum Kampfe Klasse gegen Klasse, wurde von den »fortschrittlichen« falschen Brüdern in der Leitung der Arbeiterbildungsvereine durchaus richtig als ein tödlicher Schlag für ihre politischen Betrugsmanöver und sozialen Possenreißereien empfunden. Die Bildungsorganisationen deuchten den Herren gerade gut genug, den Schlag zu parieren, der in seiner Auswirkung über die Deutsche Fortschrittspartei hinaus die Bourgeoisie, die bürgerliche Klassengesellschaft, treffen mußte. Die führenden Fortschrittsmannen in Frankfurt am Main wollten den starken Verband der Arbeiterbildungsvereine des Maingaus gegen die aufrüttelnde, zündende Wirkung des »Offnen Antwortschreibens« mobilisieren, das Lassalle Mitte März 1863 in die Öffentlichkeit geworfen hatte. Lassalle wurde eingeladen, vor einer Tagung des Verbandes zu Frankfurt am Main seine Ideen und Forderungen zu begründen und zu verteidigen. Er kam, sprach und siegte in einer großen Redeschlacht, in der sein hinreißendes Rednertalent und sein geistiges, politisches Gerüstetsein für den Kampf Triumphe feierten. Der »Arbeitstag« stellte sich mit 400 gegen 40 Stimmen auf die Seite Lassalles. Mit gewachsener Zuversicht steht Lassalle wenige Tage darauf vor der Arbeiterschaft in Leipzig, werbend, zusammenschmiedend. Am 23. Mai 1863 erfolgt dort die Gründung des Allgemeinen Deutschen Arbeitervereins, der ersten sozialdemokratischen Partei Deutschlands. Lassalle ist Präsident mit sehr weitreichenden Befugnissen.

Trotz der skrupellosesten »fortschrittlichen« Gegenagitation, trotz der Unsicherheit, den Wirrnissen und Splitterungen, die nach Lassalles frühem, tragischem Tode den Allgemeinen Deutschen Arbeiterverein erschüttern, reißt die junge sozialdemokratische Bewegung wachsende Arbeitermassen mit sich fort. Namentlich in Rheinland-Westfalen, in Berlin und in Hamburg – der Hamburger Arbeiterbildungsverein stammte noch aus dem Jahre 1845 und hatte revolutionäre Traditionen bewahrt – faßte sie festen Fuß, wurde sie zum organisatorischen Sammlungspunkt der Klasse und zerstörte damit das von den Fortschrittlern erträumte Idyll. Allerdings, die Tätigkeit des Allgemeinen Deutschen Arbeitervereins war in den Augen vieler von einem Schatten begleitet, den Lassalle selbst heraufbeschworen hatte. Es war eine vermutete Preußenfreundlichkeit der Organisation, anders gesagt: die Befürchtung, diese könne in Beziehungen treten zum preußischen Staat, der preußischen Monarchie, zu Bismarck, dem Lenker der preußischen Junkerpolitik; die Organisation könne mit diesen erzreaktionären Mächten kompromisseln und die Arbeiter vor ihren Wagen spannen. Dieser Argwohn ist zum Teil als begründet bestätigt worden durch den vor kurzem veröffentlichten, bisher unbekannten Briefwechsel Lassalles mit Bismarck. Lassalle wähnte, durch Vermittlung des Junkers den preußischen Absolutismus gegen die Bourgeoisie ausspielen, den Teufel durch Beelzebub austreiben zu können. Auch seine große persönliche Eitelkeit hat bei dem gewagten Spiel mitgeredet. Ungeschichtlich war und ist es dagegen unserer Meinung nach, die gesamte lassalleanische Richtung der Neigung zum Paktieren mit dem preußischen Absolutismus zu beschuldigen. Der »preußenfreundliche« Schatten auf der lassalleanischen Bewegung schreckte zumal in Sachsen wie in Süddeutschland. Hier war der »Preußenhaß« eine Tradition der Kleinbürger und Proletarier. Er besagte unter anderem: Erinnerung an die Henkersrolle des preußischen Staates und seines Militärs unter der Führung des »Kartätschenprinzen« in den revolutionären Erhebungen von 1848 und 1849; nach dem Krieg von 1866: Furcht vor einer Entwicklung unter der Herrschaft der Pickelhaube und des Korporalstocks. Sehr bald erwies sich, daß die Ablehnung der »preußenfreundlichen« Agitation der Lassalleaner keineswegs einen Verzicht auf proletarische Klassensammlung und Klassenpolitik bedeutete, auch nicht in den Teilen Deutschlands, wo die »Gemeinden« des Allgemeinen Deutschen Arbeitervereins selten und schwach waren.

Kaum daß Lassalle in Frankfurt am Main seine entscheidenden Siege erstritten hatte, gingen die geschäftseifrigen Bildungsagenten der Fortschrittspartei an den Versuch, mittels einer strafferen Zusammenfassung der noch nicht »agitatorisch verführten« Bildungsvereine zu retten, was sie vermeinten, retten zu können. Sie beriefen für den Juni 1863 einen Vereinstag nach Frankfurt am Main, der die Gründung eines Verbandes Deutscher Arbeitervereine beschloß. Er zeigte, daß die große Mehrzahl der Arbeiterbildungsvereine noch im Kielwasser des bürgerlichen Fortschritts schwamm. Bezeichnend war, daß der Vereinstag die Wahl des Drechslers Bebel in den Ausschuß des Verbandes ablehnte, obgleich Bebel der politischen Agitation der beiden Lassalleaner Fritzsche und Vahlteich im Leipziger Arbeiterbildungsverein fernstand und sein Interesse bis dahin nur Bildungszwecken zugewandt hatte. Jedoch die Revolutionierung der Arbeiterbildungsvereine ließ sich nicht aufhalten. Die vom Kapitalismus in den gesellschaftlichen Zuständen geschaffenen Voraussetzungen für den geschlossenen Vormarsch der Proletarier als kämpfende Klasse mußten in das Bewußtsein treten, Wille und Tat werden. Arbeiter, die das Werben der Lassalleaner zurückwiesen, wurden von den Ideen der Internationalen Arbeiterassoziation gepackt, überzeugt.

Das Wehen des revolutionären Geistes der I. Internationale blies die ideologischen Kartenhäuser der Fortschrittler in den Arbeiterbildungsvereinen über den Haufen. Gerade die fähigsten und tatkräftigsten Mitglieder erlebten ihr Damaskus, und nicht wenige der Bekehrten saßen in dem Vorstand der Organisationen. Typisch für die Entwicklung war der Arbeiterbildungsverein Leipzig, wo Bebel und Motteler eine ebenso kluge wie energische Tätigkeit entfalteten, die sich über ganz Sachsen erstreckte, und wo Wilhelm Liebknecht seit seiner Ausweisung aus Preußen 1865 als Lehrer wirkte. Von einem Vereinstag zum anderen bekundete sich der zunehmende Einfluß der I. Internationale. Die fortschreitende reinliche Scheidung der Geister konzentrierte sich auf zwei Fragen: klassenbewußte Selbständigkeit der Arbeiter in der Leitung des Verbandes oder Bevormundung der Arbeiter durch die Geschäftemacher der Fortschrittspartei? Proletarische Klassenforderungen und Klassenziele oder soziale Harmoniespielereien? Der Vereinstag zu Gera 1867 war ein siegverheißendes Vorgefecht der nahenden Entscheidungsschlacht. Er wählte August Bebel gegen Max Hirsch zum Vorsitzenden des Verbandes und brach ungeachtet der sozialen Anlockungsmanöver der Bürgerlichen mit der manchesterlichen Theorie des Liberalismus von der Nichteinmischung des Staates in die menschenvernichtenden Ausbeutungspraktiken der kapitalistischen Profitwirtschaft. Nach einem aufpeitschenden Bericht des Drechslers Bebel über die kurz vorher erfolgte entsetzliche Katastrophe im Lugauer Kohlenbergbau, nach einem ergreifenden Bericht des Tuchmachers Motteler über die Verbrechen der Kinderausbeutung in den Fabriken forderte der Vereinstag schärfstes, rücksichtsloses Einschreiten der staatlichen Gewalten gegen das ausbeutende Kapital.

Der Vereinstag zu Gera hatte dem Klassengegensatz zwischen Bourgeoisie und Proletariat die verhüllenden Phrasenschleier abgerissen, er hatte damit den unversöhnlichen Gegensatz zwischen Liberalismus und Sozialismus in den Bildungsvereinen gezeigt. Dieser Gegensatz konnte nicht mehr vertuscht, er mußte ausgetragen werden. Das geschah auf der nächsten Tagung des Verbandes der Arbeiterbildungsvereine im September 1863 zu Nürnberg. Das für die Tagesordnung vorgeschlagene Programm des Verbandes war ein offenes Pronunziamento gegen den Liberalismus. Das Programm sollte die Hauptsätze des Statuts der Internationalen Arbeiterassoziation enthalten. Der Vereinstag stimmte dem mit großer Mehrheit zu und beschloß unter anderem die Gründung zentralisierter internationaler Gewerkschaftsgenossenschaften, eine Entscheidung, die ebenfalls im Zeichen der Internationale stand. Über den Verband und die Grenzen Deutschlands hinaus wurde die Bedeutung des Nürnberger Vereinstages gewertet. Einige Mitglieder des Allgemeinen Deutschen Arbeitervereins wohnten ihm bei und bekannten sich zu dem vorgeschlagenen Programm. Die Tagung war von den österreichischen und schweizerischen Arbeitervereinen beschickt, und Eccarius, ein tapferer proletarischer Vorkämpfer des Kommunismus, nahm als Vertreter des Generalrats der Internationale an ihr teil.

Die Mehrheit des Verbandes Deutscher Arbeitervereine hatte sich für politisch mündig erklärt. Nun mußten die praktischen Konsequenzen aus der sachlich klipp und klaren Entscheidung gezogen werden. Das war die Gründung einer sozialdemokratischen Arbeiterpartei. Im Juli 1869 erschien im Verbandsorgan ein Aufruf »an die deutschen Sozialdemokraten«, der für den 7. bis 9. August 1869 einen Allgemeinen Deutschen Sozialdemokratischen Arbeiterkongreß nach Eisenach einberief. Dieses geschichtliche Dokument war unterzeichnet von 63 ehemaligen Mitgliedern des Allgemeinen Deutschen Arbeitervereins; von drei Parteigängern der lassalleanischen Splitterorganisation der Gräfin Hatzfeldt; von einem Ausschuß österreichischer Arbeiter; von dem Zentralkomitee der deutschen Arbeitervereine in der Schweiz; von der deutschen Sektion der Internationale in Genf; von dem deutschrepublikanischen Verein in Zürich. Für den Verband Deutscher Arbeitervereine hatten gegen 100 Mitglieder unterschrieben, darunter Bebel, Liebknecht, Motteler, Stolle und andere. Der Kongreß zu Eisenach beschloß die Gründung der Sozialdemokratischen Arbeiterpartei Deutschlands. Er gab ihr als grundsätzliches Programm die in Nürnberg angenommenen Sätze aus dem Statut der Internationale, als »nächste Forderungen« fügte er dem prinzipiellen Teil die politischen Reformen hinzu, die 1866 eine Landesversammlung der sächsischen Demokratie geheischt hatte, deren Mehrheit aus Delegierten der sächsischen Arbeiterbildungsvereine bestand, auf der aber auch die »Gemeinden« der Lassalleaner in Sachsen vertreten waren. Zu den nächsten Forderungen gehörten allgemeines Wahlrecht, Volkswehr, Vereins-, Versammlungs- und Pressefreiheit, Trennung der Schule von der Kirche, der Kirche vom Staat und anderes mehr.

Die Sozialdemokratische Arbeiterpartei Deutschlands hatte sich zwar an den Ideen von Marx und Engels inspiriert und bekannte sich zu den Grundsätzen der Internationale, aber dennoch wurde auch sie gleich der älteren lassalleanischen Bruderpartei von einem Schatten begleitet. Es war dies bei ihr eine unklare, ungeschichtliche Einschätzung der »Demokratie«, eine Einschätzung, die in Illusionen über eine Abstraktion schwelgte, statt mit nüchternem Sinn die Wirklichkeit der bürgerlichen Klassengesellschaft zu erfassen. Diese nach Ursprung und Wesen durchaus kleinbürgerliche Ideologie kam im Namen und im Inhalt des Parteiorgans »Der Volksstaat« zum Ausdruck und lebte in Widerspruch zu der scharfen Kritik von Marx und Engels am Gothaer Einigungsprogramm von 1875 weiter. Es schien, daß annähernd ein Jahrhundert theoretischer Schulung im revolutionären Marxismus und praktischer Erfahrung im proletarischen Klassenkampf nötig war, um die Illusionen über Demokratie, Volksstaat und Verwandtes

absterben zu machen und zu begraben. Doch siehe da! Sie haben in der Theorie und Praxis
der deutschen Sozialdemokratie seit 1918 eine fröhliche Urständ gefeiert, zusammen mit Illusionen über den Staatskapitalismus in einer bürgerlichen Gesellschaft und den übelsten politischen und persönlichen Spekulationen opportunistischer Streberei, deren Lassalle und seine
Getreuen seinerzeit beschuldigt wurden.

Es war unvermeidlich, daß die Sozialdemokratische Arbeiterpartei Deutschlands und der Allgemeine Deutsche Arbeiterverein, daß Eisenacher und Lassalleaner leidenschaftlich und hartnäckig miteinander um die Gefolgschaft der Proletarier rangen. Das 1871 neugegründete Deutsche Reich bewies der Bourgeoisie seine Vertrauenswürdigkeit als ihr Klassenstaat, indem es
beide sozialdemokratischen Parteien die Schärfe seiner Machtmittel fühlen ließ. In der berüchtigten Ära Tessendorf wurden gegen sie alle gerichtlichen und polizeilichen Teufel losgelassen.
Dazu zerfleischte die große Wirtschaftskrise, die dem Schwindel der Gründerzeit auf dem Fuße
folgte, das Proletariat. Die Situation stumpfte Gegensätze der Auffassung ab, milderte Feind-
seligkeiten der Praxis, zwang zu gemeinschaftlichem Zusammengehen – zumal bei wirtschaftlichen Kämpfen – und bereitete die Einigung von Eisenachern und Lassalleanern vor. Sie erfolgte
1875 auf dem Kongreß zu Gotha.

Die Anfänge der klassenbewußten organisierten proletarischen Frauenbewegung in Deutschland sind unlöslich mit dem Werden und Reifen der sozialistischen Gesellschaftsauffassung im
Proletariat verknüpft, mit seiner Zusammenschweißung als Klasse, seiner politischen und sozialen Vertretung durch eine ideologisch und organisatorisch festgefügte Klassenpartei. Sie sind ein
Teil, und zwar ein sehr kennzeichnender Teil dieses gesamten Entwicklungsganges, dessen zunehmende Vertiefung kündend. Die ersten Bestrebungen, Proletarierinnen auf dem Boden des
proletarischen Klassenkampfes zu sammeln, erfolgen insbesondere in engem Zusammenhange
mit der aufkommenden Gewerkschaftsbewegung. Sie sind mithin sozialdemokratischen Wesens,
denn im Gegensatz zu anderen Ländern, zumal zu Großbritannien, wurden in Deutschland die
Gewerkschaften von politischen Parteien ins Leben gerufen. Kaum hatte im September 1868 der
Nürnberger Vereinstag der Arbeiterbildungsvereine die Vereinigung der Arbeiter in »zentralisierten Gewerksgenossenschaften« und der Allgemeine Deutsche Arbeiterkongreß zu Berlin unter
Führung des Lassalleaners J. B. von Schweitzer die Bildung von »Arbeiterschaften« beschlossen,
so suchten sich auf bürgerlicher Seite die Fortschrittler eine gewerkschaftliche Schutztruppe in
der Arbeiterschaft zu schaffen. Die harmoniebeseligten Hirsch-Dunckerschen Gewerkvereine
haben jedoch sowenig wie in der Gewerkschaftsbewegung im allgemeinen für die wirtschaftliche Organisierung der Arbeiterinnen im besonderen Bedeutung erlangt. Die wichtigsten, zum
größten Teil auf konfessionellem Boden stehenden christlichen Gewerkschaften aber treten erst
später auf den Plan. Ende der sechziger Jahre begründeten die beiden sozialdemokratischen
Parteien – damals getrennt – Gewerkschaften, die von der Erkenntnis des Klassengegensatzes
zwischen Kapital und Arbeit durchtränkt waren und kämpfend dem Unternehmertum entge-
gentreten wollten. Fast zur gleichen Zeit gingen sowohl die Lassalleaner wie die Eisenacher an
die Organisierung der Gewerkschaften und begannen damit auch das Werben weiblicher Mitglieder. Es ist selbstverständlich, daß dabei das furchtbare Arbeiterinnenelend und seine Auswirkung auf die Lage der Arbeiter, des gesamten Proletariats ein gewichtiges, bestimmendes
Wort mitsprachen. Das Verlangen nach dem gesetzlichen Verbot der Erwerbsarbeit der Frauen
hat sehr lange den Klärungsprozeß des proletarischen Klassenbewußtseins begleitet. Allein, mit
fortschreitender Bestimmtheit lautete nun die Antwort auf dieses Verlangen: kein Verbot der
erwerbenden Frauenarbeit, gemeinsamer Zusammenschluß und Kampf der Arbeiterinnen und
Arbeiter gegen das auswuchernde Kapital! Die vordringenden sozialistischen Ideen bewirkten,
daß in der Antwort mehr zum Ausdruck kam als die Erkenntnis der Bedingungen erfolgreicher
Abwehr der kapitalistischen Vampirgelüste. Nämlich auch die Sympathie, das Verständnis für
die volle Gleichberechtigung des weiblichen Geschlechts und ihre weittragende Bedeutung.

Louise Otto-Peters polemisiert in ihrer Broschüre von 1866 »Das Recht der Frauen auf Erwerb« gegen die lassalleanische Sozialdemokratie. Sie behauptet: »... es ist – von den Lassalleanern – der Grundsatz aufgestellt worden: ›Die Lage der Frau kann nur verbessert werden durch

die Lage des Mannes.‹ Dies ist der aller Gesittung und Humanität hohnsprechende Grundsatz, den unsere ganze Anschauung und diese Schrift bekämpft. Gerade die Partei, die von ›Staatshilfe‹ sich so viel verspricht, die das allgemeine Stimmrecht fordert, schließt von allen ihren Bestrebungen die Frauen aus – dadurch beweist sie, daß sie ihr Reich der Freiheit, d. h. ›die Herrschaft des vierten Standes‹ gründen will auf die Sklaverei der Frauen – denn wer nicht frei für sich erwerben darf, ist Sklave.« Louise Otto, »Das Recht der Frauen auf Erwerb«, S. 103 Dieser heftige Ausfall gegen den Allgemeinen Deutschen Arbeiterverein erklärt sich höchstwahrscheinlich als eine Frucht des Mißbrauches, der in den Kreisen der Lassalleaner mit dem sogenannten ehernen Lohngesetz betrieben wurde. Das »eherne Lohngesetz« war eine Keule, mit der Lassalle manchen bürgerlichen Gegner um so leichter erlegen konnte, als zum Teil seine Gültigkeit von bürgerlicher Seite nicht angezweifelt wurde. Marx hingegen hat es weder als »ehern« noch als »Gesetz« anerkannt. Für die junge lassalleanische Bewegung bildete das »eherne Lohngesetz« eher einen Knüppel, über den sie stolperte, als eine Stütze. Lassalle hatte mittels dieses mehr biologisch als historisch-ökonomisch begründeten »Gesetzes« den Nachweis zu erbringen versucht, daß eine dauernde Erhöhung des Einkommens des Proletariats über das zum nackten Leben Notwendige hinaus unter der Herrschaft des Lohnsystems unmöglich sei. So mag auch der oder jener seiner Anhänger die Behauptung aufgestellt haben, der Lohnerwerb der Frau bedeute keine dauernde Verbesserung der Lage der Arbeiterfamilie, vermehre nur die Konkurrenz um den »Lohnfonds« durch an sich schon für den Kapitalisten billige Arbeitskräfte. Die Lage der Frauen könne nur verbessert werden durch die Verbesserung der Lage der Arbeiter, das heißt nur durch die Aufhebung des Lohnsystems. Diese Behauptung gründet sich auf eine richtig gefühlte, aber falsch bewiesene geschichtliche Wahrheit: daß, wie die Befreiung des Proletariats nur durch die Aufhebung der kapitalistischen Produktionsverhältnisse, so auch die Emanzipation der Frau nur durch die Abschaffung des Privateigentums möglich ist. Jedoch von dieser Wahrheit ist es ein weiter Weg bis zum grundsätzlichen Ausschluß der Frauen von jeder politischen und wirtschaftlichen Bewegung. Von einer solchen Proklamierung des angeführten angeblichen Grundsatzes der ganzen Richtung und der ihm von Louise Otto-Peters gegebenen Ausdeutung konnten wir nirgends eine Spur entdecken. Möglicherweise hat die frauenrechtlerische Führerin bei ihrem Verdammungsurteil ihrem Groll darüber Luft gemacht, daß Lassalle und seine Partei das allgemeine Wahlrecht lediglich für die Männer gefordert haben. Allein, diese Beschränkung der Parole entsprang nicht einer grundsätzlichen Ablehnung der Gleichberechtigung der Frau. Sie entsprach Lassalles Taktik, die ganze Kraft in einer Faust für einen Schlag zusammenzuballen, eine Schwächung des Schlages durch Zersplitterung zu vermeiden. Die »volle und ganze« frauenrechtlerische Prinzipienfestigkeit gegenüber taktischen Zweckmäßigkeitsrücksichten müßte eigentümlich berühren angesichts der Tatsache, daß die bürgerlichen Vorkämpferinnen der Gleichberechtigung des weiblichen Geschlechts sich zu jener Zeit auf die wirtschaftliche Emanzipation beschränkten und damals wie auch später noch um die Forderung des Frauenwahlrechts herumgegangen sind wie das Kätzchen um den heißen Brei. Hatte aber nicht Louise Otto-Peters selbst in ihrer »Adresse eines Mädchens« treffend geschrieben und es in dem »Programm« ihrer »Frauen-Zeitung« wiederholt, »daß diejenigen, welche selbst an ihre Rechte zu denken vergaßen, auch vergessen wurden«?

Die Werke über die Frühperiode der sozialdemokratischen Arbeiterbewegung Deutschlands und der Gewerkschaftsentwicklung im besonderen enthalten nur sehr spärliche Mitteilungen über die Einstellung des Allgemeinen Deutschen Arbeitervereins zur Frage der Erwerbsarbeit der Frauen und zur gewerkschaftlichen Organisierung der Arbeiterinnen. Soweit Material darüber vorliegt, scheint diese Einstellung Mitte der sechziger Jahre keine einheitliche und sichere gewesen zu sein. Eduard Bernstein berichtet im ersten Band seiner »Geschichte der Berliner Arbeiter-Bewegung«, daß am 15. Januar 1866 im Lokal des Vorstädtischen Handwerkervereins Berlin eine sozialdemokratische Parteiversammlung stattfand, in der ein Vortrag des Buchhändlers Schlingmann auf der Tagesordnung stand: »Frauenarbeit und Arbeiterfrauen«. Der damaligen Parteikonstellation in Berlin entsprechend, handelte es sich um eine Versammlung der Lassalleaner. Eduard Bernstein schreibt darüber: »Der Vortrag sowohl wie seine Debattierung zeigen, daß man sich in sozialistischen Kreisen damals ziemlich unsicher darüber war, welche Stellung man zur Frage der Frauenarbeit einnehmen sollte. Indes war die Unklarheit hier durchaus nicht größer als wie in der bürgerlichen Volkswirtschaftlichen Gesellschaft in Berlin, die sich vier Wochen vorher ebenfalls mit der Frage beschäftigt hatte. Im Gegenteil, während in der Volkswirtschaftlichen Gesellschaft allen Ernstes noch die Heimarbeit als die beste Lösung des Problems der Frauenarbeit hingestellt werden konnte, wurde diese Art Lösung in der Arbeiterversammlung ziemlich heftig perhorresziert. Im übrigen half man sich damit aus der theoretischen Verlegenheit, daß man die Emanzipation der Frau auf den sozialistischen Zukunftsstaat vertagte und die Bestrebungen auf Ausdehnung der gewerblichen Frauenarbeit als ein Rezept brandmarkte, den Kapitalisten billigere Arbeitskräfte zu verschaffen.« Eduard Bernstein, »Die Geschichte der Berliner Arbeiter-Bewegung«, Erster Teil, Berlin 1907, S. 144.

Es ist offensichtlich, daß eine Brandmarkung dem vielgestaltigen Problem der industriellen Frauenarbeit keineswegs gerecht wurde. Sie ist theoretisch unzulänglich, praktisch naiv. Sie faßt lediglich eine besonders stark hervorstechende Teilerscheinung der gewerblichen Frauenarbeit ins Auge, eine Teilerscheinung, die diese in der bürgerlichen Ordnung begleitet. Wenn es jedoch noch einer besonderen Bestätigung bedurft hätte, wie durchaus gerechtfertigt die Brandmarkung der kapitalistischen Ausbeutung der Proletarierinnen als billiger Arbeitskräfte war, so wurde sie etwa zwei Jahre später gerade für Berlin in vollster Öffentlichkeit erbracht. 1868 fand dort eine Gerichtsverhandlung statt, die die Elendshölle zeigte, in die gemeinverbrecherische Ausbeuterkniffe die Konfektionsarbeiterinnen stießen. Was vor dem Tribunal unwiderleglich festgestellt wurde, bekräftigte, daß Eugène Pottier, der Dichter der »Internationale«, nicht übertrieb, da er die kapitalistische Gesellschaft als die Verkörperung der »großen Menschenfresserin« der alten Sage schilderte. Tatsachen über Tatsachen illustrierten zugleich die tiefe bürgerliche »Weisheit«, die Heimarbeit mit als eine »beste Lösung« der Konflikte anzupreisen, die auf dem Boden der kapitalistischen Wirtschaft im Zusammenhang mit der industriellen, der beruflichen Frauenarbeit entstehen.

Franz Mehrings Schilderung dieser wichtigen Episode aus der Berliner Arbeiterbewegung kann geschichtliches wie auch aktuelles Interesse beanspruchen. Noch immer ist in Deutschland das Heimarbeiterinnenelend sprichwörtlich, und die reißende Bestie Kapitalismus nährt sich auch heute nicht von Gras. Im dritten Band der »Geschichte der Deutschen Sozialdemokratie« lesen wir:

»...zum erstenmale lüftete sich ein wenig der Schleier von den entsetzlichen Geheimnissen der Konfektionsindustrie, die in Berlin einen großen Aufschwung genommen hatte und schon damit prahlte, hier die erste der Welt zu sein.

Die Ausbeutung in dieser Industrie hatte einen so hohen Grad erreicht, daß die übermütig gewordenen Kapitalisten nicht einmal mehr davor zurückscheuten, ihre gaunerischen Praktiken selbst ans Tageslicht zu ziehen. Sie pflegten ihren Hausarbeiterinnen feuchte Wolle zu liefern, die bei der Verarbeitung eintrocknete, und dann beim Abliefern der fertigen Ware das Gewichtsmanko zu Lohnabzügen oder Einbehaltung der gestellten Kautionen zu benützen. Eine Firma Schulz und Siebenmark ging so weit, eines ihrer Opfer, das sich nicht geduldig betrügen lassen wollte, wegen Unterschlagung beim Staatsanwalt zu denunzieren. Jedoch wurde die angeklagte Arbeiterin vom Gerichte glänzend freigesprochen, da die Beweisaufnahme ergab, daß die Firma Schulz und Siebenmark das Betrügen ihrer bis aufs Blut ausgebeuteten Arbeiterinnen systematisch betrieben hatte. Das Aufsehen, das diese Gerichtsverhandlung machte, lenkte die allgemeine Aufmerksamkeit auf die Zustände in der Berliner Konfektionsindustrie, und es ergab sich, daß ihre Blüte einzig und allein auf dem moralischen und physischen Ruin beruhte, durch den sie Zehntausende und aber Zehntausende von jungen Arbeiterinnen hinschlachtete...

Mit all dieser Qual verdienten sie beim Düffel- und Tuchnähen höchstens zehn, beim Weißwarennähen etwa acht, bei Tapisseriearbeiten etwa drei, höchstens fünf Silbergroschen täglich. Aus diesem grauenvollen Elend gab es für die Arbeiterinnen nur den einen Ausweg in die Prostitution, der sie unter die polizeiliche Kontrolle, ins Arbeitshaus, ins Gefängnis, in einen Tod der Schande führte.

Es ist anzuerkennen, daß durch die bürgerlichen Kreise ein Schauer des Entsetzens flog, als diese Zustände offenbar wurden. Sogar die unverfälschtesten Manchesterleute schwangen sich wenigstens zu einem Tadel der betrügerischen Praktiken auf, wodurch die Arbeiterinnen der Konfektionsindustrie noch um die paar elenden Pfennige ihrer Hungerlöhne gebracht werden sollten. Nur die preußische Polizei stand ganz auf der Höhe der kapitalistisch-kriminalistischen Plünderungsmethoden. Sie löste die Arbeiterversammlungen auf, in denen die Lage der Konfektionsarbeiterinnen besprochen werden sollte, weil diese Arbeiterinnen selbst daran teilnahmen. Ein Recht dazu hatte sie nicht einmal nach dem preußischen Vereinsgesetze; ihre einzige Triebfeder war die reine Wollust am Weißbluten der ›Ärmsten der Armen‹; das ›soziale Königtum‹ offenbarte sich so, wie es sich nicht anders offenbaren konnte.« Franz Mehring, »Geschichte der Deutschen Sozialdemokratie«, Dritter Bd., S. 320/321.

Die Berliner Polizei wußte, was ihres Amtes war. Sie wertete den Schauer des Entsetzens in den bürgerlichen Kreisen wie den von eingefleischtesten Manchesterleuten ausgesprochenen Tadel der betrügerischen Praktiken als Lufterschütterungen, die das Wesen des Kapitalismus und seines Staates nicht um ein Jota besserten. Dagegen nahm sie die öffentlichen Arbeiterversammlungen mit Beteiligung der Konfektionsarbeiterinnen mit Recht sehr ernst. Es war ein bedeutsames Zeichen, daß diese Ausgebeutetsten und Gedrücktesten der Ausgebeuteten und Gedrückten aus ihrer Nacht und Not hervor an die Öffentlichkeit treten und ihre Sache selbst führen wollten. Es kündete nicht bloß die Unerträglichkeit ihres Elends, vielmehr die beginnende Rebellion dagegen, die Ausstrahlung der weckenden sozialistischen Ideen bis in die trostlosen Winkel, darinnen die Heimarbeiterinnen an Leib und Geist verkümmerten.

In dem gleichen Jahre, in dem die kapitalistische Ausbeutung der industriellen Frauenarbeit eine erbarmungslose Beleuchtung erfuhr, erfolgte eine einheitliche Stellungnahme einflußreichster Lassalleaner und der von ihnen geführten Arbeiter zu der einschlägigen Zeit- und Streitfrage. Am 27. September 1868 trat in Berlin – wie bereits vermerkt – ein Allgemeiner Deutscher Arbeiterkongreß zusammen, der von Fritzsche und J. B. von Schweitzer einberufen worden war. Er löste seine Hauptaufgabe: die Gründung von Gewerkschaften zu beschließen – sie wurden von den Lassalleanern »Arbeiterschaften« getauft – , wie auch die Zusammenfassung dieser »Arbeiterschaften« zu einem Verband. In Verbindung damit wurde auch die Frage der industriellen Berufstätigkeit der Frauen erörtert und ihre Aufnahme als Mitglieder in die »Arbeiterschaften«.

Es fehlte nicht an Delegierten, die sich gegen die berufliche Frauenarbeit erklärten wie auch gegen die Zulassung der Arbeiterinnen in die Gewerkschaften. Sie waren jedoch eine Minderheit. Der Schneider Schob und andere traten ihnen entschieden entgegen. Diese Delegierten betonten besonders nachdrücklich, daß die Organisierung der Arbeiterinnen das wirksamste Mittel sei, ihre Konkurrenz als billige Arbeitskräfte und andere üble Folgen ihres Vordringens in die kapitalistisch ausgebeutete Industrie zu bekämpfen. Der Kongreß forderte kein Verbot der gewerblichen Frauenarbeit. In den »Arbeiterschaften«, die in Übereinstimmung mit seinem Beschluß ins Leben gerufen wurden, konnten Mitglieder sein: Arbeiter und Arbeiterinnen, Kleinmeister und Kleinmeisterinnen. Der Kongreß war aus 110 Orten mit 200 Delegierten beschickt, die 142 008 Arbeiter vertraten. Seine Einstellung zur Berufsarbeit und zur gewerkschaftlichen Organisierung der Frauen kennzeichnet den Umschwung, der sich in der Auffassung größerer proletarischer Kreise durchzusetzen begann.

Allerdings: Die Organisierung der Arbeiterinnen in den lassalleanischen »Arbeiterschaften« scheint mehr schöne Theorie geblieben, statt zur vorwärtstreibenden Praxis geworden zu sein. Kein Hervortreten weiblicher Mitglieder in der Entwicklung dieser Gewerkschaften wird gemeldet, keine planmäßige Agitation für sie unter den Arbeiterinnen und Kleinmeisterinnen; auch Angaben über den weiblichen Mitgliederstand liegen nicht vor. So hat die Sozialdemokratie lassalleanischer Richtung unmittelbar nur wenig zu den Anfängen der klassenmäßigen proletarischen Frauenbewegung beigesteuert. Allein, meines Erachtens liegt der letzte entscheidende Grund dafür nicht etwa in der Abweisung der Gleichberechtigung des weiblichen Geschlechts. Er ist gegeben in der engen, sektenhaften Einstellung der Lassalleaner strenger Observanz, Herkommen, Herkunft. nach der das allgemeine Wahlrecht das A und O der Arbeiterbewegung war, das Ziel und Kampfmittel, auf das einzig und ausschließlich alle Kräfte unmittelbar konzentriert werden mußten. Diese Einstellung in Verbindung mit dem Glauben an die Wirkung des »ehernen Lohngesetzes« verhinderten die richtige Wertung der Gewerkschaften und der besonderen eigenen Aufgaben, die sie im Rahmen der kapitalistischen Wirtschaft zu erfüllen haben.

Lassalle selbst lehnte die Gewerkschaften mit einer Handbewegung ab; sein klügster, kenntnisreichster Nachfolger, J. B. von Schweitzer, ließ sie nur als Vorbereitungs- und Hilfsorganisationen für die politischen Kämpfe gelten. Für die Rechtgläubigen des Allgemeinen Deutschen Arbeitervereins war das schon Ketzerei und Verrat. Die Hamburger Generalversammlung der Partei im August 1868 hatte der Einberufung des obenerwähnten Allgemeinen Arbeiterkongresses zu Berlin nicht zugestimmt. Fritzsche, der Barrikadenkämpfer aus den blutigen Dresdener Maitagen 1849, und von Schweitzer waren gezwungen gewesen, jene Tagung persönlich einzuberufen. Wiederholt haben auch nach dem Kongreß Generalversammlungen der Lassalleaner die Förderung der Gewerkschaften als Verräterei in Acht und Bann erklärt. Wunder da, daß die »Arbeiterschaften« nicht die stolze Zahl der auf dem Berliner Kongreß vertretenen Proletarier organisatorisch erfaßten und zusammenhielten, daß ihr Mitgliederstand vielmehr rasch sank. Es hieße Feigen von den Dornen pflücken wollen, erwartete man angesichts solcher Umstände eine kraftvolle agitatorische und organisatorische Betätigung der Lassalleaner unter den ausgebeuteten erwerbenden Frauen.

Wertvolle Vorarbeit für die Anfänge der klassenbewußten proletarischen Frauenbewegung haben zweifellos die Arbeiterbildungsvereine geleistet. Dafür sprechen die jährlichen Vereinstage des Verbandes Deutscher Arbeitervereine seit Mitte der sechziger Jahre. Nicht daß sich hier bereits eine voll ausgereifte sozialistische Erkenntnis des vielverschlungenen, weittragenden Fragenkomplexes bekundet, der sich mit der Industrialisierung der Frauenarbeit herausbildet und diese Umwälzung zu einem revolutionären Faktor ersten Ranges werden läßt. Die noch in der Entwicklung begriffene, unfertige theoretische Erkenntnis macht es unter anderem auch begreiflich, weshalb damals die Bedeutung des Klassengegensatzes in der Frauenwelt nicht voll erfaßt und gewertet wurde, so daß echt bürgerlich frauenrechtlerische Gedankengänge keinen Widerspruch und keine Korrektur erfuhren. Jedoch wichtige Wesenselemente der marxistischen Erkenntnis treten bereits bestimmt hervor. Und das ist auf den wachsenden Einfluß der I. Internationale zurückzuführen. Es zeigt sich Verständnis dafür, daß die Berufsarbeit der Frau die breite tragende Grundlage für die soziale Gleichberechtigung des weiblichen Geschlechts bildet, weil ohne wirtschaftliche Unabhängigkeit des Weibes vom Manne, von der Familie die Emanzipation unmöglich wird. Es zeigt sich Verständnis dafür, daß nicht die industrielle Frauenarbeit selbst, daß vielmehr ihre kapitalistische Ausbeutung die Quelle ihrer vielerlei furchtbaren Begleiterscheinungen ist. Die Mehrheit der Vertreter der Arbeiterbildungsvereine zieht die praktischen Schlußfolgerungen aus diesem Verständnis. Kein Verbot der gewerblichen Frauenarbeit, aber gesetzliche Eindämmung der kapitalistischen Übermacht zu rücksichtsloser Ausbeutung; Unterstützung der Bestrebungen zur Gleichberechtigung des weiblichen Geschlechts. Es liegt auf der Hand, daß die entsprechende Stellungnahme sich nicht ohne Widerstände und Reibungen durchsetzte. Allein, das gab Anstoß zu eifriger Aufklärungsarbeit unter den Mitgliedern der Vereine und in deren Einflußsphäre. In dieser Beziehung haben nicht nur einige wenige bürgerliche Ideologen in den Bildungsorganisationen ihr Bestes getan, sondern die einfachen Proletarier in Reih und Glied selbst.

Auf dem 3. Vereinstag des Verbandes Deutscher Arbeitervereine, der Anfang September 1865 in Stuttgart stattfand, wurde der Berufsarbeit und der Gleichberechtigung der Frau kräftig das Wort geredet. Die Tagung begrüßte herzlich die im Oktober in Leipzig bevorstehende erste deutsche Frauenkonferenz. Doch mehr noch. Der Vereinstag beschäftigte sich mit der Frauenfrage. Bericht darüber erstattete Moritz Müller-Pforzheim; wie Bebel in seinen Lebenserinnerungen sagt: »... ein etwas eigentümlicher, aber eifriger und in seiner Art wohlwollender Bijouteriefabrikant, hatte das Referat über die Frauenfrage, eine Frage, die er als Spezialität behandelte. In seinem schriftlichen Referat verlangte er die volle soziale Gleichheit der Frau mit dem Manne, die Gründung von Fortbildungsanstalten für Arbeiterinnen und die Gründung von

Arbeiterinnenvereinen.« August Bebel, »Aus meinem Leben«, Erster Teil, Dietz Verlag, Berlin 1953, S. 113/114. Der Vereinstag widmete der Diskussion über die Frauenfrage viel Zeit. Professor Eckhard erklärte ausdrücklich, daß die soziale Befreiung der Frau auch die Gewährung des Stimmrechtes an die Frauen, wie solches der Vereinstag für die Männer fordere, einschließe. Mit dieser Auslegung wurde die Müllersche Resolution mit erheblicher Mehrheit angenommen.

Das Sitzungslokal des Vereinstages in Stuttgart war die Liederhalle. Hier tagte 42 Jahre später, im August 1907, der erste internationale Arbeiterkongreß, der in Deutschland stattfand, jener denkwürdige Kongreß der II. Internationale, der feierlich eine Resolution annahm, die die sozialdemokratischen Parteien aller Länder verpflichtete, im Falle eines Krieges die Situation zum Sturze des Kapitalismus auszunutzen. Der nämliche Kongreß machte es ferner allen sozialistischen Parteien zur Pflicht, ihre Kämpfe für das Wahlrecht auch als Kämpfe für das Frauenwahlrecht zu führen, als Kämpfe für das allgemeine, gleiche, geheime und direkte Wahlrecht aller Großjährigen ohne Unterschied des Geschlechts. Das aber mit scharfer Ablehnung aller opportunistischen Zugeständnisse sowohl an liberale Parteien, die das Frauenwahlrecht fürchten, wie an frauenrechtlerische Strömungen, die sich mit irgendwelchem »Damenwahlrecht« begnügen. Der Kongreß der II. Internationale übernahm damit den Beschluß der I. Internationalen Sozialistischen Frauenkonferenz, die ihm unmittelbar vorausgegangen war und die erste ideologische und organisatorische Zusammenfassung der sozialistischen Frauenbewegung in den verschiedenen Ländern ergeben hatte. Auch diese Konferenz tagte in der Liederhalle. Das Nachwort zu beiden Tagungen und ihren Beschlüssen hat der Weltkrieg geschrieben, der Verrat der internationalen proletarischen Solidarität, die Preisgabe des Frauenwahlrechts durch die französischen und belgischen Sozialisten in der Nachkriegszeit. Welcher Fortschritt seit 1865 und welcher Rückschritt seit 1914!

Der 4. Vereinstag des Verbandes am 7. Oktober 1867 zu Gera hieb in die gleiche Kerbe wie sein Vorgänger. Auf seiner Tagesordnung stand die Frage der Frauenarbeit und Frauenbewegung. Berichterstatter darüber war abermals Moritz Müller. Er schlug folgende Sätze zur Annahme vor:

»Die vereinigten deutschen Arbeitervereine am heutigen Arbeitertag erklären: Die Frauen sind zu jeder Arbeit berechtigt, zu welcher sie fähig sind. Die Vorurteile und die gesetzlichen Hindernisse, welche den Rechten der Frauen noch entgegenstehen, sind zu beseitigen. Es ist die Pflicht der Familie, der Gemeinden und des Staates, für gute weibliche Bildungsanstalten zu sorgen, welche denen des männlichen Geschlechts in keiner Beziehung nachstehen. Es ist Sache der Arbeitervereine, die in den bestehenden Gesetzen, Gewohnheiten, Sitten und Vorurteilen liegenden Hindernisse, welche der Vollziehung dieser Beschlüsse entgegenstehen, nach besten Kräften beseitigen zu helfen.«

Diese Sätze scheinen trotz ihres bürgerlich-frauenrechtlerischen Charakters keinen Widerspruch gefunden zu haben. Man könnte fast spotten, daß der Vereinstag päpstlicher war als der Papst selbst, die volle Gleichberechtigung der Frauen bestimmter forderte, als das damals recht viele Frauenrechtlerinnen taten. Die Zuschrift des Allgemeinen Deutschen Frauenvereins, die gewerbliche Frauenarbeit betreffend, ward mit Beifall aufgenommen.

Die Einstellung der Arbeiterbildungsvereine zu den aufgerollten Fragen war unstreitig ein wichtiger Schritt über die Auffassung hinaus, die bis dahin unter den sich sammelnden und organisierenden Proletariern herrschte. Diese betrachteten die mit dem Vordringen der weiblichen Berufstätigkeit zusammenhängenden Erscheinungen in der Hauptsache unter dem Gesichtswinkel der Konkurrenz zwischen Männer- und Frauenarbeit und ihren Folgen. Ihre Losung war daher: Zurückdämmung und möglichst Aufhebung der Neuerung. Es war die vom Kapitalismus untrennbare reaktionäre Seite der Frauenarbeit, die sie schreckte und blind machte für deren revolutionäre Seite und die dadurch bestimmten Forderungen auf Frauenrechte. Kaum daß sie begannen, die soziale Schutzbedürftigkeit, namentlich aber auch die Bündnis- und Kampffähigkeit der Arbeiterinnen zu begreifen. Die Arbeiterbildungsvereine hingegen erblickten und würdigten in den frauenrechtlerischen Bestrebungen in erster Linie das geschichtlich vorwärtstreibende Moment, das Regen und Bewegen sozialer Kräfte, die – jahrhundertelang gebunden, durch schwere Ketten am Boden gehalten – nun nach freier Auswirkung drängten, nach Mittätigkeit an der Gestaltung der gesellschaftlichen Zustände, die das persönliche Schicksal der Frau in ihre eigene Hand legen würden. Die Frauenbewegung deuchte der Mehrheit in den Bildungsorganisationen eine soziale Freiheitsbewegung, wesensgleich jener, die das Proletariat emportrug. Welche untilgbaren Wesensunterschiede der Klassengegensatz unter den Frauen in dieser Bewegung zeitigte, das wurde von den Arbeiterbildungsvereinen der sechziger Jahre noch nicht erkannt. Sie begrüßten und förderten die Ausstrahlung der bürgerlichen Frauenbewegung in das weibliche Proletariat als einen Umstand, der dazu beitrug, die ausgebeuteten, von Lasten und Pflichten erdrückten Proletarierinnen mit Selbstbewußtsein, Kampfwillen und Kampfbegeisterung für neue soziale Verhältnisse zu erfüllen. Die Arbeiterbildungsvereine schufen damit psychologische Vorbedingungen für die Anfänge der proletarischen Frauenbewegung.

Die klassenmäßige Orientierung und die organisatorische Verbindung dieser Anfänge erfolgte erst allmählich, zusammen mit der Entwicklung der Gewerkschaften der Eisenacher, aber zusammen mit dieser Entwicklung mußte sie auch erfolgen, denn Gewerkschaft besagt Klassenkampf, wenn das Wort nicht seinen geschichtlichen Sinn verlieren soll. Der 5. Vereinstag der Arbeitervereine 1868 in Nürnberg wagte den entscheidenden Schritt vorwärts, der die Arbeiter praktisch von ihren bürgerlichen Bildungsgönnern trennte. Die von ihm durch die Annahme der Resolution Vahlteich-Greulich beschlossene Gründung zentralisierter internationaler Gewerksgenossenschaften atmete den Geist der I. Internationale, den Geist des proletarischen Klassenkampfes. Für die Vorkämpfer des internationalen Sozialismus in Deutschland waren die Richtlinien des Generalrates der Internationale über die Gewerkschaften ausschlaggebend, die der erste Allgemeine Kongreß der Internationalen Arbeiterassoziation zu Genf, Anfang September 1866, angenommen hatte. Sie stammen von Karl Marx, und ihre wichtigsten Sätze lauten:

»Die Gewerkschaften entstanden zuerst aus spontanen Versuchen von Arbeitern zur Beseitigung oder mindestens Einengung dieser Konkurrenz (untereinander. C. Z.), um Vertragsbedingungen zu erringen, die sie wenigstens über die Stellung bloßer Sklaven erhoben.

Das unmittelbare Ziel der Gewerkschaften beschränkte sich daher auf die Erfordernisse des Tages, auf Mittel der Abwehr gegen die unaufhörlichen Übergriffe des Kapitals, mit einem Worte auf Fragen des Lohnes und der Arbeitszeit. Diese Tätigkeit der Gewerkschaften ist nicht bloß gerechtfertigt, sie ist notwendig. Man kann ihrer nicht entraten, solange die heutige Produktionsweise fortbesteht. Im Gegenteil, sie muß verallgemeinert werden durch die Gründung und die Zusammenfassung von Gewerkschaften in allen Ländern.

Auf der anderen Seite sind die Gewerkschaften, ohne daß sie sich dessen bewußt wurden, zu Brennpunkten der Organisation der Arbeiterklasse geworden, wie die mittelalterlichen Munizipalitäten und Gemeinden es für die Bourgeoisie geworden waren. Wenn die Gewerkschaften unumgänglich sind für den täglichen Guerillakrieg zwischen Kapital und Arbeit, so sind sie noch weit wichtiger als organisierte Förderungsmittel der Aufhebung des Systems der Lohnarbeit selbst...

Abgesehen von ihren ursprünglichen Zwecken müssen die Gewerkschaften nunmehr lernen, bewußterweise als Brennpunkte der Organisation der Arbeiterklasse zu handeln, im großen Interesse ihrer vollständigen Emanzipation. Sie müssen jede soziale und politische Bewegung unterstützen, die auf dieses Ziel lossteuert. Indem sie sich selbst als die Vorkämpfer und Vertreter der ganzen Klasse betrachten und danach handeln ... Sie müssen die ganze Welt zur Überzeugung bringen, daß ihre Bestrebungen, weit entfernt, engherzig und selbstsüchtig zu sein, vielmehr die Emanzipation der niedergetretenen Massen zum Ziele haben. »Karl Marx und die Gewerkschaften«, Berlin o. J., S. 139/140.

Man vergleiche den weiten revolutionären Horizont dieser Leitsätze mit der »realpolitischen« Froschperspektive der Lassalleaner über die Gewerkschaften. Der prinzipielle Gegensatz bedarf keines Kommentars. Nach dem unzweideutigen Sinn der Genfer Beschlüsse, dem Wesen, dem Beispiel der Internationalen Arbeiterassoziation war es eine Selbstverständlichkeit, daß den Frauen – Arbeiterinnen wie Kleinmeisterinnen – die Mitgliedschaft in den Internationalen Gewerksgenossenschaften zustand. Das theoretisch grundsätzlich Richtige ward praktisches Ziel,

Streben, Betätigung. Nach der Internationalen Gewerksgenossenschaft der Berg- und Hüttenarbeiter entstand 1869 als zweite Organisation die Internationale Gewerksgenossenschaft der Manufaktur-, Fabrik- und Handarbeiter. In ihr vollzog sich der erste größere organisierte Aufmarsch proletarischer Frauen als gleichberechtigter Mitkämpferinnen der Männer zum Ringen mit dem Kapital, zum Ringen für ihre volle Emanzipation. In ihr gewannen die Anfänge der klassenbewußten proletarischen Frauenbewegung erste organisatorische Zusammenfassung und ideologische Klärung. Was das in jener Zeit bedeutete, bemißt sich nicht nur nach einer Gegenüberstellung mit der Unklarheit, dem Schwanken, dem engbrüstigen Vorurteil sogar bei großen Teilen des organisierten Proletariats. Es ist zu messen an der Dumpfheit und Passivität, der geistigen Gebundenheit der breitesten proletarischen Frauenmassen. Die Anfänge der organisierten Klassenbewegung der Proletarierinnen 1869 und in den folgenden Jahren gleichen der Schwalbe, die nach dem Sprichwort noch keinen Sommer macht, deren Erscheinen aber dennoch das Herz mit Freude und Zuversicht erfüllt, weil es den nahenden Frühling kündet.

Marx und Engels und die I. Internationale zur industriellen Frauenarbeit und zur Frauenemanzipation

Der Einfluß der I. Internationale ist entscheidend dafür gewesen, daß die sich sammelnde Vorhut des deutschen Proletariats in bezug auf die industrielle Frauenarbeit die Lehren der Klassenlage verstehen lernte; daß sie die greuelbehaftete soziale Neuerscheinung in ihrem Zusammenhang mit den revolutionierten Produktions- und Gesellschaftsverhältnissen erfaßte; daß sie von dem Bestreben, durch die Gesetzgebung das Nichts-als-Hausmütterchen an ein armseliges Heim zu fesseln, dazu überging, gleichberechtigte und gleichverpflichtete Mitkämpferinnen gegen die kapitalistische Ausbeutung der Arbeit und für die von ihr befreiende sozialistische Ordnung zu werben und zu organisieren. Das hat der Rückblick auf den Entwicklungsgang der sozialdemokratischen Arbeiterbewegung wiederholt betont. Als Beweis für diese Feststellung können nicht fein ausgemeißelte Programmpunkte und Prinzipienerklärungen zitiert werden, nötig ist hingegen eine knappe Charakterisierung des geschichtlichen Wesens und des praktischen Wirkens der Internationalen Arbeiterassoziation.

Beides, Wesen wie Wirken der I. Internationale, ist die Fortsetzung des gewaltigen revolutionären Gedankens und Willens, der zu dem Ziele, die soziale Welt zu verändern, das »Kommunistische Manifest« gestaltet hat. Beides ist fruchtbare, schöpferische Lebensäußerung des wissenschaftlichen Sozialismus, der nicht in gelehrten Wälzern eine beschauliche archivarische Existenz führen sollte, vielmehr bestimmt war, aus revolutionärer Theorie zur revolutionären Praxis zu werden, das Proletariat vom Verstehen der Geschichte zum Machen der Geschichte zu führen. Dies Allgemeine gilt auch für das Besondere, für die Einstellung der I. Internationale zur beruflichen Frauenarbeit und damit zur vollen sozialen und menschlichen Gleichberechtigung des weiblichen Geschlechts, zur Frauenfrage.

Marx und Engels erkannten in der Geschichte aller bisherigen Gesellschaften die Geschichte von Klassenkämpfen, die die Gesellschaftsordnungen formen, erschüttern, zerreißen und umwälzen; sie suchten und fanden die letzten Grundlagen für die historische Rolle der Klassenkämpfe in den ökonomischen Tiefen der Gesellschaften, in ihren Produktionsverhältnissen. Die Schöpfer des wissenschaftlichen Sozialismus versenkten sich in das Studium der gesellschaftlichen Produktion ihrer Zeit und insbesondere in das Studium der damals höchstentwickelten Wirtschaft, des Kapitalismus in Großbritannien. Ihre Forschung begriff in sich die eingehendste, gewissenhafte Untersuchung der industriellen Frauenarbeit und ihres wirtschaftlichen wie sozialen Um und Auf, ihrer Ursachen, Voraussetzungen, Bedingungen und ihrer Auswirkungen. Die Entfaltung der kapitalistischen Produktion ist ein einziger fortlaufender »Rationalisierungsprozeß« der Wirtschaft, zu dessen hervorstechenden Wesenszügen wie die fortschreitende Industrialisierung der bisher von der Frau im Familienhaushalt geleisteten Arbeit so auch die unaufhaltsam steigende Verwendung der Frauen- und Kinderarbeit in der Fabrik gehört. Marx und Engels erlebten nicht nur forschenden Auges und Geistes, sondern auch mitfühlenden Herzens alle Verwüstungen, von denen unter der Fuchtel der kapitalistischen Profitwirtschaft unvermeidlich die geschichtliche Entwicklung begleitet ist, an deren Beginn die schonungslos ausgebeutete Industriearbeiterin steht und an deren Ausgang die frei erblühte und frei wirkende Bürgerin der sozialistischen Gesellschaft lebt und webt.

Man nehme Friedrich Engels' Buch aus dem Jahre 1845 zur Hand: »Die Lage der arbeitenden Klasse in England«. Es enthält kaum ein Kapitel, in dem nicht die Bedeutung der industriellen Frauenarbeit vermerkt und verderbliche Folgen dieser Frauenarbeit für die in den kapitalistischen Betrieben fronenden Proletarierinnen, ihre Familien wie für ihre gesamte Klasse verzeichnet werden. Es sei davon nur einiges herausgegriffen: Verdrängung von Männern, Auflösung der Familie, moralische Folgen des Zusammendrängens vieler Weiber in Fabriken. Jus primae noctis, Recht der ersten Nacht. spezielle Folgen für die weibliche Konstitution usw. Man lese in Marx' »Kapital« die Ausführungen nach über Frauen- und Kinderarbeit, über den langjährigen hartnäckigen Kampf zwischen Ausbeutern und Ausgebeuteten um den normalen Arbeitstag, um gesetzlichen Schutz wenigstens für Frauen, Jugendliche und Kinder. In Tatsachen und Zahlen erscheint das harte Geschick der Proletarierinnen, deren ganzes lebendiges Menschentum bei Teilarbeit in nicht enden wollenden Stunden für Hungerlohn zum Anhängsel der toten Maschine wird, zeigt sich die gesteigerte Elendsbürde der sich auflösenden Arbeiterfamilie, der gesamten Klasse.

Jedoch Marx und Engels wären nicht gewesen, die sie sind, wenn sie ausschließlich die den kapitalistischen Profit vermehrenden Seiten der industriellen Frauenarbeit erblickt hätten und in Verbindung damit ihre zerstörenden, arbeiterfeindlichen und zukunftsschädlichen Tendenzen.

Auch bei der Durchleuchtung und Bewertung des Fragenkomplexes, den die Industrialisierung der Frauenarbeit aufrollt, erwiesen sie sich als Meister des dialektischen Geschichtsmaterialismus, der die sozialen Vorgänge und Erscheinungen im Fluß ihrer Entwicklung erfaßt und nicht bloß das Vergehen begreift, das in ihrem Gefolge einherschreitet, sondern auch das Werden, dessen Träger sie sind. In der proletarischen Kreuzesträgerin in der Fabrik entdeckten sie die schwertgegürtete Kämpferin, die den Kapitalismus niederwerfen hilft, die kelleführende Miterbauerin der kommunistischen Gesellschaft, in der volles Menschenrecht auch unantastbares Frauenrecht sein wird. Kurz, diese beiden Großen erkannten die gewaltige und revolutionäre Tragweite der Eingliederung der Frauen in die moderne gesellschaftliche Produktion, und das sowohl für die Überwindung und Zerstörung überkommener, altersgrauer sozialer Lebensformen und Anschauungen als auch für die Herausbildung der Formen und Anschauungen neuen, höheren gesellschaftlichen Seins. In unlösbarer Verknüpfung mit diesem zwieschlächtigen geschichtlichen Entwicklungsprozeß sahen sie das Aufsteigen der Frauen aus der Sklaverei und Verkümmerung langer Zeitläufte zu voller Menschlichkeit. Im »Kapital« lesen wir:

»So furchtbar und ekelhaft nun die Auflösung des alten Familienwesens innerhalb des kapitalistischen Systems erscheint, so schafft nichtsdestoweniger die große Industrie mit der entscheidenden Rolle, die sie den Weibern, jungen Personen und Kindern beiderlei Geschlechts in gesellschaftlich organisierten Produktionsprozessen jenseits der Sphäre des Hauswesens zuweist, die neue ökonomische Grundlage für eine höhere Form der Familie und des Verhältnisses beider Geschlechter. Es ist natürlich ebenso albern, die christlich germanische Form der Familie für absolut zu halten als die altrömische Form, oder die altgriechische oder die orientalische, die übrigens untereinander eine geschichtliche Entwicklungsreihe bilden. Ebenso leuchtet ein, daß die Zusammensetzung des kombinierten Arbeitspersonals aus Individuen beiderlei Geschlechts und der verschiedensten Altersstufen, obgleich in ihrer naturwüchsig brutalen, kapitalistischen Form, wo der Arbeiter für den Produktionsprozeß, nicht der Produktionsprozeß für den Arbeiter da ist, Pestquelle des Verderbs und der Sklaverei, unter entsprechenden Verhältnissen umgekehrt zur Quelle humaner Entwicklung umschlagen muß.« Karl Marx, »Das Kapital«, Erster Bd., Dietz Verlag, Berlin 1957, S. 515/516.

Der erste Band des »Kapitals« erschien 1867, allein, Marx' zukunftsfroher Ausblick auf die revolutionäre Auswirkung der industriellen Frauenarbeit war in Gemeinschaft mit Engels schon zwei Jahrzehnte früher als unumstößliches Ergebnis ihrer Durchforschung der gesellschaftlichen Produktionsverhältnisse gewonnen worden. Um die Jahreswende 1847/1848 wurde die entsprechende Auffassung in dem »Kommunistischen Manifest« formuliert. Hier ist sie in den wie aus Erz gegossenen Sätzen niedergelegt, in denen sich dieses mit dem tränenträufelnden Gejammer über die Zersetzung der bürgerlichen Familie auseinandersetzt wie mit dem moralheuchelnden Entrüstungsgetute über die Abschaffung der Ehe, die Einführung der Weibergemeinschaft und der öffentlichen Kindererziehung als Ziele und Verbrechen der Kommunisten. Diese Sätze seien hier wiedergegeben, denn sie sind kennzeichnend für den Geist, der später die Auffassung und die Betätigung der Internationalen Arbeiterassoziation in der Frage der industriellen Frauenarbeit und der Gleichberechtigung des weiblichen Geschlechts gestaltete und leitete.

»Die Bourgeoisie hat dem Familienverhältnis seinen rührend-sentimentalen Schleier abgerissen und es auf ein reines Geldverhältnis zurückgeführt...

Die Bourgeoisie kann nicht existieren, ohne die Produktionsinstrumente, also die Produktionsverhältnisse, also sämtliche gesellschaftlichen Verhältnisse fortwährend zu revolutionieren...

Alles Ständische und Stehende Verdampft, alles Heilige wird entweiht, und die Menschen sind endlich gezwungen, ihre Lebensstellung, ihre gegenseitigen Beziehungen mit nüchternen Augen anzusehen.« Marx Engels, Ausgewählte Schriften, Bd. I, S. 26/27.

»Je weniger die Handarbeit Geschicklichkeit und Kraftäußerung erheischt, d. h. je mehr die moderne Industrie sich entwickelt, desto mehr wird die Arbeit der Männer durch die der Weiber und Kinder verdrängt. Geschlechts- und Altersunterschiede haben keine gesellschaftliche Geltung mehr für die Arbeiterklasse. Es gibt nur noch Arbeitsinstrumente, die je nach Alter und Geschlecht verschiedene Kosten machen.« Ebenda, S. 30.

»Die Lebensbedingungen der alten Gesellschaft sind schon vernichtet in den Lebensbedingungen des Proletariats. Der Proletarier ist eigentumslos; sein Verhältnis zu Weib und Kindern hat nichts mehr gemein mit dem bürgerlichen Familienverhältnis … Die Gesetze, die Moral, die Religion sind für ihn ebenso viele bürgerliche Vorurteile, hinter denen sich ebenso viele bürgerliche Interessen verstecken.« Ebenda, S. 33.

»Aufhebung der Familie! Selbst die Radikalsten ereifern sich über diese schändliche Absicht der Kommunisten.

Worauf beruht die gegenwärtige, die bürgerliche Familie? Auf dem Kapital, auf dem Privaterwerb. Vollständig entwickelt existiert sie nur für die Bourgeoisie; aber sie findet ihre Ergänzung in der erzwungenen Familienlosigkeit der Proletarier und der öffentlichen Prostitution.

Die Familie des Bourgeois fällt natürlich weg mit dem Wegfallen dieser ihrer Ergänzung, und beide verschwinden mit dem Versehwinden des Kapitals. Werft ihr uns vor, daß wir die Ausbeutung der Kinder durch ihre Eltern aufheben wollen? Wir gestehen dieses Verbrechen ein.

Aber, sagt ihr, wir heben die trautesten Verhältnisse auf, indem wir an die Stelle der häuslichen Erziehung die gesellschaftliche setzen.

Und ist nicht auch eure Erziehung durch die Gesellschaft bestimmt? Durch die gesellschaftlichen Verhältnisse, innerhalb derer ihr erzieht, durch die direktere oder indirektere Einmischung der Gesellschaft, vermittelst der Schule usw.? Die Kommunisten erfinden nicht die Einwirkung der Gesellschaft auf die Erziehung; sie verändern nur ihren Charakter, sie entreißen die Erziehung dem Einfluß der herrschenden Klasse.

Die bürgerlichen Redensarten über Familie und Erziehung, über das traute Verhältnis von Eltern und Kindern werden um so ekelhafter, je mehr infolge der großen Industrie alle Familienbande für die Proletarier zerrissen und die Kinder in einfache Handelsartikel und Arbeitsinstrumente verwandelt werden.

Aber ihr Kommunisten wollt die Weibergemeinschaft einführen, schreit uns die ganze Bourgeoisie im Chor entgegen.

Der Bourgeois sieht in seiner Frau ein bloßes Produktionsinstrument. Er hört, daß die Produktionsinstrumente gemeinschaftlich ausgebeutet werden sollen, und kann sich natürlich nichts anderes denken, als daß das Los der Gemeinschaftlichkeit die Weiber gleichfalls treffen wird.

Er ahnt nicht, daß es sich eben darum handelt, die Stellung der Weiber als bloßer Produktionsinstrumente aufzuheben.

Übrigens ist nichts lächerlicher als das hochmoralische Entsetzen unsrer Bourgeois über die angebliche offizielle Weibergemeinschaft der Kommunisten. Die Kommunisten brauchen die Weibergemeinschaft nicht einzuführen, sie hat fast immer existiert.

Unsre Bourgeois, nicht zufrieden damit, daß ihnen die Weiber und Töchter ihrer Proletarier zur Verfügung stehen, von der offiziellen Prostitution gar nicht zu sprechen, finden ein Hauptvergnügen darin, ihre Ehefrauen wechselseitig zu verführen.

Die bürgerliche Ehe ist in Wirklichkeit die Gemeinschaft der Ehefrauen. Man könnte höchstens den Kommunisten vorwerfen, daß sie an der Stelle einer heuchlerisch versteckten eine offizielle, offenherzige Weibergemeinschaft einführen wollten. Es versteht sich übrigens von selbst, daß mit Aufhebung der jetzigen Produktionsverhältnisse auch die aus ihnen hervorgehende Weibergemeinschaft, d. h. die offizielle und nichtoffizielle Prostitution, verschwindet.« Ebenda, S. 39/40.

Weiter oben wurde gezeigt, daß während der vierziger Revolutionsjahre unter den erwachenden deutschen Proletariern die grundsätzliche Auffassung des »Kommunistischen Manifestes« vom Recht der Frau auf eine arbeitende Existenz, unabhängig vom Mann und von der Familie, vom Recht der Frau zur Mitgestaltung der sozialen Verhältnisse nicht ungehört und unverstanden geblieben war. In den Zeiten der Reaktion hatten diese Grundsätze sowenig ihre Geltung verloren, wie wegweisende Sterne ihre Leuchtkraft einbüßen, wenn dichtes Gewölk ihren Schimmer nicht zu unserem Auge dringen läßt. Das »Kommunistische Manifest« hatte mit Recht behauptet:

»Die theoretischen Sätze der Kommunisten beruhen keineswegs auf Ideen, auf Prinzipien, die von diesem oder jenem Weltverbesserer erfunden oder entdeckt sind.

Sie sind nur allgemeine Ausdrücke tatsächlicher Verhältnisse eines existierenden Klassenkampfes, einer unter unsern Augen vor sich gehenden geschichtlichen Bewegung.« Ebenda; S. 36.

Die Entwicklung der kapitalistischen Produktion schuf international in immer größerem Umfange die tragende tatsächliche Grundlage der geschichtlichen Bewegung, die das Proletariat international als fest zusammengeschmiedete Klasse zum Kampf für den Umsturz der bürgerlichen Ordnung auf den Plan ruft, mit der Industrialisierung der Frauenarbeit die Proletarierinnen in diesen Kampf reißt und die volle Gleichberechtigung des weiblichen Geschlechts als einen wesentlichen Bestandteil der Befreiung aller Ausgebeuteten und Versklavten verwirklicht.

Die Internationale Arbeiterassoziation trat auf das geschichtliche Blachfeld als Ausdruck der Klassenkraft der Arbeiter verschiedener Länder, die nach den Niederlagen der Revolutionszeit wieder zu erstarken und sich zu regen begann. Der äußere Anlaß ist bekannt, der nach Demonstrationsversammlungen und Beratungen am 28. September 1864 zu ihrer Gründung in St. Martin's Hall zu London führte. In den Generalrat, der den lose zusammengefügten internationalen Bund leitete, wurden auch Marx und andere aktive Kommunisten der Sturmjahre gewählt. Die I. Internationale kündete sich damit als Willensvollstreckerin des »Kommunistischen Manifestes« an. Sie war die Verkörperung des Grundsatzes, zu dessen Verwirklichung dieses aufgerufen hatte: »Proletarier aller Länder, vereinigt euch!« Sie vereinigte die Proletarier aller Länder. Sie übernahm damit als verpflichtendes Erbe den Kampf für die Grundsätze des Kommunismus, die das Manifest klar und scharf formuliert hatte. Ein organischer Teil davon sind unbestreitbar die zitierten Sätze über die revolutionäre Auswirkung der kapitalistischen Produktionsverhältnisse im allgemeinen und der industriellen Frauenarbeit im besonderen in der radikalen Umformung der Beziehungen von Mann und Weib, von Eltern und Kindern zueinander.

In dem programmatischen Pronunziamento der Internationalen Arbeiterassoziation, in der Inauguraladresse des Generalrats, wie auch in ihren Statuten späht man umsonst nach dem einschlägigen grundsätzlichen Bekenntnis wie überhaupt nach den lapidar geformten Leitsätzen des »Kommunistischen Manifestes«. Durchaus allgemein ist und mag deshalb bei oberflächlichem Durchblättern bescheiden und dürftig dünken, was in dem Generalratsstatut die Gleichberechtigung der Frauen in sich begreift: Gleiche Rechte für »jedermann, der seine Pflicht tut. Keine Pflichten ohne Rechte, keine Rechte ohne Pflichten.« »Karl Marx und die Gewerkschaften«, S. 150.

Sollte die Sache der Frauenemanzipation von den führenden Kommunisten in der I. Internationale verraten worden sein, dagegen ihre tatkräftigsten Verteidiger in den Gegnern des marxistischen Flügels, in den Anarchisten um Bakunin, gefunden haben? Wie kühn tönt es doch aus dem Programm der »Alliance de la Démocratie Socialiste« zu Genf, in deren Vorstand Michail Bakunin saß: »Abschaffung der Ehe als politische, religiöse, juridische und bürgerliche Einrichtung ... Die Alliance will vor allem die definitive und vollständige Abschaffung der Klassen und die politische, wirtschaftliche und soziale Gleichstellung der Individuen beider Geschlechter ... Sie will für alle Kinder beider Geschlechter von ihrer Geburt an auf Lebenszeit die Gleichheit der Mittel der Entwicklung...« Der Löwe, der hier so gut gebrüllt hat, darf aber mit gutem Gewissen versichern: Liebe Bürger, fürchtet euch nicht! Ich bin kein Löwe, auch keines Löwen Weib. Ich bin der ehrsame Meister Zettel. Denn als Hebel dieses radikalen Umsturzes der Gesellschaft ward die »Abschaffung des Erbrechts« proklamiert, und bis der Generalrat in London die Verfasser des Programmes der »Alliance« höflich auf das »Ausgleiten der Feder« aufmerksam gemacht hatte, war von diesen nicht die »Abschaffung der Klassen«, vielmehr die »Gleichmachung der Klassen« gefordert worden, mit anderen Worten die Harmonie von Kapital und Arbeit. Marx war also im Recht, wenn er dieses Programm für eine »Farce« erklärte. War auch Bakunin selbst ein ehrlicher Revolutionär, so konnte dieses »revolutionäre« Programm doch nur wildgewordene Spießbürger werben. Die Mitläufer Bakunins rekrutierten sich zum größten Teil aus jenen romanischen Sektionen der Internationale, aus denen die fanatischsten Lobgesänge auf das Schalten und Walten der Frau im Käfig der kleinbürgerlichen Familienidylle erschallt waren.

Das berührt aber nicht die Frage: Warum hat Marx darauf verzichtet, ein Programm der I. Internationale zu formulieren, das die Grundsätze des »Kommunistischen Manifestes« aussprach? Denn es liegt auf der Hand, daß er, als sein Lebenswerk Fleisch und Blut zu werden begann, aus wohlüberlegten Erwägungen gehandelt hat und nicht etwa gar aus feiger opportunistischer Überklugheit, nicht durch die Kühnheit der Grundsätze und Ziele erschrecken und abstoßen zu wollen. Nach Marx' Tod hat der Berufenste, hat Friedrich Engels die Gründe dafür dargelegt. In seiner Vorrede zur neuen Auflage des »Kommunistischen Manifestes« von 1890 schrieb er:

»Das Manifest hat einen eignen Lebenslauf gehabt. Im Augenblick seines Erscheinens von der damals noch wenig zahlreichen Vorhut des wissenschaftlichen Sozialismus enthusiastisch begrüßt ... wurde es bald in den Hintergrund gedrängt durch die mit der Niederlage der Pariser Arbeiter im Juni 1848 beginnende Reaktion und schließlich ›von Rechts wegen‹ in Acht und Bann erklärt durch die Verurteilung der Kölner Kommunisten, November 1852. Mit dem Verschwinden der, von der Februarrevolution datierenden, Arbeiterbewegung von der öffentlichen Bühne trat auch das Manifest in den Hintergrund.

Als die europäische Arbeiterklasse sich wieder hinreichend gestärkt hatte zu einem neuen Anlauf gegen die Macht der herrschenden Klassen, entstand die Internationale Arbeiterassoziation. Sie hatte zum Zweck, die gesamte streitbare Arbeiterschaft Europas und Amerikas zu *einem* großen Heereskörper zu verschmelzen. Sie konnte daher nicht *ausgehn* von den im Manifest niedergelegten Grundsätzen. Sie mußte ein Programm haben, das den englischen Trade-Unions, den französischen, belgischen, italienischen und spanischen Proudhonisten und den deutschen Lassalleanern die Tür nicht verschloß. Dies Programm – die Erwägungsgründe zu den Statuten der Internationale – wurde von Marx mit einer selbst von Bakunin und den Anarchisten anerkannten Meisterschaft entworfen. Für den schließlichen Sieg der im Manifest aufgestellten Sätze verließ sich Marx einzig und allein auf die intellektuelle Entwicklung der Arbeiterklasse, wie sie aus der vereinigten Aktion und der Diskussion notwendig hervorgehn mußte. Die Ereignisse und Wechselfälle im Kampf gegen das Kapital, die Niederlagen noch mehr als die Erfolge, konnten nicht umhin, den Kämpfenden die Unzulänglichkeit ihrer bisherigen Allerweltsheilmittel klarzulegen und ihre Köpfe empfänglicher zu machen für eine gründliche Einsicht in die wahren Bedingungen der Arbeiteremanzipation. Und Marx hatte recht. Die Arbeiterklasse von 1874, bei der Auflösung der Internationale, war eine ganz andre, als die von 1864, bei ihrer Gründung, gewesen war. Der Proudhonismus in den romanischen Ländern, der spezifische Lassalleanismus in Deutschland, waren am Aussterben...« Marx/Engels, Ausgewählte Schriften, Bd. I, S. 19/20.

Das Schweigen über wesentliche kommunistische Grundsätze in der Inauguraladresse und den Statuten der Internationalen Arbeiterassoziation bedeutet also keineswegs Abschwörung, Verleugnung von Prinzipien, vielmehr eine der veränderten geschichtlichen Situation und der Erfahrung aus 17 Jahren des Kampfes und der Forschung entsprechende veränderte Strategie zur Durchführung der Prinzipien: Das »Kommunistische Manifest« war am Vorabend der Revolution als ausführliches theoretisches und praktisches Parteiprogramm für eine auserlesene Schar aus der Arbeiterschaft geschrieben, die, »von der Unzulänglichkeit bloßer politischer Umwälzungen überzeugt, eine gründliche Umgestaltung der Gesellschaft forderte« Siehe ebenda. Aus dem Bewegungsprozeß der Gesellschaft leitet das Manifest »die unvermeidlich bevorstehende Auflösung des modernen bürgerlichen Eigentums« Ebenda, S. 18 ab. Von höchster geschicht-

50

licher Warte aus entwickelt es aus den Widersprüchen und Gegensätzen des Kapitalismus die Aufgaben und Losungen, die die Vorhut der Arbeiterklasse zu vertreten hat, um in der auf der Tagesordnung der Geschichte stehenden Revolution den proletarischen Inhalt zu entfesseln und zu größter Entfaltung zu bringen. Das »Kommunistische Manifest« trat von den Grundsätzen des Kommunismus aus an das Proletariat heran, um es zur Aktion seiner Befreiung zu werben und zusammenzufassen. Die I. Internationale nahm dagegen ihren Ausgang von der Aktion der Proletarier, um sie von ihren Tagesnöten durch die Erfahrungen ihres wirtschaftlichen Lebenskampfes und ihres politischen Ringens zum Verständnis der kommunistischen Grundsätze zu führen und ihre Kämpfe dadurch fortschreitend auf eine höhere Stufe zu heben und bis zur sozialen Revolution zu steigern. Wenn man die Kämpfe im Schoße der I. Internationale verfolgt, zum Beispiel die Auseinandersetzungen über die Fragen des Erbrechts, des Gemeineigentums an Grund und Boden, das Ringen zwischen Generalrat und Bakunin, so versteht man, wie berechtigt es war, daß Marx in der Inauguraladresse darauf verzichtete, den endgültigen Inhalt der Bewegung als deren Ausgangspunkt zu nehmen, diese vielmehr durch ihre Aktion selbst zum Bewußtsein ihrer Aufgaben reifen lassen wollte.

In der Folge beruht die große, die entscheidende Bedeutung der I. Internationale für die Anerkennung vollen Frauenrechts im deutschen Proletariat nicht auf formalen Prinzipienerklärungen, vielmehr auf ihrem praktischen Eintreten für diese Rechte. Gewiß, auch die formale Bekundung der vollen Gleichberechtigung des weiblichen Geschlechts seitens der Internationalen Arbeiterassoziation liegt vor, und zwar durch die Tat, nicht durch Worte. Eine Frau, Mrs. Harriette Law, war seit Gründung der I. Internationale bis zum Kongreß in Brüssel, 1868, Mitglied des Generalrats. Angesichts der Ziele, der Bedeutung der proletarischen Weltorganisation kann das nur als grundsätzliche Anerkennung der Gleichberechtigung gewürdigt werden. Mrs. Harriette Law war eine sehr angesehene und beliebte Propagandistin religiöser Freidenkerei, wozu in dem bibelfesten England der sechziger Jahre des vorigen Jahrhunderts für eine Frau Mut und Charakterstärke gehörten. Nach dem Zeugnis von Marx' Tochter, Eleanor Marx, betätigte sie sich rührig und erfolgreich für die gewerkschaftliche Organisierung der Arbeiterinnen. Doch weit wichtiger als der Umstand, daß eine Frau im Generalrat der Internationalen Arbeiterassoziation saß, war das tatkräftige Auftreten gegen die ungeschichtliche, rückständige Einstellung in manchen Sektionen zur industriellen Frauenarbeit, gegen die Forderung, diese gesetzlich zu verbieten, war die energische Betätigung, die Arbeiterinnen gewerkschaftlich zu organisieren, sie – wie auch die nichterwerbenden Proletarierinnen – zu erkenntnis- und willensstarken Kämpferinnen für die Interessen ihrer Klasse zu erheben.

Der Generalrat wandte der Frage der Frauenarbeit von Beginn seiner Tätigkeit an Aufmerksamkeit zu. Zwei Tagungen der Internationalen Arbeiterassoziation beschäftigten sich mit ihr: die Konferenz zu London vom 25. bis 29. September 1865 und der Kongreß zu Genf vom 3. bis 8. September 1866. Die Londoner Zusammenkunft warf helles Licht darauf, wie einschneidend und verschlechternd die Industriearbeit der Frauen die proletarische Klassenlage beeinflußte, aber auch wie ungeklärt die Meinungen darüber in den verschiedenen Sektionen waren. Beides veranlaßte den Generalrat, die Frage wie auch die der Kinderarbeit zu gründlicher Behandlung auf die Tagesordnung des Kongresses zu Genf zu setzen. Hier prallten die Geister hart auf hart gegeneinander. Anarchistelnde Radikale aus dem Schweizer Jura im Bunde mit französischen Proudhonisten sprachen sich gegen die Arbeit der Frau in der Industrie aus. Ganz im Geist und Stil weiland Bürgers Chaumette, als dieser während der Französischen Revolution – also immerhin ein dreiviertel Jahrhundert zuvor – den Pariser Frauen, die stürmisch begehrten, die Republik gegen das heranmarschierende monarchische Europa mit der Waffe zu verteidigen, gütlich zuredete, zu der »frommen Sorge ihres Haushalts, der Wiege ihrer Kinder« sich heimzutrollen, damit »unsere Augen ruhen können auf dem entzückenden Schauspiel unserer durch eure zärtliche Sorge glücklichen Kinder«. Ähnlich begründete Coullery, Vorstand der Sektion in La Chaux-de-Fonds – französische Schweiz – , in der später die Bakunisten vorherrschten, seine Antipathie gegen die Frauenerwerbsarbeit mit rührseligen Deklamationen darüber, daß die Frau »als Priesterin der heiligen Herdflamme« ihren Wirkungskreis im Heim habe. Ein Pariser Delegierter erklärte, was jeder groß- und kleinbürgerliche Philister freudig unterschrieben hätte: »Die Familie ist die Grundlage der Gesellschaft. Der Platz der Frau ist am häuslichen Herd Nicht allein wollen wir nicht, daß sie diesen Platz aufgibt, um in einer politischen Versammlung zu sitzen oder in einem Klub zu quasseln, nein, wir möchten sogar nicht, wenn es möglich wäre, daß sie diesen Platz verläßt, um sich mit irgendeiner industriellen Arbeit zu beschäftigen.« Ein Teil der Pariser Delegierten legte eine Resolution vor, die besagte, daß der Kongreß die Frauenarbeit »in physischer, moralischer und sozialer Beziehung als Prinzip der Entartung verdammt und der Frau ihren Platz in der Familie als Erzieherin der Kinder anweist«.

Der Kongreß ließ sich jedoch durch die rauschende Rhetorik nicht rühren, bestimmte vielmehr die Stellung der Arbeiterassoziation in dieser Frage, indem er auf Vorschlag des Generalrats die Denkschrift der britischen Delegation annahm. Karl Marx hatte die Denkschrift ausgearbeitet und sich darin mit Vorbedacht auf solche Punkte beschränkt, »die unmittelbare Verständigung und Zusammenwirken der Arbeiter erlauben und den Bedürfnissen des Klassenkampfs und der Organisation der Arbeiter zur Klasse unmittelbar Nahrung und Anstoß geben«. Karl Marx/Friedrich Engels, Ausgewählte Briefe, Dietz Verlag, Berlin 1953, S. 215/216. Welche Bedeutung er in dieser Beziehung der Frage der industriellen Frauenarbeit beimaß, zeigt ihre Behandlung in der Denkschrift. Rückständigen Vorurteilen und kurzsichtiger Konkurrenzfurcht werden keinerlei Zugeständnisse gemacht, hingegen bei den Arbeitern eine höhere Einsicht in das vorliegende soziale Problem vorausgesetzt, als sie die radikalen Kleinbürger bekundeten. Taktische Rücksichten auf die internationale Mobilmachung des Proletariats bedeuteten eben bei Marx nun und nimmer Preisgabe kommunistischer Grundsätze. Also nicht Verbot der industriellen Frauenarbeit, sondern Schutz der Arbeiterinnen! Das weibliche Geschlecht, hieß es in der angenommenen Denkschrift, müsse ausgeschlossen werden von »Nachtarbeit irgendwelcher Art und von jeder Arbeit, welche der Zartheit des Geschlechts schädlich sei oder den Körper giftigen oder verderblichen Wirkungen aussetze«. Siehe »Der Vorbote«. Politische und socialökonomische Zeitschrift. Centralorgan der Sektionsgruppe deutscher Sprache der Internationalen Arbeiterassoziation, 1866, Nr. 10, S. 147. Zusammen mit der gewerblichen Frauenarbeit wuchert unter den kapitalistischen Produktionsverhältnissen auf dem Boden der Not der Arbeiterfamilie – gefördert durch die Arbeitsteilung und die Fortschritte der Technik – die Kinderarbeit empor. »Die Tendenz, lediglich Kinder mit scharfen Augen und flinken Fingern an Stelle von erwachsenen, alterfahrenen Arbeitern zu verwenden, zeigt, wie das Schuldogma von der Arbeitsteilung entsprechend dem Grade der Geschicklichkeit von unseren erleuchteten Fabrikanten ausgenutzt wurde«, Andrew Ure, »The Philosophy of Manufactures«, London 1861, S. 23. schrieb Andrew Ure, und so stieg beispielweise in Großbritannien und Irland die Zahl der in der Textilindustrie beschäftigten Kinder unter 10 Jahren von 42 000 Ende der vierziger Jahre auf über 115 000 Mitte der siebziger Jahre des vorigen Jahrhunderts. Die industrielle Lohnarbeit der Frauen und die Ausbeutung der kindlichen Arbeitskraft hängen aber nicht nur in ihren Ursprungsbedingungen zusammen, sie sind auch in ihren sozialen Folgeerscheinungen aufs engste miteinander verbunden. Durch beide wird unmittelbar und mittelbar die physische und kulturelle Zukunft der Gesellschaft bedroht. Auch angesichts der Kinderarbeit sucht die Denkschrift nicht den Rückweg in die Vergangenheit, besonders stark sind hier vielmehr die aus dem grauen Elend des Tages in die helle Zukunft weisenden Linien gezogen. »Wir betrachten die Tendenz der modernen Industrie, Kinder und junge Personen, von beiden Geschlechtern, zur Mitwirkung an dem Werk der sozialen Produktion herbeizuziehen, als eine progressive, heilsame und rechtmäßige Tendenz, obgleich die Art und Weise, auf welche diese Tendenz unter der Kapitalherrschaft verwirklicht wird, eine abscheuliche ist.« »Karl Marx und Friedrich Engels über die Gewerkschaften«, Berlin 1953, S. 117. Wer die Frauenarbeit bejaht, muß als Sozialist auch eine Lösung der Kindererziehung suchen. Zudem sieht Marx auch in der Kinderarbeit nicht nur die kapitalistische Ausbeutung, sondern zugleich den Ausgangspunkt zu einer sinnvollen menschlichen, das heißt gesellschaftlichen und produktiven Betätigung, die nicht nur zur Erhaltung des einzelnen beiträgt, sondern ihn wie auch die Gesamtheit erzieht und höherhebt. Demgemäß ist der obigen Feststellung ein wahrhaft revolutionäres Erziehungsprogramm angeschlossen, das die produktive Arbeit der Kinder organisch mit ihrer harmonischen körperlichen und geistigen Bildung verknüpft. Die Durchführung einer solchen fortschrittlichen Erziehung würde die Gesellschaft auf eine höhere Stufe heben, die aber nur erreicht werden könne »durch die Verwandlung sozialer Vernunft in politische Gewalt«, das hieß damals »durch allgemeine Gesetze, durchgesetzt durch die Macht des Staates«. »Der Vorbote«, 1866, Nr. 10, S. 150. Dem Einwand, daß durch diese Reform die Sphäre der öffentlichen Macht ausgedehnt und damit die herrschenden Gewalten gestärkt würden, begegnet Marx durch folgende Ausführung: »In der Durchsetzung solcher Gesetze befestigt die Arbeiterklasse nicht die regierende Macht. Im Gegenteil, sie macht jene Macht, die jetzt gegen sie gebraucht wird, sich selbst dienstbar. Sie bewirkt durch einen allgemeinen gesetzgeberischen Akt, was durch eine Unsumme von isolierten individuellen Bestrebungen sich als nutzlose Versuche erweisen würden.« Ebenda. Als Eckstein der Maßnahmen zum Schutze der Arbeiterfamilie stellte die Marxsche Denkschrift die Forderung des Achtstundentages für alle Erwachsenen auf, während Coullery, der Minnesänger der Frau am Kochtopf, sich mit dem zehnstündigen Arbeitstag begnügt hatte. Als Seitenstück und notwendige Ergänzung zu dem geheischten Staatsschutz proklamierte der Kongreß zu Genf die Notwendigkeit stärksten Selbstschutzes der Ausgebeuteten durch gewerkschaftliche Organisation. Er beschloß in der Gewerkschaftsfrage die bereits weiter oben angeführte Denkschrift.

Bei ihrer Agitations-, Propaganda- und Organisierungstätigkeit und der Unterstützung wirtschaftlicher Kämpfe hielt es die I. Internationale mit dem Bibelwort: »Hier ist nicht Mann, nicht Weib«; sie kannte nur Lohnsklaven des Kapitals, nur Ausgebeutete. Ihre Reihen standen allen offen, ohne Unterschied des Geschlechts. 1867, nach dem Kongreß zu Lausanne, traten der Internationalen Arbeiterassoziation die Frauen des Schuhmacherverbandes in England bei; 1869 die Seidenzwirnerinnen von Lyon. Die Umstände, unter denen der Anschluß dieser großen und wichtigen Arbeiterinnengruppe an die I. Internationale erfolgte, lassen erkennen, daß diese sich damals im französischen Proletariat bereits hohes Ansehen und starkes Vertrauen erworben hatte. Kämpfende Arbeiter und Arbeiterinnen schätzten sie als eine stützende, siegsichernde Macht internationaler Solidarität. Am 25. Juni 1869 traten die Seidenzwirnerinnen von Lyon in den Ausstand, um einen Lohn von zwei Franc täglich und eine Herabsetzung der Arbeitszeit um zwei Stunden den Tag zu erzwingen. Ermutigt durch das rasche helfende Eingreifen der Internationalen Arbeiterassoziation bei mehreren Streiks, wandten sie sich an den Generalrat nach London, erklärten ihren Beitritt zur Weltorganisation und übersandten einen Aufruf, der um brüderliche Solidarität ersuchte. Beide Schriftstücke seien hier wiedergegeben:

An den Generalrat zu London

Lyon, den 6. Juli 1869

Wir Unterzeichneten, Mitglieder der Kommission für den Streik der Seidenzwirnerinnen zu Lyon, erklären in unserem Namen und im Namen der 8000 Mitglieder, welche der Korporation angehören, die wir vertreten, daß wir uns der Internationalen Assoziation der Arbeiter angeschlossen haben. Um den Bestimmungen des französischen Gesetzes zu genügen, werden die neuen Anhänger keine Organisation oder Assoziation bilden. Sie werden sich darauf beschränken, ihren jährlichen Beitrag en bloc dem Generalrat zu übersenden.

Die Kommission der Seidenzwirnerinnen
Die Präsidentin: Philomene Rozan
Die Vizepräsidentin: Emilie Bonin
Die Delegierten (6 Namen von Frauen)

Aufruf an alle Sektionen

Lyon, den 6. Juli 1869

Bürger und Bürgerinnen!

Als Mitglieder der Internationalen Arbeiterassoziation wenden sich 8000 Seidenzwirnerinnen, welche seit 12 Tagen in einem schweren Streik stehen, um Beistand an die Prinzipien der Solidarität, die Grundlage unserer Assoziation. (Unterschriften wie oben. *C. Z.*)

Der Aufruf verhallte nicht ergebnislos. Sofortige Unterstützung sandten die Sektionen der I. Internationale in Rouen, Paris, Marseille, Genf und London sowie der Generalrat. Dank der Internationalen Arbeiterassoziation ertrotzten die Arbeiterinnen durch einen Streik von mehr als vier Wochen die Herabsetzung der Arbeitszeit von 12 auf 10 Stunden täglich ohne Verkürzung des Lohnes. Der Generalrat berichtete darüber an den Kongreß zu Basel im September 1869:

»Kurz nach dem Ricamarie-Massaker ward der Tanz der ökonomischen Revolten zu Lyon eröffnet durch die Seidenhaspler, meist weiblichen Geschlechts. In ihrer Not appellierten sie an die Internationale, die namentlich durch ihre Mitglieder in Frankreich und der Schweiz zum Sieg verhalf. Trotz aller Einschüchterungsversuche der Polizei erklärten sie öffentlich ihren Anschluß an unsere Gesellschaft und traten ihr formell bei durch Zahlung der statutenmäßigen Beiträge an den Generalrat. Zu Lyon wie vorher zu Rouen spielten die *Arbeiterinnen* eine hochherzige und hervorragende Rolle.

Andre Geschäftszweige von Lyon folgten den Seidenhasplern auf dem Fuß nach. So gewann unsere Gesellschaft in wenigen Wochen mehr als 10 000 neue Anhänger in dieser heroischen Bevölkerung, welche vor mehr als 30 Jahren das Losungswort des modernen Proletariats auf ihr Banner schrieb: ›vivre en travaillant ou mourir en combattant‹ (arbeitend leben oder kämpfend sterben).« »Karl Marx und Friedrich Engels über die Gewerkschaften«, S. 167.

Das in dem Berichte gerühmte Verhalten der Proletarierinnen in Lyon und Rouen war kein Strohfeuer, das sich an der Wahrung eigener Interessen entzündete und mit ihr erlosch. Es kündete Klassenbewußtsein und Klassensolidarität, Gefühle und Erkenntnisse, die die Frauen als Ausgebeutete und Rechtlose über die Grenzen des Berufes und der Heimat hinaus mit Ausgebeuteten und Kämpfenden verbanden. Die I. Internationale verstand es, Klassenbewußtsein und Klassensolidarität ihrer weiblichen Mitglieder wachzuhalten, zu klären, aktiv zu machen. Sie erwies sich als ihre Erzieherin und nicht bloß als ihre Erweckerin und Helferin; indem sie die Arbeiterinnen und Arbeiterfrauen in die Tageskämpfe ihrer Klassengenossen hineinzog, bereitete sie sie auf größere Auseinandersetzungen zwischen Proletariat und Bourgeoisie vor, gab früher indifferenten Frauen politische, revolutionäre Reife.

Als im Frühjahr 1870 die Arbeiterschaft aus Le Creusot, dem Reiche des »Kanonenkönigs« Schneider, in einem Streik den Kampf wider ungeheuerliche Auswucherung aufnahm, versicherten die Arbeiterinnen von Lyon den Proletarierinnen von Le Creusot ihre Solidarität in einer Adresse, die in der »Marseillaise« vom 13. April des Jahres erschien. In ihr wurde unter anderem gesagt: »Bürgerinnen! Eure feste und energische Haltung gegenüber den übermütigen Herausforderungen der Feudalherrschaft des Tages wird von den Arbeitern aller Länder lebhaft gewürdigt, und wir fühlen uns gedrängt, Euch zu beglückwünschen ... In Erwartung des Triumphes der Arbeitersache drücken wir Euch schwesterlich die Hände und rufen Euch zu: Mut! Hoffnung!« Der Aufruf ist von 15 Frauen namentlich unterzeichnet, an ihrer Spitze Virginie Barbet. Die Sektion Rouen der Internationale stellte in ihrem Aufruf zur Beihilfe für die Streikenden fest: »Den Weibern, welche mit ihren Männern das Recht, von der Arbeit zu leben, verlangen, schickt man Reiterschwadronen entgegen.« Es versteht sich, daß das Gefühl der Verbundenheit mit den kämpfenden Schwestern und Brüdern sich nicht nur durch Aufrufe, sondern auch in tatkräftigem materiellem Beistand bekundete. Besonders bemerkenswert ist ein »Manifest der Lyoner Frauen, die der Internationale angehören«. Es forderte die jungen Leute der Militärklasse 1870 auf, den Heeresdienst zu verweigern, und war von Virginie Barbet unterzeichnet, »Mitglied der Internationalen Arbeiterassoziation«. In einer Versammlung, die am 16. Januar 1870 zu Lyon im Saal Valentino des Arbeiterviertels La Croix Rousse stattfand, gelangte das »Manifest« zur Annahme, und es sollte allen Sektionen und Komitees der Internationale mitgeteilt werden.

Tatsachen wie die angeführten meldeten gleich Wetterleuchten in der schwülen Atmosphäre des Bonapartismus vor Ausbruch des Deutsch-Französischen Krieges das Nahen des revolutionären Gewitters, das sich in der Pariser Kommune furchtbar-prächtig entlud. Zum ersten Male riß in einem Lande das Proletariat mit kühnem Sinn und starker Faust die Staatsmacht an sich. Dem gewaltigen Ereignis fehlte nicht der typische Wesenszug jeder elementaren Revolution: die Beteiligung breiter Frauenmassen – vom 18. März 1871 an, als die Frauen des Montmartre sich über die Kanonen der Nationalgarde warfen und mit ihren Leibern deren Abtransport nach Versailles verhinderten, bis zu den letzten Kampfepisoden der »blutigen Maiwoche«, da die Mitrailleusen der dank deutscher Gnade in Paris eingedrungenen Truppen der Bourgeoisie an der Mauer des Père Lachaise die Aufständischen wie Gras dahinmähten. Die Pariser Proletarierinnen und Kleinbürgerinnen erwiesen sich auf der Höhe revolutionärer Pflichterfüllung bei der Hilfeleistung für Verwundete auf den Kampfstätten, beim Postenstehen, beim Bau und der Verteidigung von Barrikaden – die Barrikade auf der Place Pigalle wurde bis zuletzt von Frauen mit Todesverachtung gehalten – mit der Waffe in der Hand, Aug in Auge mit den Feinden. Ein englischer Zeitungsberichterstatter schrieb bewundernd und entsetzt: »Wenn die Franzosen aus lauter Weibern beständen, welch furchtbares Volk wäre das!« Nicht geringer war die Seelengröße, mit der die gefangenen Kämpferinnen die Beschimpfungen und Quälereien der Soldateska und ihrer vertierten Offiziere, der Frauen und Dirnen der Bourgeoisie ertrugen – 800 Frauen, die den Blutorgien der Versailler Truppen bei der Einnahme der Stadt entgangen waren, wurden in ein Gefängnis gepfercht, zusammen mit öffentlichen Dirnen als Spitzelinnen, dem Wundfieber, Hunger und Durst ausgeliefert – , die Seelengröße, mit der sie sich an die Mauer stellten, vor den berüchtigten Kriegsgerichten das Recht des Proletariats, der Revolution verfochten und sich in die Gefängnisse und unter die »trockene Guillotine«, das heißt zur Zwangsarbeit in die Fieberhöllen der Teufelsinsel und Neukaledoniens, schicken ließen. Ein Name ist für immer zum Ausdruck, zum Synonym der unerschrockenen, aufopfernden Heldenhaftigkeit der Pariser Kommunekämpferinnen geworden: Louise Michel.

Mit ihrem Blut haben diese Tapferen ihre Magna Charta, die Urkunde ihrer politischen Reife, ihres Anrechts auf volle soziale Gleichstellung mit dem Manne geschrieben. Die Nutznießer der bürgerlichen Ordnung und ihre Soldschreiber haben sie als »Petroleusen« So bezeichnet, weil sie zur Verteidigung gegen die Versailler Truppen mit Petroleum entzündete Feuer verwendeten. begeifert. Sei's drum!. Auch sie gehören zu den Unvergeßlichen, Unsterblichen, die nach Marx' Wort »sind eingeschreint in dem großen Herzen der Arbeiterklasse«. Karl Marx, »Der Bürgerkrieg in Frankreich«, Dietz Verlag, Berlin 1952, S. 104. Gewiß, vielerlei Quellen ideeller Einflüsse haben sich seit den Tagen des Bastillesturms, der Februarrevolution und der Junierhebung zu dem mächtigen Strom revolutionärer Überzeugungstreue, Begeisterung und Entschlossenheit vereinigt, der die Kommunekämpferinnen aus dem Dunkel ihrer Pariser Vorstadtheime in das helle Licht der Geschichte, in den Glanz unvergänglichen Ruhmes trug. Der revolutionäre Ideengehalt der Internationalen Arbeiterassoziation steht dabei wahrlich nicht an letzter Stelle. Er war stärker, weiterreichend als die Zahl ihrer Sektionen und Mitglieder in Frankreich, und er wurde durch den Anschauungsunterricht der Praxis auch den proletarischen Frauen vermittelt. Wie führende »Internationale« in der Kommune saßen, für sie stritten und starben, in das Exil gingen, so hat diese auch Anhängerinnen und Kämpferinnen unter den ungezählten, ungenannten Proletarierinnen gefunden, die von den Idealen der Internationalen Arbeiterassoziation ergriffen waren. Marx hat den Frauen wie den Männern der Pariser Kommune ein unzerstörbares Denkmal gesetzt, als er in dem lichtvollen Manifest des Generalrats, das später unter dem Titel »Der Bürgerkrieg in Frankreich« erschien, die theoretischen und praktischen Schlußfolgerungen des glorreichen Machtringens für das internationale Proletariat zog, für die Frauen wie für die Männer.

Die Feuerfunken der I. Internationale zündeten wie in Frankreich so in allen Ländern, wo der Kapitalismus das soziale Erdreich für die revolutionäre Ideensaat umpflügte. Die ideologische Auswirkung der proletarischen Weltorganisation übertraf bei weitem ihre materielle Macht. Allenthalben verrieten Verfolgungen, daß die Herrschenden und Ausbeutenden vor ihr zitterten; die Ausgebeuteten und Unterdrückten wandten ihr hoffnungsfreudig und vertrauensvoll das Antlitz zu und begannen sich unter ihren Losungen zu zählen. Die Revolutionierung des Proletariats durch die Internationale Arbeiterassoziation vollzog sich in Deutschland unter anderen Formen als in Frankreich, dem verschiedenen historischen Boden in beiden Ländern entsprechend. In Frankreich galt es, ein Proletariat zu erobern, das bereits in mehr als einer Revolution als Klasse aufgetreten war und mit der Bourgeoisie gekämpft hatte. In Deutschland dagegen mußte das Proletariat sich noch als Klasse »entdecken«, um sich als Klasse zu sammeln und als Klasse zu handeln. Die flüchtig umrissene Entwicklung der Arbeiterbildungsvereine hat hervorgehoben, von welch ausschlaggebender Bedeutung die I. Internationale für diesen Klärungsprozeß gewesen ist. In ihrem Zeichen vollzog sich die reinliche Scheidung der Arbeiter Deutschlands von der liberalen Bourgeoisie.

Infolge der allgemeinen geschichtlichen Bedingungen ist in Deutschland auch der erste organisierte klassenmäßige Aufmarsch von Proletarierinnen unter anderen Formen erfolgt als in Frankreich. Es verlautet nichts von Arbeiterinnenstreiks, die mit der moralischen und materiellen Unterstützung der Internationale geführt wurden; nichts von dem öffentlichen Anschluß von Proletarierinnen an diese, der Polizei und dem Gesetze zum Trotz; nichts von Manifesten weiblicher Mitglieder der Weltorganisation an die Rekruten. Der Einfluß der Internationalen Arbeiterassoziation setzt sich durch in Diskussionen und Beschlüssen über die Frage der industriellen Frauenarbeit, über die volle Gleichberechtigung des weiblichen Geschlechts. Er triumphiert als Umwertung sozialer Werte, in der Überwindung bemooster Vorurteile, in der Aufrichtung neuer Ideale für das Sein, die Betätigung der Frauen. Zum Kampf gegen fressende Übel, die unter der Kapitalsherrschaft die revolutionierende Industriearbeit der Frauen begleiten, treibt er das Proletariat auf neuen Wegen vorwärts, die zu neuen, zu den höchsten Zielen führen.

Die umwälzende Auswirkung der I. Internationale auf die Einstellung des deutschen Proletariats zur Befreiung und Gleichberechtigung der Frauen fand ihren ersten unzweideutigen, greifbaren Ausdruck in organisatorischer Form, in der Gründung der Internationalen Gewerksgenossenschaft der Manufaktur-, Fabrik- und Handarbeiter. Sie gelangte politisch zum Ausdruck in August Bebels Buch: »Die Frau und der Sozialismus«, das 1879 erschien, und zwar des Sozialistengesetzes wegen in der Schweiz. Die theoretischen Schwächen und wissenschaftlichen Mängel dieses Werkes schrumpfen zu nichts zusammen, verglichen mit seiner großen historischen Bedeutung. Die starke Wirkung des Buches fließt aus der mit tiefer innerer Überzeugung vorgetragenen revolutionären Einstellung zu der Frauenfrage, die auf der Grundlage der Lehren des wissenschaftlichen Sozialismus als geschichtlich-sozialer Prozeß behandelt wird. Diese Grundlage sichert dem Drechsler und Autodidakten Bebel einen Standpunkt, der hoch über dem Horizont professoralen Gelehrtentums liegt und der einen weiten und freien Ausblick in die Vergangenheit, Gegenwart und Zukunft ermöglicht. Gleich vom Ausgangspunkt an wird die Trennungslinie zwischen bürgerlicher und revolutionärer proletarischer Auffassung gezogen:

»Es wird nach diesen Ausführungen schon jetzt klar, daß, wenn es sich in dieser Schrift um nichts weiter handeln sollte, als die Notwendigkeit der vollen Gleichberechtigung der Frau mit dem Manne auf sozialem und politischem Gebiete auf dem Boden der heutigen Gesellschaft darzutun, ich besser täte, diese Arbeit zu unterlassen, weil sie nur Stückwerk bliebe und eine wirkliche Lösung der Frage nicht herbeiführen könnte. Eine volle und ganze Lösung der Frauenfrage – worunter ich verstehe, daß die Frau dem Manne gegenüber nicht nur von Gesetzes wegen gleichsteht, sondern auch ökonomisch frei und unabhängig von ihm und in geistiger Ausbildung ihm möglichst ebenbürtig sei – ist unter den gegenwärtigen gesellschaftlichen und politischen Einrichtungen ebenso unmöglich wie die Lösung der Arbeiterfrage.« August Bebel, »Die Frau und der Sozialismus«, Zürich-Hottingen 1879, S. ¾.

Als Endziel wird diese Stellung der Frau in einer sozialistischen Gesellschaft proklamiert:

»...sie (die Erziehung der Frau. *Die Red.*) ist in nichts außer in dem, was ihre organische Verschiedenheit von dem Manne begründet, von der des Mannes unterschieden. Alle Vorteile und alle Einrichtungen der neuen Gesellschaft kommen ihr wie dem Mann zustatten. Die neugeschaffene Organisation aller geistigen und materiellen Produktion gestattet auch ihr, ohne irgendeine andere Einschränkung als die Rücksicht auf ihre persönlichen Fähigkeiten oder Kräfte, die volle Betätigung. Sie ergreift, was ihr am besten zusagt, und ihre Leistung ist gleichwertig jener des Mannes. Sie ist vollkommen unabhängig, keinem Schein von Herrschaft und Ausbeutung mehr unterworfen, sie steht dem Manne gegenüber als – freie Gleiche ... Die Frau ist also tatsächlich frei. Sie ist ökonomisch und gesellschaftlich so unabhängig wie der Mann; sie verfügt über sich selbst...« Ebenda, S. 154 und 157.

Unzweideutig, predigt das Buch die Erkenntnis: »Nur allein durch die gänzliche Umgestaltung der Gesellschaft und ihren Aufbau auf sozialistischer Grundlage ist die wirkliche und ganze Befreiung der Frau möglich, einen zweiten Weg gibt es nicht.« Ebenda, S. 160. Diese Erkenntnis verleitet Bebel nicht zu der irrigen Schlußfolgerung, die Forderung der Gleichberechtigung des weiblichen Geschlechts auf den Zukunftsstaat zu vertagen, so angenehm eine solche Ausflucht auch manchen kurzsichtigen Opportunisten in den Reihen der Sozialdemokratie gewesen wäre. Bebel hatte zum Beispiel schon 1875 auf dem Einigungskongreß zu Gotha als Programmforderung das Wahlrecht für Frauen und Männer aufgestellt. Der erste Führer des klassenbewußten deutschen Proletariats proklamierte den Kampf für die volle Gleichberechtigung des weiblichen Geschlechts als Sache des Proletariats und eine Aufgabe der Gegenwart. Er verpflichtete nicht nur die männlichen Proletarier zu diesem Kampf, er rief auch die Frauen auf, in den organisierten Reihen der Arbeiterklasse im Ringen um den Sozialismus zugleich um ihre eigene Emanzipation zu kämpfen. »Auch an die Frau tritt die Aufforderung heran, in diesem Kampfe nicht zurückzubleiben, wo für ihre eigene Befreiung und Erlösung mitgekämpft wird. An ihr ist es zu beweisen, daß sie ebenfalls ihre wahre Stellung in der Bewegung und in den Kämpfen der Gegenwart für eine bessere Zukunft begriffen hat und daß sie entschlossen ist, daran teilzunehmen.« Ebenda, S. 179.

Die wegweisenden Ideen des Buches sind mit einer unbarmherzigen Kritik der bürgerlichen Gesellschaft verbunden, namentlich mit einer Kritik »des Schmutzes der Seele zu zweien«, der in der bürgerlichen Eigentumsehe angehäuft ist. Die blumigen Phrasenschleier und die konventionellen Lügen, die ihn verhüllen, werden gründlich zerfetzt. Die Wirkung der Kritik wie des Nachweises der sozialistischen Zukunft als »der Geschichte ehernes Muß« war außerordentlich und wurde durch die Atmosphäre des Ausnahmegesetzes gegen die Sozialdemokraten gesteigert. Wie Dynamit härtestes Urgestein sprengt, also legten die Gedankengänge der Schrift älteste Vorurteile in Trümmer, die den Frauen den Weg zum Kampffeld des Proletariats versperrten und damit zu ihrer vollen Befreiung. Sie weckten das Selbstbewußtsein, den Tätigkeitsdrang, das Gerechtigkeitsverlangen, das Klassenbewußtsein der niedergetretenen, eingeschüchterten Frauen. So wurde Bebel, wurde sein Buch zum bedeutsamen Bahnbrecher der revolutionär gerichteten proletarischen Frauenbewegung Deutschlands und aller Länder, in denen sich die unterdrückten und ausgesogenen Frauen um das Banner des Sozialismus scharten, und auch die bürgerliche Frauenbewegung schuldet ihm dauernden Dank. Wichtiger als diese geschichtliche, andauernde Auswirkung ist für die vorliegende Betrachtung der Gesichtspunkt, daß die 1879 erschienene Schrift auch der Abschluß einer Klärungsepoche der Arbeiterbewegung ist, der theoretische Ausdruck der Erkenntnis und Reife des klassenbewußten Proletariats im allgemeinen und die ideologische Krönung der Anfänge der proletarischen Frauenbewegung Deutschlands im besonderen. Aus der Praxis dieser Anfänge wird auf den folgenden Seiten ein Ausschnitt gegeben.

Die Anfänge der proletarischen Frauenbewegung in Deutschland

Es gibt noch keine Geschichte der proletarischen Frauenbewegung Deutschlands. Insbesondere dürftig und unvollständig sind die Angaben über die ersten Ansätze der Bestrebungen, den Klasseninstinkt der Proletarierinnen zum klaren Klassenbewußtsein zu läutern und sie als gleichverpflichtete und gleichberechtigte organisierte Mitstreiterinnen dem allgemeinen proletarischen Emanzipationskampf zuzuführen. Von manchen der Frauen, die vor langen Jahren die mühselige und opferreiche Arbeit der ersten Aufklärungs- und Organisationstätigkeit unter dem weiblichen Proletariat geleistet haben, gelten die Worte: »gestorben, verdorben, zerstreut«. Die wichtigen Aufschlüsse, die sie über die Kindheitsgeschichte der klassenbewußten proletarischen Frauenbewegung geben könnten, haben sie mit ins Grab oder in die Weite genommen. Die Lebensbedingungen haben allen Trägern und Trägerinnen der frühesten Bewegung verwehrt, die Schätze des Materials zu sammeln und zu sichten, die ihre Kästen und ihre Erinnerungen bergen. Heute dürften kaum noch einzelne der Frauen und Männer leben. Alle aber, die einen zusammenfassenden geschichtlichen Überblick über die Entwicklung der proletarischen Frauenbewegung geben wollten, haben darauf verzichtet, ihren ersten organisierten klassenmäßigen Anfängen auf Grund eines selbständigen Quellenstudiums nachzugehen. Sie begnügten sich damit, bereits aufbereitetes Material zu verarbeiten oder auch wohl, es einfach zu übernehmen. Solches Material, das wertvoll und dabei leicht nutzbar war, lag aber nur über die Bestrebungen zur Organisierung der Proletarierinnen vor, die in Berlin ihren Ausgangs- und Mittelpunkt hatten. Es ist besonders enthalten in den drei Broschüren: »Die zwanzigjährige Arbeiterinnen-Bewegung Berlins und ihr Ergebniß« von Adeline Berger, Berlin 1889; »Die Organisationen der Arbeiterinnen Deutschlands, ihre Entstehung und Entwicklung« von Emma Ihrer, Berlin 1893, und »Die Arbeiterinnen im Klassenkampf«, ebenfalls von Emma Ihrer verfaßt, in Hamburg 1898 erschienen.

So ist es gekommen, daß die Anfänge der proletarischen Frauenbewegung in Berlin als die Anfänge der klassenbewußten proletarischen Frauenbewegung in Deutschland überhaupt dargestellt worden sind. Und auch das, was darüber in dem und jenem Werke über die Frauen frage gegeben worden ist, kann nicht Anspruch auf Vollständigkeit erheben. In keinem geschichtlichen Rückblick auf die Entwicklung der proletarischen Frauenbewegung aber steht verzeichnet, daß schon Ende der sechziger Jahre des 19. Jahrhunderts, vor allem in Sachsen, kräftige Bestrebungen eingesetzt hatten, die Proletarierinnen der Organisation der Arbeiterklasse und ihren Kämpfen einzugliedern. Und kräftige Bestrebungen nicht bloß, sondern recht erfolgreiche obendrein. An dokumentarischen Nachweisen dafür fehlt es nicht, wenn diese auch weder reichlich noch geschwätzig sind, sich vielmehr spärlich und in geradezu nackter Tatsächlichkeit in einem weitschichtigen Urkundenmaterial verstreut finden.

Die ersten Anläufe, die Frauen als Mitträgerinnen der Arbeiterbewegung zu gewinnen und zu organisieren, sind zweifelsohne auf den klärenden und treibenden Einfluß der I. Internationale zurückzuführen. Sie sind genau in den Furchen verlaufen, die die Internationale Arbeiterassoziation in der deutschen Arbeiterbewegung gepflügt hat. Ihr hauptsächliches Wirkungsfeld sind die Zentren der niedererzgebirgischen Textilindustrie, ihre vornehmste Trägerin ist die Internationale Gewerksgenossenschaft der Manufaktur-, Fabrik- und Handarbeiter mit dem Sitz in Crimmitschau. Kein Zufall, die wuchtende Logik der geschichtlichen Entwicklung, der sozialen Zusammenhänge bedingte das. Um die Zeit, als die I. Internationale den Schlachtruf des Kommunistenbundes erneuerte, befand sich die sächsische Textilindustrie in einem Übergangsstadium vom handwerksmäßigen Kleinbetrieb zum großen mechanischen Fabrikbetrieb. Alle Furien leiblichen und geistigen Elends, die die siegestrunken, fühllos vorwärtsstürmende kapitalistische Entwicklung – »König Dampf« voran – entfesselte, zerfleischten die erzgebirgische Bevölkerung. Gleich entsetzlich war das Los der absterbenden Schicht selbständiger Kleinmeister und das der sich rasch bildenden Klasse der Fabrikarbeiter. Die Verhandlungen der Webertage zu Glauchau Mai 1871 und zu Berlin Mai 1872 sowie der Weberinnungskonferenzen zu Chemnitz März 1872 und März 1873 spiegelten das erschütternd wider. Eindringlichst reden davon die Angaben in den Berichten der »Zirkulare«, die das vom Webertag in Glauchau eingesetzte Zentralkomitee der deutschen Manufakturarbeiter von 1871 bis 1873 herausgab. Was sie feststellen und für jeden Sachvertrauten über die nackten Zahlen hinaus mit tödlicher Sicherheit bekunden, das bestätigten später vollauf die offiziellen Erhebungen, die nach den Wahlerfolgen der Sozialdemokratie in Sachsen die Furcht dem Reichstage abpreßte.

Für die Werktätigen der sächsischen Textilindustrie hatte der Triumph der kapitalistischen Produktion ein Pandämonium Gesamtheit aller bösen Geister. geschaffen, wie es furchtbarer nicht den Anfängen der englischen Manufaktur eigentümlich gewesen war. Franz Mehring führt in seiner »Geschichte der Deutschen Sozialdemokratie« an: »...in der Glauchau-Meeraner Handweberei arbeiteten im Jahre 1863 30 700, im Jahre 1880 nur noch 3194 Hand Webstühle; mindestens 40 000 Personen hatten die mechanischen Webstühle in diesem einen Kreise innerhalb eines halben Menschenalters ›überflüssig‹ gemacht.« Franz Mehring, »Geschichte der Deutschen Sozialdemokratie«. Dritter Bd., S. 273. In Waldheim war 1871 die Zahl der Meister von 200 auf 110 gesunken, von denen obendrein die Hälfte auf Handarbeit ging (Zirkular 3. *C. Z.*). Die mechanische Produktion schleuderte den Handwebstuhl in die Rumpelkammer, jagte Meister und Gesellen brotlos auf die Straße und bevölkerte die dumpfigen, geräuschvollen Fabriksäle mit Frauen und Kindern. Aus Werdau meldet ein Bericht (Zirkular 2. *C. Z.*) den Rückgang der Meister von 400 auf 180, der Gesellen von 200 auf 15; 200 mechanische Webstühle am Orte wurden ausschließlich von Mädchen bedient. Ausschließlich Mädchen sind zu gleicher Zeit in Meerane an mehr als 600 mechanischen Webstühlen beschäftigt. Mehr als 1200 Kinder fronden dem Kapital in den Reichenbacher Textilfabriken; über 700 davon sind noch nicht 12 Jahre alt. Fast Seite auf Seite steht in den Zirkularen die widergesetzliche Verwendung proletarischer Kinder in den Fabriken verzeichnet. Wie hätten die rohen und halbgebildeten Parvenüs, die die sächsische Textilindustrie beherrschten, nicht hohnlachend über die Buchstaben des Gesetzes wegschreiten sollen, sie, die fühllos und skrupellos alle Gebote der Menschlichkeit unter ihre Füße traten!

Mit Schaudern liest man die Mitteilungen über Lohnhöhe, Arbeits- und Existenzbedingungen. In Glauchau verdiente ein Weber auf Stapelware – vorausgesetzt, daß Frau und zwei Kinder mitarbeiteten – wöchentlich 12 Mark, 624 Mark im Jahr bei stetiger, voller Beschäftigung, die fast nie vorhanden war. Nach einem Flugblatt der Internationalen Gewerksgenossenschaft der Maurer und Zimmerer, das detaillierte Aufstellungen enthält, bedurfte in der damaligen Zeit eine fünfköpfige Arbeiterfamilie bei den bescheidensten Ansprüchen für ihren Lebensunterhalt 1400 Mark. Die niedrigen Arbeiterinnenlöhne, welche alle Berichte anführen, erscheinen direkt als eine Prämie auf die Prostitution oder eine Anweisung auf langsames Verhungern. Sie betragen von 3,60 Mark bis 7,50 Mark wöchentlich bei dreizehnstündiger täglicher Arbeitszeit und Verpflichtung zu Überzeit- wie Sonntagsarbeit. Der erzgebirgische Weber erreichte – laut Feststellungen von Dr. Michaelis – ein Durchschnittsalter von 38 Jahren; die hohe Kindersterblichkeit schrie zum Himmel; das überlebende Geschlecht war skrofulös verseucht; mit der wirtschaftlichen Not ging der Verfall des Familienlebens, mit dem physischen das geistige und sittliche Verkommen Hand in Hand.

So hatte die wirtschaftliche Entwicklung unter den erzgebirgischen Textilarbeitern den Boden bereitet, auf dem die Ideensaat der I. Internationale rasch und üppig in die Halme schießen konnte. Die Arbeiterbildungsvereine waren, um mit Motteier zu reden, die »Vorfrucht« der verschiedenartigsten Organisationen, die binnen weniger Jahre entstanden. Als ihre geistige und propagandistische Zentrale darf die im Juli 1867 gegründete Spinn- und Webgenossenschaft E. Stehfest & Co. in Crimmitschau angesehen werden. Sie war das feste Rückgrat der Internationalen Gewerksgenossenschaft der Manufaktur-, Fabrik- und Handarbeiter mit ihrer Kranken- und Sterbekasse; an sie war die Druckerei des sozialdemokratischen »Crimmitschauer Bürger- und Bauernfreundes« angegliedert; sie stand in enger Fühlung mit den Konsumvereinen, Vorschuß- und Bildungsvereinen und anderen Organisationen von Sachsen, mit den 6 Schneidergenossenschaften der Schweiz usw. All das bezeugt, daß sie dem proletarischen Befreiungskampf diente, und das im Sinne der I. Internationale. Die Organisationen, die ihr Netz über Sachsen, das

Erzgebirge im besonderen, spannten, waren der Internationalen Arbeiterassoziation allerdings nicht formal angegliedert, ja standen nur in loser Fühlung mit ihr. Nichtsdestoweniger waren sie Fleisch von ihrem Fleische und Geist von ihrem Geiste. Ihre hervorragendsten Organisatoren, Agitatoren und Leiter – Bebel, Motteler, Stolle, Germann, Franz, Carl Hirsch usw. – wirkten im Zeichen der großzügigen Gedankenwelt des internationalen Sozialismus. Welchen Sonderzweck auch immer eine Organisation hervorkehrte, sie diente dem Ziel, das die Internationale gesteckt: der Zusammenschweißung des Proletariats als revolutionärer Klasse, deren »soziale Erkenntnis sich in soziale Macht« umsetzen sollte. Als Grundzug war ihnen in der Folge gemeinsam: Mittelpunkte, Stützpunkte »für alle sozialen und politischen Bewegungen« der Arbeiterklasse schaffen, alle schlummernden Kräfte wecken und zur Betätigung rufen zu wollen für den materiellen und kulturellen Aufstieg des Proletariats. All dies aber zu dem Zweck, unter den Lohnarbeitenden die Idee auszubreiten und zu fördern, »die genossenschaftliche Arbeit an die Stelle der Lohnarbeit zu setzen, um statt des Arbeitslohns den Arbeitsertrag zu erringen«.

Eine so weit und tief zielende Bewegung, die in alle Seiten der proletarischen Existenz hineingriff, konnte sich angesichts der gezeigten Situation nicht durchsetzen, ohne auch die Proletarierin in ihren Bannkreis zu ziehen; die Proletarierin, die als Hausfrau und Mutter wie als Arbeiterin unter der Sündenlast des Kapitals keuchte. Mit zwingender Gebärde zeigten die Verhältnisse auf sie als Schutzbedürftige und als Mitkämpferin. Die überlieferten Anschauungen von den Unterschieden des Geschlechts, von dem, was dem Weibe ziemt und nicht ziemt, wurden von steifnackigen Tatsachen niedergekämpft. Die international gerichtete Arbeiterbewegung des Erzgebirges sah vor sich nur weibliche Sklaven des Kapitals, die den männlichen gleich, ja noch viel schlimmer als sie ausgebeutet wurden, litten und die dem proletarischen Kampfheer eingereiht werden mußten. So ging sie bewußt daran, die Konkurrentin des Mannes auf dem Markte, die Feindin seiner Ideale im Heim zu verwandeln in seine gleichberechtigte und gleichverpflichtete Streitgenossin auf dem Blachfelde des Klassenkampfes. Sie richtete ihre Propaganda an die Proletarier »beiderlei Geschlechts«, wie es damals hieß und rief sie unterschiedslos zum Zusammenschluß auf.

Auf dem ersten Verbandstage der sächsischen Konsumvereine zu Chemnitz Ende März 1869 fand ein Trinkspruch begeistertes Echo »auf unsere Frauen als die wichtigsten Faktoren unseres Vereinslebens«. Kurz vorher, am 28. Februar, beim Stiftungsfest des Arbeiter-Fortbildungsvereins Glauchau, hatte sich Motteler mit geradezu programmatischer Klarheit und Bestimmtheit »über die Frau und ihre Stellung im Hause und in der Öffentlichkeit« ausgesprochen. In einer Rede, deren schwungvolle Rhetorik an die Zeiten der Französischen Revolution erinnert und auch sonst charakteristisch für die liebevolle Vertiefung in ihre Geschichte ist, verlangte er die volle soziale und staatsbürgerliche Gleichberechtigung der Frau und ihre Beteiligung an der Arbeiterbewegung. »Wir fordern für die Frauen eine in vernunftgemäßer Ordnung wurzelnde Freiheit des Erwerbes und die volle Entfaltung ihrer natürlichen Fähigkeiten fürs Haus wie für die Öffentlichkeit. Keine Haussklaven für Tisch und Herd, keine Enterbten an Rechten und Pflichten nach außen … Die wirtschaftliche Freiheit des Individuums bedingt und ist dessen politische Freiheit.« Das Ideal der Emanzipation des weiblichen Geschlechts kann aber nur verwirklicht werden in der sozialistischen Ordnung der freien Arbeit. Daher Kampf gegen »die gegenwärtigen gesellschaftlichen Verhältnisse, gebrandmarkt durch die bitterste körperliche und geistige Massenarmut«, Kampf, der die Pflicht der Frau wie des Mannes ist. »Und Sie ganz besonders, meine werten Zuhöre« rinnen, ob jung, ob alt, frei oder gebunden, Sie sind dazu berufen, Hand ans Werk zu legen … Wir brauchen Kampfgenossen, wenn auch nicht, wie unsere Ahnen, zu blutiger Schlacht. Ein Kampf ist es aber drum, nicht minder hart und ernst, ein Kampf gegen Anmaßung und Vorrecht, ein Kampf der Enterbten gegen die Erbschleicher.«

Die Rede zeigt, daß unser »Roter Feldpostmeister« in den vordersten Reihen der ersten Vorkämpfer für die Gleichberechtigung des weiblichen Geschlechts innerhalb der Sozialdemokratie stand. Sie ist ein glänzendes Zeugnis für die Schärfe, mit der er bereits damals vom Standpunkt des Proletariats aus die Frauenfrage erfaßte. Gleichzeitig läßt sie aber auch einen Rückschluß zu auf das Verständnis, das ihr die zum Klassenbewußtsein erwachenden Arbeiterkreise des Erzgebirges entgegenbrachten. Denn Motteier behandelte gerade die Stellung der Frau, weil der Arbeiter-Fortbildungsverein Glauchau »es für seine Pflicht hielt, diese wichtigste der offenen Zeitfragen mit zur Sprache zu bringen«. Unter seiner Zuhörerschaft befanden sich viele Frauen und Mädchen, die er »größtenteils so gespannt und sinnend« vor sich sah. Die Rede wurde als Flugblatt verbreitet, allerdings leider nicht in ihrem vollen und wesentlichen Gedankeninhalt. Zufolge eines stadträtlichen Winkens mit preßgesetzlichen Bedenken gegenüber dem Drucker mußte in dem Flugblatt wie vorher in dem Bericht eines Lokalblattes die Stelle geopfert werden, wo Motteier den Gegensatz geschildert hatte zwischen der Verhimmelung der Frau in der Poesie und ihrer Versklavung als Arbeits- und Haustier innerhalb der modernen Kultur. Die stadträtliche Weisheit erachtete die Aufklärung der Proletarierinnen über ihre Lage als »ordnungsgefährlich«. Tatsachen bestätigten ja, daß unter den Frauen und Mädchen, die dem Textilkapital zinsten und frondeten, die Aufforderung nicht ungehört verhallte, mit den Brüdern gemeinsam für das Recht der Arbeit, das Recht des Menschentums der Arbeitenden zu kämpfen. Die Proletarierinnen hatten durch ihre Betätigung in der international gestimmten Arbeiterbewegung der Eisenacher ihre soziale Reife und Mündigkeit erwiesen, sie standen mit in den vordersten Reihen der sich sammelnden proletarischen Klassenkämpfer.

In Crimmitschau war am 10. Februar 1869 in innerer Verbindung mit der Spinn- und Webgenossenschaft von 300 Genossen eine Internationale Gewerksgenossenschaft der Manufaktur-, Fabrik- und Handarbeiter gegründet worden. Sie setzte ein Komitee ein, das mit den Vorarbeiten für die Einberufung eines allgemeinen Kongresses der Manufaktur-, Fabrik- und Handarbeiter betraut wurde. Diesem Organisationskomitee, in dem alle Arten der Textilarbeiter vertreten waren, gehörten zwei Proletarierinnen an: Wilhelmine Weber und Christiane Peuschel, beide. Handarbeiterinnen. Am 10. April berief es für die Pfingstfeiertage den geplanten Kongreß nach Leipzig ein. Es wandte sich an »alle Manufaktur-, Fabrik- und Handarbeiter, als Weber, Tuch-, Buckskin- und Zeugmacher, Wirker und Posamentiere, Spinnerei-, Appretur- und Färbereiarbeiter sowie Fach verwandte jeglicher Stellung und beiderlei Geschlechts ... Im Auftrag von mehr als 800 Köpfen der benannten Berufsarten« in Crimmitschau bezeichnete es als Zweck des Kongresses eine »Internationale Gewerksgenossenschaft der Manufaktur-, Fabrik- und Handarbeiter beiderlei Geschlechts« zu bilden, mit anderen Worten: die bereits bestehende Organisation auf breitere als die lokale Basis zu stellen, zum Verband zu erweitern. Der starke, frische Odem des proletarischen Klassenbewußtseins durchwehte den Aufruf des Komitees, dem unter anderen angehörten: Stehfest, Motteier, L. Mehlhorn, H. Albert und Franz in Glauchau. Nicht eine leere Formel, der Ausdruck zielklaren Wissens und Wollens war es, daß Proletarierinnen in ihm Sitz und Stimme hatten und daß an die Textilarbeiter beiderlei Geschlechts die Mahnung zum geschlossenen Aufmarsch erging. »Denn«, so erklärte das Komitee, »auch unsere Frauen und unsere Töchter sind hineingerissen und als eine zwiefach kostbare Beute schmachvoll preisgegeben in diesem Krieg aller gegen alle.«

Aus der Erkenntnis, daß die Proletarierin der kapitalistischen Ordnung schutzbedürftig und kampffähig zugleich gegenübersteht, wurde das Streben geboren, die Frauen als gleichberechtigte und gleichverpflichtete Mitglieder der Internationalen Gewerksgenossenschaft für ganz Deutschland einzugliedern. Bei ihrer Gründung, die auf der Leipziger Tagung am 15., 16. und 17. Mai erfolgte, erhob der Delegierte Szymanowski die Frage, ob auch die Frauen gleiches Stimmrecht haben sollten. Aus den Berichten über die Verhandlungen des Kongresses erhellt nur indirekt die bejahende Antwort auf diese Frage. Direkt liegt sie in dem Statut der Organisation vor. Nach Paragraph 3 war als gleichberechtigtes Mitglied zugelassen: »jeder Arbeiter der obenbenannten Gewerbe ohne Unterschied des Alters, Geschlechts und der Verrichtung sowie jeder Kleinmeister und jede Kleinmeisterin«. Paragraph 4 setzte fest: »Jedes Mitglied ist zu jedem Amt der Gewerksgenossenschaft wählbar.« Die weiblichen Mitglieder besaßen also zum Stimmrecht auch das Recht der Wählbarkeit. Bezüglich der materiellen Verpflichtungen gegen die Gewerksgenossenschaft sowie der Vorteile, die sie gewährte, waren sie den männlichen Mitgliedern völlig gleichgestellt. Sie zahlten wie diese 2 Silbergroschen Eintrittsgeld und 2 Silbergroschen Monatsbeitrag und bezogen im Falle unverschuldeter Arbeits- oder Erwerbslosigkeit vom ersten Tage an eine Unterstützung von täglich 12 1/2 Silbergroschen (1 Silbergroschen gleich 12 Pfennig).

Der Kongreß verlegte den Sitz der Gewerksgenossenschaft unter Berücksichtigung der vereinsgesetzlichen Verhältnisse nach Eßlingen in Württemberg – das Schwabenland mit seinen vielen Arbeiterbildungsvereinen stellte damals neben Sachsen die meisten und festesten Organisationen der Eisenacher – , den Ausschuß aber nach Crimmitschau. Crimmitschau war der Mittelpunkt des Verbandslebens, seine Seele war Motteier. Die Organisation baute sich auf der Grundlage des Unterstützungswesens auf. Sie gewährte Unterstützung bei unverschuldeter Arbeits- und Erwerbslosigkeit, Unterstützung und Rechtsschutz bei Bedrückungen und ungerechtfertigten Anforderungen der Arbeitgeber und Behörden und Wanderunterstützung aus einer allgemeinen Kasse. Jedes Mitglied war verpflichtet, an seinem Aufenthaltsort einer Krankenkasse anzugehören; zwischen den verschiedenen Kranken- und Unterstützungskassen sollte Freizügigkeit herbeigeführt werden, das heißt der kostenlose Übertritt der Mitglieder im Falle des Ortswechsels. Die Gründung weiterer Krankenkassen usw. wurde vorgesehen. Das Unterstützungswesen – darüber ließen die Verhandlungen des Kongresses wie alle späteren Generalversammlungen keinen Zweifel – war gleichzeitig Selbstzweck und Mittel zum Zweck. Es sollte die Textilarbeiter gegen die schlimmste Unbill des ausbeutenden Kapitalismus schützen und sie dadurch verteidigungs- und kampffähig gegen diesen halten. Es sollte durch materiellen Beistand bei Kämpfen und Lohnbewegungen das Ringen um bessere Arbeitsbedingungen erleichtern, wie dies die Gewerksgenossenschaft außerdem durch »Regelung und Beaufsichtigung des Lehrlingswesens, der Frauen- und Kinderarbeit« erstrebte. Es sollte einen festen, materiellen, bindenden Sammelpunkt schaffen, der Träger der Klassenkampfideen war, von dem aus das Ideelle, Fruchtbare verbreitet wurde, das die Erkenntnis der Klassengegensätze in sich birgt und umgestaltend wirksam werden läßt.

Zahlen erzählen von den Bemühungen, die Frauen für die Gewerksgenossenschaft zu gewinnen, und von der werbenden Kraft der entfalteten Agitation. Als auf der ersten Generalversammlung zu Crimmitschau am 9., 10. und 11. Juli 1870 Wilhelm Stolle, ein Mitbegründer der Eisenacher Partei und eifriger Förderer der proletarischen Frauenbewegung, den Bericht gab, konstatierte er, daß der Organisation »6000 bis 7000 Mitglieder angehörten, davon 1/6 weiblichen Geschlechts«. Seinen Angaben lagen die Ergebnisse von Fragebogen zugrunde, die auch Auskunft über die Zahl der weiblichen Mitglieder verlangten. Die Befriedigung über den weiblichen Mitgliederstand fand ihren Ausdruck in einer bezeichnenden Redewendung, die seit der Crimmitschauer Generalversammlung aufkam. Man nannte die Gewerksgenossenschaft »die Mutter mit den 5 Söhnen«. Das wichtigste Ergebnis der Crimmitschauer Beratung war die Gründung einer Krankenkasse der Gewerksgenossenschaft. Sie erfolgte unter anderem unter Berücksichtigung der Interessen der Frauen und im Hinblick auf ihre Organisierung.

Nach seiten der Pflichten und Rechte hin kannte das Statut nur gleichgestellte Mitglieder ohne Unterschied des Geschlechts, zeigte aber bereits einen bescheidenen Ansatz zum nötigen Sonderschutz, dessen die Proletarierin als Mutter bedarf. Wenn weibliche Mitglieder nach der Niederkunft länger als 9 Tage krank waren, so sicherte es ihnen vom zehnten Tage an die Krankenunterstützung zu; diese wurde vom ersten Tage der Entbindung an gewährt, sofern ärztlicher Beistand erforderlich gewesen war. Das Referat über die Krankenkassenfrage wurde von Robert Seidel gehalten, der damals als Weber in den vordersten Reihen des kleinen Fähnleins klassenbewußter sächsischer Arbeiter stand, später in der sozialdemokratischen Arbeiterbewegung der Schweiz hervortrat, dort Pädagogik studierte, als Schulreformer einen bekannten Namen erwarb und zu den Vorkämpfern des Arbeitsunterrichts gehörte. Er beleuchtete auf der Generalversammlung die sozialen Wurzeln der Krankheiten im Proletariat, bezeichnete es als eine Hauptaufgabe der Krankenkassen, den Krankheiten durch Aufklärung über ihre Ursachen entgegenzuwirken, und tadelte, daß manche Kassen die Frauen ausschlossen. Motteler empfahl ausdrücklich, die Krankheiten der Frauen gebührend zu berücksichtigen. Um den Proletarierinnen den Beitritt zur Krankenkasse zu erleichtern, dabei aber die Ausbreitung der Stammgenossenschaft zu fördern, beschloß die Generalversammlung: Wer Mitglied der Krankenkasse werden will, muß auch Mitglied der Gewerksgenossenschaft sein; Frauen von Mitgliedern brauchen jedoch nur Mitglieder der Krankenkasse zu werden.

Für die Geschichte der proletarischen Frauenbewegung aber ist es das bedeutsamste Ereignis der Crimmitschauer Tagung, daß eine Proletarierin als gleiche unter gleichen für ihre Klassen- und Geschlechtsgenossinnen die Stimme erhob. Christiane Peuschel, die die Gründung der Gewerksgenossenschaft mit in die Wege geleitet hatte, nahm als Mitglied des Lokalkomitees an der Generalversammlung teil. Sie befürwortete die Gewährung von Krankenunterstützung bei längerer als neuntägiger Dauer des Wochenbetts. Aus der Erfahrung ihrer proletarischen Existenz heraus wandte sie sich gegen die fiskalisch mißtrauische Meinung, die Frauen würden durch lange Inanspruchnahme des Bonusses die Kasse brandschatzen. Sie betonte, daß »den Frauen hauptsächlich darum zu tun sei, ihre Wirtschaft so bald wie möglich wieder versorgen zu können«.

Trotz der Schwierigkeiten und Gefahren, die die politische Situation in der nächsten Zeit für die Internationale Gewerksgenossenschaft schuf, ergänzte diese ihre Tätigkeit durch die Bemühungen, im Sinne der I. Internationale aufklärend und vorwärtstreibend innerhalb anderer Organisationen und Strömungen zur Sammlung und Hebung des Textilproletariats zu wirken. Delegierte der Gewerksgenossen nahmen hervorragenden Anteil an den beiden Weberinnungskonferenzen, an dem ersten deutschen Webertag zu Glauchau, dem zweiten zu Berlin, der zur Gründung des Deutschen Weber- und Manufakturarbeiter-Bundes führte. Von den Genossen lassalleanischer Richtung unterschieden sie sich in der Hauptsache nur durch das stärkere Hervorheben der Notwendigkeit internationaler Organisation, denn die »Arbeiterschaften« waren durch die Logik der Tatsachen über ihre anfängliche theoretische Einstellung hinaus vorwärtsgetrieben worden. In Gemeinschaft mit ihnen traten sie vor allem jeder zünftlerischen Beschränktheit entgegen und suchten den kleinmeisterischen Standesdünkel durch das proletarische Klassenbewußtsein zu verdrängen. Die Vertreter der Eisenacher Gewerksgenossenschaften waren es vor allem, die die wieder und wieder auftauchende Neigung bekämpften, die organisierten Textilarbeiter für die Abschaffung der industriellen Frauenarbeit zu mobilisieren. Die maßgebende Entscheidung, auf die spätere Tagungen zurückgriffen, wurde in Glauchau – 28. bis 30. Mai 1871 – gefaßt. Dies aber sicherlich unter dem Eindruck der wohlbegründeten Auffassung wie des Beispiels der Internationalen Gewerksgenossenschaft. Christiane Peuschel, die von den Crimmitschauer Gewerksgenossen als Delegierte zum ersten Webertag entsandt war, wandte sich gegen das Verlangen nach Beseitigung der industriellen Frauenarbeit. Gegen ihre verderblichen Begleiterscheinungen rief sie zur internationalen Organisation auf und forderte dabei die Einbeziehung der weiblichen Arbeiter als Gleichberechtigte in die Genossenschaften und Gewerkschaften, gleichen Lohn für gleiche Leistung ohne Unterschied des Geschlechts und einen gesetzlichen Normalarbeitstag. Frau Peuschel beteiligte sich auch an der Debatte, um den Antrag Bebel – Bebel war mit Motteler zusammen tätigster Förderer der Internationalen Gewerksgenossenschaften – zu unterstützen, daß es dringende Pflicht der Arbeiter sei, Gemaßregelte materiell und moralisch zu unterstützen. Ihre Ausführungen künden unzweideutig die Schule der Internationalen Arbeiterassoziation. Sie erweisen des weiteren, daß die Internationale Gewerksgenossenschaft Kämpferinnen umschloß, die den Männern nicht bloß gleichberechtigt, sondern ihnen auch ebenbürtig an Fähigkeiten und Schulung waren. Denn wahrlich, an sachlichem Wert, an Klarheit, Bestimmtheit und Folgerichtigkeit des Gedankens übertrafen Frau Peuschels Ausführungen die Reden zahlreicher männlicher Delegierter und stellten sich denen der geschultesten Köpfe gleichwertig zur Seite, wie auch Motteler und Bebel versicherten. Der Vorkämpferin der klassenbewußten Proletarierinnen gebührt ein gut Teil des Verdienstes, daß entgegen einem anderen Antrag eine Resolution Bebel zur Annahme gelangte, die besagt: »Es ist Pflicht der Fachgenossen, dahin zu wirken, daß die Frauen in den Fabriken und Werkstätten mit in die Gewerks- und Fachorganisationen als gleichberechtigt eintreten, und es dahin zu bringen, daß die Löhne für Frauen und Männer gleichgestellt werden.«

Leider fehlen genaue Nachweise darüber, in welchem Maße die Agitation und der Ausbau der Internationalen Gewerksgenossenschaft weiterhin die Frauen zu Schutz und Trutz in den

Bannkreis der Organisation geführt hat. Die erste Generalversammlung zu Crimmitschau, die Zeugnis von ihrer gesunden Blüte ablegte, hatte am Vorabend weltgeschichtlicher Ereignisse getagt. Der Deutsch-Französische Krieg und die Aufrichtung des Deutschen Reiches, nicht als eine Schöpfung der Revolution, sondern als eine Verständigung der Fürsten und die Frucht militärischer Siege, griffen mit rascher Hand in die historischen Bedingungen der Emanzipationsbestrebungen des deutschen Proletariats ein. Die wirtschaftlichen und politischen Folgen des Deutsch-Französischen Krieges wirkten lähmend auf die Entwicklung der Gewerksgenossenschaft zurück. Handel und Wandel stockten; die materielle Leistungsfähigkeit der werktätigen Masse für ihre Organisation sank, ihre Hilfsbedürftigkeit und damit die Inanspruchnahme der Kassen steigerte sich. Der Krieg selbst lichtete die Mitgliedschaften und entriß der Agitation, den örtlichen Ausschüssen und Verwaltungen, dem Aufsichtsrat viele der tüchtigsten Kräfte. Als ausgesprochen proletarische Kampforganisation bekam die Gewerksgenossenschaft ihr gut Teil von der Sturmflut von Verfolgungen ab, die der ruhmvolle Protest der Sozialdemokraten gegen den Eroberungskrieg, ihre Sympathien für die heldenhaften Kommunekämpfer wider die »Vaterlandsfeinde« und »Umstürzler« entfesselte. Der auf den Schlachtfeldern aus der Taufe gehobene Nationalstaat der deutschen Bourgeoisie wußte, was seine Aufgabe gegenüber den Lebensäußerungen und Organen der jungen Klassenbewegung des Proletariats war. Die Behörden lösten manche Mitgliedschaften der Internationalen Gewerksgenossenschaft auf und schikanierten in unglaublicher Weise andere. Zweimal wurde die zweite Generalversammlung des Verbandes verboten, die erst in Meerane, dann in Hof tagen sollte. »Um der Willkür gewisser Polizeibehörden zur beliebigen Auslegung unserer Organisation nicht mehr Anhalt zum Einschreiten, zur Verfolgung und Schädigung, ja zur Auflösung der Gewerksgenossenschaft zu geben«, mußten die statutengemäßen Veröffentlichungen im »Volksstaat«, dem Organ der Sozialdemokratischen Arbeiterpartei, unterbleiben.

Erst am 25., 26. und 27. Dezember 1872 konnte in Weimar die dritte Generalversammlung tagen. Hier wurden ebenso wie auf der vierten Generalversammlung zu Chemnitz am 24., 25. und 26. Mai 1874 nur schätzungsweise Angaben über den Mitgliederstand im allgemeinen vorgelegt, ohne Hinweise auf die Zahl der weiblichen Mitglieder. Die Beteiligung der Frauen an der Organisation scheint jedoch nach wie vor eine rege gewesen zu sein. Allerdings wurde sie zum Teil nicht durch das Verständnis für die gesamten und höchsten Ziele der Internationalen Gewerksgenossenschaft bestimmt, vielmehr durch den Anreiz der Krankenkasse. Die Verhandlungen der dritten und vierten Generalversammlung lassen das klar hervortreten. Aber immerhin hatte sich nach dem Zeugnis Mottelers eine nicht unbeträchtliche Zahl von Mitgliedern der Stammgenossenschaft in zielklarer Würdigung ihres Wesens und Strebens angeschlossen. Inwieweit dies bei den einzelnen Mitgliedschaften der Fall war, dafür waren hauptsächlich zwei Umstände ausschlaggebend: der Reifegrad der industriellen Produktion und – von ihr bedingt – der Umfang der industriellen Frauenarbeit; die Einsicht und der Eifer, mit denen ein kleiner Stab von Genossinnen und Genossen unter den Proletarierinnen für den Sozialismus tätig war. In den Textilzentren des sächsischen Erzgebirges wirkten beide Umstände zusammen. Hier rekrutierte daher die Stammgenossenschaft und ihr tiefster Wesensinhalt die größte Zahl ihrer Anhängerinnen, hier erstanden unter den Proletarierinnen selbst Evangelistinnen des sozialistischen Befreiungsgedankens.

Die oben gezeigte Situation aber erklärt den Charakter der Debatten, die sich auf der dritten und vierten Generalversammlung der Gewerksgenossenschaft um die Mitgliedschaft der Frauen drehten. Zwei Tendenzen traten betreffs ihrer in Erscheinung: die Neigung, aus engherziger Besorgnis um den Kassenstand die Frauen von den Unterstützungseinrichtungen auszuschließen beziehungsweise ihre Anspruchsrechte herabzumindern; die andere Neigung, die Frauen mittels der Krankenkasse zum Anschluß an die Stammgenossenschaft zu zwingen. In Weimar stellte die Mitgliedschaft Braunschweig den Antrag, daß in die Krankenkasse keine Frauen mehr aufgenommen werden sollten. Die Mitgliedschaft Schweinau forderte in Chemnitz, daß die Wöchnerinnenunterstützung erst vom vierzehnten Tage nach der Niederkunft an zu gewähren sei. Beide Ansinnen wurden glatt zurückgeschlagen. Motteler entkräftete die Drohung der Braunschweiger Mitgliedschaft, auf Grund des lokalen Selbstverwaltungsrechtes die Frauen ausschließen zu wollen, durch den Hinweis, daß dieses Recht eine Grenze finde an den Satzungen der Gesamtgenossenschaft. Die Hauptverwaltung werde über die Filiale hinweg die ausgeschlossenen Frauen in die Kasse aufnehmen, die ausdrücklich für die Fachgenossen »beiderlei Geschlechts« gegründet worden sei. Der Behauptung, daß vorzüglich Frauen die Kasse stark in Anspruch nähmen, und zwar oft Frauen, deren Männer dar Bewegung feindlich gesinnt wären, stellte ein Delegierter aus Crimmitschau eine Tatsache entgegen. Dort waren mehr Frauen als Männer organisiert, aber die Männer beanspruchten mehr Unterstützung als die Frauen. Ein Vermittlungsbeschluß beantwortete auf beiden Generalversammlungen den Antrag, daß jedes Mitglied der Kranken- und Sterbekasse auch der Stammgenossenschaft angehören müsse. In Weimar wurde für Ausnahmefälle, in Chemnitz jedoch überhaupt jeder Mitgliedschaft das Recht zuerkannt, die Zugehörigkeit zur Kranken- und Sterbekasse von der Zugehörigkeit zur Stammgenossenschaft abhängig zu machen, vorausgesetzt, daß erstere dadurch nicht geschädigt werde. Die Gründung einer Sterbekasse war von der Generalversammlung zu Weimar beschlossen worden. Der Beitritt zu ihr stand »jedem Arbeiter oder dessen Frau respektive jeder Arbeiterin der Manufaktur-, Fabrik- und Handarbeiterbranche« offen. Die Leitung und Verwaltung der Kasse sollte in den Händen von »gewählten Vertrauenspersonen beiderlei Geschlechts« ruhen. Der Einsicht der Gewerksgenossen wird ein ehrendes Zeugnis durch die Entscheidung ausgestellt, in den Satzungen der Krankenkasse die Bestimmung zu streichen, daß Syphilitische nicht unterstützungsberechtigt seien.

Im allgemeinen standen die beiden letzten Generalversammlungen der Gewerksgenossenschaft im Zeichen des heißen Bemühens, wieder aufzubauen, was durch die politische Situation und die Wirtschaftskrise zertrümmert worden war, die gelichteten und gelockerten Reihen wieder zu füllen, fest zusammenzuschließen und aktionsfähig zu machen. Sie erstrebten ferner ein vereintes Marschieren, auf alle Fälle aber ein vereintes Wagen und Schlagen mit dem Deutschen Weber- und Manufakturarbeiter-Bund sowie die Verbindung aller gewerkschaftlichen Organisationen, die auf dem Boden des Klassenkampfes standen. Der Anschluß an die »Union« wurde in Chemnitz beschlossen. Die »Union« war ein ernster Versuch, alle gewerkschaftlichen Organisationen, namentlich aber die Eisenacher Gewerksgenossenschaften und die lassalleanischen »Arbeiterschaften«, in einer Art Kartell zusammenzuschließen. Die Anregung zu dieser Verbindung ging von den Eisenachern aus und wurde ihrerseits besonders eifrig und klug von York vertreten, dem früheren Lassalleaner und Führer der sozialdemokratischen Arbeiter Hamburgs. Bebel unterstützte sie kräftig. Nachdem der von den Eisenachern einberufene Allgemeine Gewerkschaftskongreß zu Erfurt 1872 die Verschmelzung aller Organisationen abgelehnt hatte, nahm er den von York ausgearbeiteten Vorschlag an, ein loses Kartell zu gründen: die »Union«. Diese hatte ihr eigenes Organ gleichen Namens, daneben war der sozialdemokratische »Volksstaat« ihr offizielles Publikationsblatt. Der Verfall der Internationalen Gewerksgenossenschaft, die so rasch einen vielverheißenden Aufschwung genommen hatte, ließ sich jedoch nicht aufhalten. Aus ihren Ruinen aber wie aus den Trümmern des Deutschen Weber- und Manufakturarbeiter-Bundes blühte bald neues, klassenbewußtes proletarisches Leben in neuen Formen. In beiden Organisationen haben wir Vorläufer des Textilarbeiterverbandes zu grüßen; 1883 entstand in Crimmitschau der »Fachverein der Weber und deren verwandter Berufsgenossen beiderlei Geschlechts«, der 1887 während des großen Weberstreiks aufgelöst wurde – Bahnbrecher und Wegbereiter der sozialistischen Arbeiterbewegung.

Die Geschichte der Internationalen Gewerksgenossenschaft der Manufaktur-, Fabrik- und Handarbeiter ist ein Kapitel aus der Geschichte der proletarischen Frauenbewegung. Persönliche Mitteilungen der Genossen Motteler und Vahlteich – ein Sekretär Lassalles, nach dessen Tod er bald Anschluß an die in den Arbeiterbildungsvereinen vertretene Richtung der proletarischen Bewegung gefunden – ergänzen, was offizielle Dokumente davon melden. Wie schon diese Dokumente genügend klar erkennen ließen, blieben die Satzungen der Internationalen Gewerksgenossenschaft über die volle Gleichberechtigung der weiblichen Mitglieder keine platonischen Prinzipienerklärungen. Frauen gehörten – wenigstens in Sachsen – örtlichen Verwaltungen, Ausschüssen, Komitees der Organisation an und erfüllten mit Eifer und Geschick die Aufgabe ihres Vertrauensamtes. Der Vorstand in Crimmitschau sandte gern erfahrene Frauen als Beauftragte in Orte, in denen neugegründete Filialen ausgebaut werden sollten; auch in strittigen Fragen zog er die Frauen zur Mitarbeit heran. Ein kleiner auserlesener Stamm der weiblichen Mitglieder nahm regen Anteil an den Sitzungen und Versammlungen der Gewerksgenossenschaft und verfolgte mit lebhaftem Eifer ihre Entwicklung. Außer der bereits wiederholt genannten Christiane Peuschel waren besonders Frau Weber und Frau Colditz in Crimmitschau, Fräulein Misselwitz in Chemnitz bestrebt, Kopf und Herz der Proletarierinnen für die sozialistischen Ideen zu erobern. Frau Peuschel und Frau Weber zeichneten sich als geschickte Debattenrednerinnen aus und verstanden es dadurch wie durch gutgewählte Fragen, die Verhandlungen zu beleben, praktische Anregungen zu geben und das Interesse der Frauen für die Organisation und ihre Ziele zu wecken. Frau Weber erschien – ein schönes Beispiel – meist in Begleitung ihrer Söhne in den Versammlungen und wurde wie eine Mutter begrüßt. Außerordentlich wertvoll war die Agitation von Person zu Person, durch die die vier Frauen und andere die Proletarier und Proletarierinnen des Erzgebirges der klassenbewußten Arbeiterbewegung zuführten. Jedes Zusammentreffen, jedes Ereignis des öffentlichen oder persönlichen Lebens war ihnen willkommener Anlaß, als Sendbotinnen des Sozialismus zu sprechen.

Einen besonders erfolgreichen Wirkungskreis fand die propagandistische Kleinarbeit der Frauen an den Tagen, wo aus dem Umkreis von Crimmitschau und Glauchau für die Produktivgenossenschaft, Faktoreien, Kleinfabrikanten usw. geliefert wurde; meist waren es Frauen, die die Lieferung besorgten. Die führenden Frauen trafen dann da und dort mit den Liefernden zusammen, wo ein »Happen« gegessen, ein »Schälchen Heeßer«, das heißt eine Tasse Kaffee, getrunken wurde. In gemütlicher Aussprache öffneten sich die Herzen, auf die Lippen drängten sich Klagen über die Leiden, die der Ausgebeuteten Erbteil sind. Die werbenden Frauen entzündeten an den schwachen Fünkchen der Hoffnung auf bessere Zeiten die hellodernde Flamme der Begeisterung für die sozialistische Freiheit, Gleichheit und Brüderlichkeit, das strahlende Licht des Glaubens an die Befreiung der Arbeit durch die Erkenntnis, den Willen und den Kampf der Arbeitenden selbst. Wenn die Frauen mit ihren Bürden neuer Arbeitsstoffe sich wieder in alle Windrichtungen des Kreises zerstreuten, so nahmen sie eine reiche Ideensaat mit heim, die selten auf dürrem oder felsigem Boden verkümmerte; sie trugen den täglich erscheinenden »Crimmitschauer Bürger- und Bauernfreund«, das Organ für das gesamte Osterland, in die armseligen Wohnungen der Dörfer; als Werbetruppen der Internationalen Gewerksgenossenschaft wanderten sie hin und her. Dank solcher propagandistischer Kleinarbeit erstreckte sich der Einfluß der Internationalen Gewerksgenossenschaft sehr weit über den Kreis ihrer Mitglieder hinaus.

Die Lieferungstage waren besonders Arbeitstage und Festtage der Seele für Marie Colditz, eine »Frau vom kerngesunden, zielklaren Charakter jener abgesprochen proletarischen Bewegung«. »Mutter Colditz« ist rednerisch wohl kaum je im größeren Kreis hervorgetreten; bei den ungezwungenen Zusammenkünften der Lieferungstage wie bei Besprechungen der führenden Persönlichkeiten bewährten sich ihre agitatorische Veranlagung, ihr kluger Sinn, ihre Energie glänzend. Dabei war sie »ausdauernd, opfermutig und der Schrecken aller Halben und Undurchsichtigen, die ihr Haus – das zeitweilige Hauptquartier – betraten«. Fräulein Misselwitz, eine ältere Näherin, wirkte besonders in Chemnitz. Sie war von den Lassalleanern zu der Internationalen Gewerksgenossenschaft gekommen, vergaß am Quartalsschluß nie, ihre Mitgliedskarte zu erneuern, und führte diese stets mit Stolz bei sich. Motteler schreibt von ihr: »Sie verkörperte den typischen britischen freiwilligen walking-delegate (das heißt einen nichtangestellten Agitator, der die Gelegenheit, wie sie sich bietet, für die Verbreitung seiner Ideen ausnützt. C. Z.) ...Belesen, redegewandt, von kluger Disputierlust und einem meisterhaften Erzähler- und Lehrtalent, war sie in Chemnitz freiwillige Propagandistin für die Gewerkschafts- und Parteisache zugleich ...Eine offizielle Amtierung zu übernehmen war ihr nicht möglich. Ihr Fußleiden (sie hinkte stark. C. Z.) hinderte sie, anders als in kleinerem Kreis und in den Familien, wo sie schneiderte oder Gast war, zugleich unsere Grundsätze und Ziele einzubürgern und sie ganz speziell weiterpflegen zu lehren.« Vahlteich, der während seiner Kampagne in Chemnitz in den siebziger Jahren Fräulein Misselwitz kennenlernte, zeichnet ihre Persönlichkeit und ihre Hingabe an den Sozialismus lebendig mit diesen Strichen: »Ich bin immer, wenn ich die Misselwitz sah, an die arme verwachsene Näherin in einem der großen Sueschen Romane erinnert worden, die ein so heißes Herz hatte, die so heiß und hoffnungslos liebte und so bescheiden und opferwillig für andere lebte. Ihr Eifer im Parteidienst war mustergültig für jeden Mann. Es war das Pflichtgefühl, und nur dieses, was sie zu jedem Opfer bereit machte. Sie hat, soweit ich mich erinnere, nie öffentlich gesprochen, konnte aber ihren Gedanken recht wohl klaren Ausdruck geben und hatte die Bedeutung unserer Sache vollkommen klar begriffen ... Ich erinnere mich nicht, daß sie etwas Besonderes, Hervorragendes getan hätte, wodurch die allgemeine Aufmerksamkeit auf sie gelenkt worden wäre; aber sie war bei allem dabei, und man konnte darauf rechnen, daß sie eine übernommene Pflicht voll und ganz erfüllte ... Die Verdienste der Misselwitz und der Frauen und Mädchen, die damals gleich ihr am sozialen Kampfe teilnahmen, können nicht hoch genug eingeschätzt werden. Ich konstatiere übrigens mit Vergnügen, daß nach meinen vielen und langjährigen Erfahrungen innerhalb und außerhalb der Parteikreise Frauen und Mädchen, sofern sie sich am öffentlichen Leben beteiligen, eifriger, ausdauernder und pflichtgetreuer arbeiten als die Männer.«

Als die alte freudige Bekennerin des Sozialismus fand Vahlteich Fräulein Misselwitz in den neunziger Jahren in Milwaukee in Nordamerika wieder; sie ist gestorben, »ohne einen Lichtblick in ihrem Leben gehabt zu haben«. Auch Frau Weber hat jenseits des großen Wassers Glück und Stern gesucht, und ab und zu fand Motteler in der deutschsprachigen sozialdemokratischen Parteipresse der Vereinigten Staaten Beiträge, die ihre treue Mitarbeit in der Bewegung bezeugen. Die offenbar sehr begabte und gutgeschulte Christiane Peuschel scheint für den Kampf verschollen zu sein.

Motteler ist es zu verdanken, daß dieses Kapitel aus den Anfängen der klassenmäßig gerichteten proletarischen Frauenbewegung Blatt um Blatt zusammengefügt werden konnte. Mit eindringendem geschichtlichem Verständnis und liebevollem Sammelfleiß hat er die 1905 zum ersten Male verarbeiteten Dokumente – verschollene und unbeachtete – mühsam zusammengetragen und durch wertvolle persönliche Informationen vervollständigt. Den ihm gebührenden Dank zolle ich ihm in seinem eigensten Sinne, indem ich heute wie damals die Aufforderung weitergebe, die er in seine Erläuterungen zum Quellenmaterial einschloß: Sammelt die Bausteine zu einer Geschichte der proletarischen Frauenbewegung, solange die Dokumente nicht zerfallen und verwehen, die von ihren ersten Ansätzen erzählen, solange die Persönlichkeiten noch leben, die ihre ersten Pioniere gewesen sind!

Die bedeutsamsten Züge des skizzierten Anfangs der klassenbewußten organisierten proletarischen Frauenbewegung in Deutschland scheinen mir diese: die zielklare Erkenntnis von der Notwendigkeit der gemeinsamen Organisation und des gemeinsamen Kampfes der Proletarier ohne Unterschied des Geschlechts; die Würdigung der Frau als einer voll gleichberechtigten, aber auch gleichverpflichteten Mitstreiterin im Klassenkampf; der ausgesprochen proletarische, international gerichtete Charakter der Bewegung, die rein von jeder bürgerlich-frauenrechtlerischen Beimengung war; die feste, sichere Zielsetzung: die sozialistische Gesellschaft. Dadurch unterscheidet sich dieser Versuch, die Frauen des Proletariats auf dem Boden des Klassenkampfes zusammenzuschließen, wesentlich von den späteren Berliner Bestrebungen, die das gleiche Ziel verfolgen. Ihren ersten organisierten Ausdruck fanden sie in dem Arbeiterfrauen- und Mädchenverein, der 1873 von Berta Hahn und Pauline Stägemann gegründet wurde. Es scheint, daß diese Organisation weder auf die Lassalleaner noch auf die Eisenacher eingeschworen war, sie sollte und wollte »sozialdemokratisch« ohne Richtung sein. Nicht genug, daß sie von bürgerlicher Seite mit Hohn und Schmutz beworfen wurde, hatten auch viele Arbeiter nur fade Witze statt Förderung für sie. Der Verein fiel 1874 der Ära Tessendorf zum Opfer. Erst nach geraumer Zeit fand der Verein Nachfolge. Einige Belege dafür, daß die später geschaffenen Organisationen ideologisch weniger klar und bestimmt waren als die Internationale Gewerksgenossenschaft der Textilarbeiterschaft. Dem Verein zur Vertretung der Interessen der Arbeiterinnen, der in Berlin

1885 gegründet wurde, konnten nach Paragraph 3 seiner Satzungen nur Frauen und Mädchen angehören, und Paragraph 8 besagte: »Männer haben gewöhnlich zu den Vereinsversammlungen keinen Zutritt.« Unter dem Einfluß frauenrechtlerischer Gedankengänge verwarfen viele führende Berliner Genossinnen bis zum Internationalen Sozialistischen Arbeiterkongreß zu Zürich 1893 jeden besonderen gesetzlichen Arbeiterinnenschutz. Die Absonderung der Frauen von den Männern ist sicherlich mit auf Rechnung der vereinsgesetzlichen Sonderstellung der Frau in Preußen zu setzen, die unter dem Ausnahmegesetz durch die polizeiliche Praxis noch verschlimmert wurde. In hohem Grade ist jene feministische Tendenz aber auch der naturgemäße Niederschlag des Entwicklungsganges hervorragender Trägerinnen der Berliner Bewegung. Er hatte sie von der Frauenfrage zur sozialen Frage, von der bürgerlichen Frauenrechtlerei zur Sozialdemokratie geführt. Die Vorkämpfer für die Einbeziehung der Frauen in die Internationale Gewerksgenossenschaft kamen dagegen von der sozialen Frage zur Frauenfrage. Dies aber nicht allein an der Hand einer reiferen geschichtlichen Erkenntnis und Schulung, sondern vor allem auch auf Grund der zwingenden Bedürfnisse eines Milieus, das, von der modernen Großindustrie geprägt, einen geradezu klassischen Boden für die Gemeinsamkeit der Interessen und die Gemeinsamkeit des Kampfes von Frauen und Männern des Proletariats gegen den Kapitalismus schuf. In Berlin fehlte damals dieses Milieu; das wirtschaftliche Leben wurde noch vom Kleinbetrieb und handwerksmäßigen Betrieb beherrscht; die gewerbliche Frauenarbeit war vor allem Heimarbeit. Deshalb konnte auch 1868 der Versuch im Keime erstickt werden, die Konfektionsarbeiterinnen auch nur als Anklägerinnen in die Öffentlichkeit von Arbeiterversammlungen zu rufen.

Mit der Internationalen Gewerksgenossenschaft brachen in Sachsen und erst recht im übrigen Deutschland vorläufig die zielklaren und konsequent festgehaltenen Bestrebungen zusammen, die Proletarierinnen organisiert dem Klassenkampf einzureihen. Seitdem mit der Reichsgründung der bürgerliche Nationalstaat auf den Plan der Geschichte getreten war, konzentrierte sich die Hauptkraft des deutschen Proletariats vorübergehend darauf, die proletarischen Heermassen zum Klassenkampf auf politischem Gebiete zusammenzuschweißen. Der Aufmarsch der Arbeiter als politische Klassenpartei vollzog sich obendrein unter dem Unstern des Bruderzwistes zwischen Lassalleanern und Eisenachern. Die Frau aber war auf dem politischen Kampfplatze eine Rechtlose und erschien daher bei oberflächlicher Betrachtung vielen als eine Machtlose und Entbehrliche. Dazu fügte sich, daß unter den Frauen, die die Internationale Gewerksgenossenschaft gesammelt hatte, sich keine befand, die an den Fraktionskämpfen hervorragenden Anteil genommen hätte oder in den Auseinandersetzungen, in dem Ringen um den organisatorischen Aufbau, die Programmforderungen, den ideologischen Gehalt der Sozialdemokratie tätig hervorgetreten wäre. So kam es, daß betreffs der Mitarbeit der Frauen am Bau der proletarischen Emanzipation vorübergehend die Tendenzen in den Hintergrund traten, deren tapfere Vorkämpferin die Internationale Gewerksgenossenschaft gewesen war. Meines Erachtens ist es charakteristisch für den Einfluß der aufgezeigten Umstände, daß der Einigungskongreß der Lassalleaner und Eisenacher zu Gotha 1875 beschloß, als Delegierte zu den Parteitagen Frauen zuzulassen, die entweder als Vertreterinnen von Wahlkreisen in Volksversammlungen oder in besonderen Frauenversammlungen gewählt wurden. Dagegen lehnte der nämliche Kongreß den Zusatzantrag Bebel und Genossen zu den Programmforderungen ab: »Obligatorisches Wahlrecht mit dem 20. Jahre für Staatsangehörige beiderlei Geschlechts.« Es versteht sich, daß Julius Motteler mit zu den Antragstellern gehörte und daß er mit der Minderheit stimmte. Die Ablehnung erfolgte, das wurde betont, nicht aus prinzipiellen Gründen gegen das Frauenwahlrecht, sondern aus »taktischen« Erwägungen. Die Mehrheit fürchtete, daß die Forderung des Frauenwahlrechts damals den Kampf schwächen und erschweren würde. Sie erwartete und wertete nicht einen Kräftezuwachs für den Kampf durch die Mobilisierung der Frauen. Das Sozialistengesetz schmiedete mit harten Schlägen die Erkenntnis, daß auch im politischen Kampfe das Proletariat die Frau als disziplinierte und organisierte Mitstreiterin nicht missen kann. Nebenbei sei bemerkt, daß die Nichtaufnahme der Forderung des Frauenwahlrechts in das Gothaer Programm durchaus nicht die einzige und größte Schwäche dieses Dokumentes ist, in dem sich die ideologische

Unreife der damaligen Arbeiterbewegung abspiegelt. Der Charakter des Gothaer Programms ist mehr durch den Vulgärsozialismus als durch den revolutionären wissenschaftlichen Sozialismus bestimmt. Marx hat denn auch schärfste Kritik an dem Programm geübt, jedoch vergeblich. Die Form zerfiel, in der die Internationale Gewerksgenossenschaft die Bestrebungen zur Schulung und Organisierung der Proletarierinnen als bewußter Mitträgerinnen des Klassenkampfes zusammengefaßt hatte. Aber die von ihr verfolgten Tendenzen blieben lebendig, die von ihr vertretenen Ideen wirkten weiter. Das künden die Kämpfe des erzgebirgischen Textilproletariats, in denen die Frauen des Crimmitschauer Bezirks stets mit bewunderungswürdiger Einsicht und Disziplin in Reih und Glied gestanden haben: 1882 bei dem siegreichen Streik für den Elfstundentag, 1887 bei der 6 Monate durchgehaltenen Arbeitseinstellung, die dem von den Unternehmern beim Abmessen der Länge der Webstücke verübten Betrug wehren sollte, und im Spätjahr 1903, als gegen 9000 Arbeiter und Arbeiterinnen mit ihren Familien 5 Monate lang in Hunger und Kälte gegen die vereinigte Brutalität des Textilkapitals und der Behörden um den Zehnstundentag rangen. Das bestätigt die rege, opferfreudige Beteiligung der werktätigen Frauen Sachsens an den Kämpfen ihrer Klasse, auch wenn diese Kämpfe nur erst von der Minderheit der revolutionären Vorhut aufgenommen und getragen wurden.

Die gesamte proletarische Frauenbewegung Deutschlands war bis zum imperialistischen Weltkrieg die Erbin und Testamentsvollstreckerin der Internationalen Gewerksgenossenschaft. Der Verrat der Sozialdemokratie wurde auch zum erniedrigenden Schicksal des größten Teils der proletarischen Frauenbewegung. Was sich heute sozialdemokratische Frauenbewegung nennt, hat in Wahrheit sowenig Anrecht auf das Wort »sozialdemokratisch« wie die ganze Partei, der sie eingegliedert ist. Im Eilschritt läuft die Partei hinter der Führung der Gewerkschaften die Bahn rückwärts, die die I. Internationale auch den Proletarierinnen gewiesen hat – heute, 1928, schreit das Organ eines der größten Gewerkschaftsverbände nach dem gesetzlichen Verbot der Arbeit verheirateter Frauen in Betrieben; die sozialdemokratische Fraktion des Gemeindeparlaments einer deutschen Stadt erhebt eine ähnliche Forderung – , mit jedem Tag verleugnet sie sinnfälliger das stolze Ziel, das die I. Internationale den Enterbten und Ausgebeuteten steckte. Doch besagt dies vielleicht, daß das geschichtliche Leben erloschen, erstorben sei, das einst und viele Jahre unter den Frauen wie den Männern des deutschen Proletariats verheißungsreich unwiderstehlich vorwärtstrieb? Die solches kleingläubig wähnen würden, kennen die Kraft des historischen Werdens nicht, das sich nicht aus blauen Himmelshöhen herniederläßt, das vielmehr in der festgegründeten dauernden Erde der wirtschaftlichen und sozialen Dinge verwurzelt ist. Es gleicht der unversiegbaren Quelle, die an einer Stelle in die Tiefe versinkt, unterirdisch fortfließt, weitere Wasseradern in sich aufnimmt und schließlich als machtvolles Gewässer wieder an die Oberfläche tritt.

Wohl ist der imperialistische Weltkrieg reichlich vier Jahre durch die Geschichte geschritten, zerstörend, blutige Spuren hinterlassend, vom schimpflichen Bankrott der II. Internationale begleitet. Allein, in der Geschichte hat sich eine noch gewaltigere Erscheinung erhoben. Die proletarische Revolution ist in dem ehemaligen Zarenreich aufgestanden, das zertrümmernd, was fallen muß, um den Boden für das freizulegen, was wachsen und reifen soll, schöpferisch Neues formend. Sie schuf den ersten Staat der proletarischen Diktatur, die sozialistisch aufbauende Sowjetunion. Marx und Engels hatten in der I. Internationale den Arbeitern aller Länder die rote Fahne des Weltsozialismus vorangetragen. Die reformistischen Führer der II. Internationale haben dieses internationale revolutionäre Wahr- und Sammlungszeichen vor dem Reichsbanner, der Trikolore und anderen Standarten der »Vaterlands«verteidigung niedergeholt, haben es mit dem Blute der Schlachtfelder und dem Schmutz der Koalitionspolitik besudelt. Lenin hat das alte rote Banner des revolutionären Weltsozialismus mit starker Faust ergriffen, es weht über der Kommunistischen Internationale, zum Kampfe anfeuernd, Sieg verheißend. Die Proletarier, die Ausgebeuteten und Versklavten des Westens und Ostens stoßen unter diesem Zeichen und dieser Führung gegen den imperialistischen Kapitalismus vor. In der Kommunistischen Partei soll sich die revolutionäre Vorhut der deutschen Arbeiterklasse zusammenballen. In ihr dürfen die Proletarierinnen nicht fehlen, in denen die klassenbewußte Tradition ehrenvoller Kampfjahre gesund und stark fortlebt. Die Zahl dieser Proletarierinnen wächst, ihre Reihen festigen sich, ihre Erkenntnis gewinnt an Klarheit, ihr Wille an unerschütterlicher Entschlossenheit, ihr Handeln an zielsicherer Tatkraft. Sie werden gemeinschaftlich mit ihren Brüdern zur Wirklichkeit machen, was Wilhelm Liebknecht vorahnend geschaut: das Land erobern und besitzen, in das die internationale Vorhut des Proletariats im ersten kühnen Anlauf ihres Klassenkampfes ihre Speere geschleudert hatte, mit dem Hissen ihrer roten Fahne das geschichtliche Recht der emporsteigenden Klasse proklamierend, »die Welt zu verändern«. Denn das zu erobernde und zu besitzende Land ist die Welt, umgewälzt durch die Revolution.

Anhang

Louise Otto-Peters

Louise Otto-Peters ist von ihren Nachfolgerinnen »die Lerche der deutschen Frauenbewegung« genannt worden. Sie verdient diese Bezeichnung, doch wird sie der Bedeutung ihres Lebenswerkes nicht voll gerecht. Wohl war Louise Otto-Peters die erste Frau, die in Deutschland in den vierziger Jahren des vorigen Jahrhunderts die volle soziale Gleichberechtigung ihres Geschlechts nachdrücklich verfocht und namentlich die Betätigung im öffentlichen, im politischen Leben als Recht und Pflicht der Frau heischte. Allein, sie hat sich nicht mit diesem »Lerchenruf« begnügt. Sie hat ihr Leben lang, in bösen und guten Tagen, für die erhobenen Forderungen mit Rede und Schrift gekämpft und ihre ganze Kraft darangegeben, für ihre Verwirklichung in der bürgerlichen Frauenbewegung eine treibende und tragende Macht zu schaffen. Louise Otto-Peters war eine der hingebungsvollsten Bahnbrecherinnen und Organisatorinnen dieser Bewegung in Deutschland, und das in den Zeiten, in denen deren Losungen verhöhnt, verfemt, mit Schmutz beworfen wurden und Gesetzestexte wie auch die Praktiken der Behörden gegen sich hatten. Sie hat von Anfang an bis zuletzt die Rechtsforderungen für das weibliche Geschlecht mit dem Willen zur »Hilfe für die ärmeren Schwestern« verbunden.

Die Führerin der bürgerlichen Frauenbewegung hat mit dem allen den Idealen ihrer Jugendzeit die Treue gehalten. Jedoch ihre Entwicklung ist auch nicht darüber hinausgegangen. Louise Otto-Peters hat keine höhere Stufe der historischen Erkenntnis erklommen, auf der sie die gesellschaftlichen Verhältnisse in der Tatsächlichkeit der bürgerlichen Eigentums- und Klassenordnung gesehen hätte und nicht in der verklärenden Abstraktion einer »sozialen Demokratie«, die papierne Formeln gleichwertet mit wirtschaftlicher, mit sozialer Macht. So haben die pietätvoll gehüteten Ideale ihrer Jugendzeit keine Vertiefung erfahren, geschweige denn die nötige Korrektur. Louise Otto-Peters ist mit ihrem Verstehen, Wollen und Tun die »Achtundvierzigerin« geblieben. Ihre Gedankengänge und Forderungen sind getreue Spiegelung der politischen und sozialen Anschauungen und Bestrebungen, die im zweiten Viertel des 19. Jahrhunderts in dem gebildeten wohlhabenden Mittelbürgertum Deutschlands gärten und brausten. Sie waren in der Hauptsache von hoffnungsseligen Schwärmereien von der wunderwirkenden Kraft einer demokratischen Republik getragen und wurzelten nicht in der klaren Erkenntnis der sozialen Klassen, die für und gegen eine solche Republik kämpfen würden, und der siegsichernden Kampfmittel.

Das wohlhabende, gebildete deutsche Mittelbürgertum haßte die absoluten Fürsten, den Adel, die Pfaffen, es wetterte und tobte in den stärksten Ausdrücken gegen die Gewalten und Einrichtungen der feudalen Gesellschaft. Es schwärmte freiheitlich, gelegentlich sogar revolutionär. Es begeisterte sich ehrlich für die nahende große Zeit der allgemeinen Freiheit, Gleichheit und Brüderlichkeit, fühlte warm mit der Not des »Volkes«, mit den Leiden der ungebärdig vorwärtsdrängenden Arbeiter, und redete mit ihnen lang und breit und schön von der »sozialen Organisation der Arbeit«. Die guten Mittelbürger blickten aber gleichzeitig ehrfürchtig und voller Bewunderung auf die Großbourgeoisie und ließen sich von ihr ins Schlepptau nehmen, statt sie unerbittlich vorwärtszupeitschen, und duckten sich schließlich mit ihr unter die Macht der Reaktion. Sie dichteten und sangen:

>»Reißt die Konkubine aus der Fürsten Bett!
>Schmiert die Guillotine mit der Pfaffen Fett!«

Nicht minder gesinnungstüchtig ergötzten sie sich an schalen Witzeleien gegen die Kommunisten und entrüsteten sich hochmoralisch über die »tiefe Verworfenheit der kommunistischen Ziele«:

>»Wir wollen uns mit Schnaps berauschen,
>Wir wollen unsere Weiber tauschen,
>Und ausgelöscht sei Mein und Dein!«

Aus den Reihen des Mittelbürgertums gingen die schwätzenden Advokaten und Professoren der Paulskirche zu Frankfurt am Main hervor, deren parlamentarischer Kretinismus dazu beigetragen hat, daß, wie die Rede ging, das Vaterland verraten und verloren wurde. Daneben aber auch Robert Blüm und andere, die als aufrechte Demokraten fielen oder in Zuchthäusern dahinsiechten. Illusionen, Halbheit, Schwanken, große Worte und kleine Taten, Entschluß- und Aktionsunfähigkeit, Ohnmacht und Resignation kennzeichneten diese Klasse, als die Stürme der Revolution an dem vormärzlichen Deutschland rüttelten. Ihr zwiespältiges Wesen und ihre Feigheit trugen reichlich zum Siege der Reaktion bei.

Louise Otto-Peters gehörte durch Abstammung und Erziehung dem deutschen Mittelbürgertum an. Die entsprechende soziale Umwelt hat die Eindrücke der Kindheit gestaltet, und aus ihr empfing das junge Mädchen die freiheitlichen Ideale, die es als Kämpferin in die Öffentlichkeit führten. Sie hat die persönliche Eigenart der frauenrechtlerischen Führerin geprägt. In ihrer Lebensgestaltung und in ihren Anschauungen hat diese nie die dadurch gezogenen Grenzen überschritten. Ihr Leben war die wohlgeordnete bürgerliche Idylle, sogar in den Jahren, da ihre romantische Brautschaft mit einem Kämpfer aus dem Dresdener Maiaufstand von 1849 ihr Herzeleid und Sorgen brachte, aber keinen Konflikt, keine Katastrophe entfesselte. Soweit aus Louise Otto-Peters' Schriften auf äußeres und inneres Erleben geschlossen werden kann, sind weder die rauhen Unwetter des Kampfes ums Brot noch die Stürme heißer Leidenschaften aufwühlend über sie hinweggegangen. Ein faustisches Ringen um Erkenntnis, das vor dem Pakt mit dem Teufel nicht zurückschreckt, ist ihr ebenso fremd geblieben wie der herausfordernde trotzige Bruch mit den Gesetzen, Sitten und Konventionen der bürgerlichen Welt. Sie war allzeit nur eine Reformatorin, die diese Welt zugunsten des weiblichen Geschlechts und der Armen, Enterbten zu verbessern strebte. Nie wurde sie zur Rebellin oder gar zur klarblickenden unerschütterlichen Revolutionärin, die die herrschende Ordnung zertrümmern will, auf daß volles Menschentum für alle Unfreien und Unterdrückten erstehe. Ihrem Wesen und Wirken eignet die Physiognomie mittelbürgerlicher Bildung und Wohlanständigkeit.

Louise Otto wurde 1819 als Tochter einer wohlhabenden Familie in Meißen an der Elbe geboren, das damals überwiegend den Charakter eines Landstädtchens trug, wo Garten- und Weinbau das Einkommen und die Lebensannehmlichkeiten der Bürger vermehrte und die träge Gemütlichkeit des Verlaufs der Dinge nicht durch scharfe Klassengegensätze und ihr heftiges politisches Aufeinanderplatzen gestört wurde. Ihr Vater war dort Gerichtsdirektor und Senator. Sie wuchs in der umfriedeten, behaglichen Atmosphäre eines Familienlebens auf, dessen Räderwerk der kluge, fürsorgliche Sinn und die sich rastlos regende Hand der Mutter in Gang hielt. Unterstützt von ihren vier Töchtern und von Dienstboten war diese – wie die Frauen ihrer sozialen Schicht und ihrer Zeit – die vielseitig produktiv Tätige, die in der Herstellung fast des gesamten Hausbedarfs bewandert sein mußte, von der Anfertigung der Wäsche und Kleidung, der Zubereitung und Konservierung von Nahrungsmitteln bis zum Kochen der Seife und dem Ziehen der Talgkerzen. Kisten und Kasten waren stets voll, Küche und Keller wohlbestellt – der Weinkeller inbegriffen – , die verschiedenen Gast- und Besuchszimmer standen kaum je leer.

In der Familie wurde mit lebhaftem Interesse verfolgt und besprochen, was draußen in der Welt vorging. Die Wogen der Zeitereignisse verebbten in den sanft plätschernden Wellen des Meinungsaustausches mit Nachbarn, mit Freunden und Verwandten auch von auswärts, die gern unter dem gastlichen Dach weilten und eine lebendige, anregende Verbindung mit den Zentren des geistigen und politischen Lebens herstellten. Der zeitgenössischen Sitte in begüterten Häusern gemäß waren Louises Lehrer meist junge Kandidaten, und diese waren von den freiheitlichen Ideen der studentischen Burschenschaften erfüllt.

Das kleine Mädchen hörte mit gespannter Aufmerksamkeit von den heldenhaften Kämpfen der Griechen gegen die Türken für die Befreiung ihres Landes; von der Julirevolution, in der die Pariser den Bourbonenkönig vom Thron geworfen und den Bürgerkönig Louis-Philippe daraufgesetzt hatten; von den politischen Stürmen im Glas Wasser mancher deutscher Bundesstaaten. Louise erfuhr durch Gespräche und durch die Mode, daß man in Deutschland vor der Farbenzusammenstellung schwarzrotgold als vor einer Demonstration aufrührerischer Gesinnung zurückschrecken mußte, wenn man nicht Gefahr laufen wollte, in den Kasematten einer Festung zu verkümmern, daß man dagegen seine Freiheitsbegeisterung und seinen Tyrannenhaß durch das Tragen von Bändern, Schals und anderem mehr in den Farben der französischen

Trikolore austoben konnte, die dank der Julirevolution wieder zu Ehren gekommen war. Ebenso lernte sie, daß deutsche Freiheitslieder nicht über die Lippen kommen durften, daß jedoch die hohen Obrigkeiten die Ordnung und Sicherheit der verschiedenen deutschen Vaterländer nicht für gefährdet hielten, wenn in Konzerten und auf der Straße die »Marseillaise« erschallte. Die Zeitungs-, Zeitschriften- und Buchlektüre der Familie war freiheitlicher Tendenz; der soziale Roman, wie er in Nachahmung von George Sand und Eugene Sue auch in Deutschland mehr wohlgemeinte als literarisch wertvolle Blüten zeitigte, parfümierte die Luft mit weichen, gefühlsseligen Regungen und Stimmungen.

Aus dem elterlichen Heim mußte der Weg des jungen, begabten, nach Betätigung dürstenden Mädchens geradlinig in die Welt des charaktervollen aber kleinbürgerlich beschränkten Demokraten Robert Blum führen, mit dessen standrechtlicher Erschießung – richtiger gesagt Ermordung – in Wien die erstarkende Reaktion die verdutzten schwarzrotgoldenen Schwärmer über den Unterschied von Paragraphenrecht und Waffenmacht belehrte.

Louises, literarischem Erstling, der 1844 in Robert Blums »Sächsischen Vaterlands-Blättern« für die Frauen das Recht zur Mitgestaltung des staatlichen Lebens forderte, folgte eine rege und freudige Mitarbeit an der demokratischen Presse. Außer weiteren Beiträgen für das genannte Organ schrieb Louise Otto für Robert Blums Volkstaschenbuch »Vorwärts« und für den »Wandelstern«, den Ernst Keil redigierte, der spätere Herausgeber der »Gartenlaube«. Zielrichtung und Ideengehalt ihrer Veröffentlichungen sind identisch mit der Einstellung, die aus der »Adresse eines Mädchens« und der »Frauen-Zeitung« spricht. Der Stärke inneren Erlebens und dem Drang, wirksam gestaltend in das Zeitgeschehen einzugreifen, genügten Artikel allein nicht. Unter dem Pseudonym Otto Stern verfaßte Louise Otto soziale Romane; ihre »Lieder eines Mädchens« fanden Beachtung und Lob.

Die Ideale der jungen Kämpferin waren unzweifelhaft mit sozialem Öl gesalbt, in Übereinstimmung mit der geistigen Atmosphäre der Revolutionszeit, in der sie aufkeimten und sich verwurzelten, aber sie sind niemals durch eine klare soziale Erkenntnis zur Reife entfaltet worden. Es ist bezeichnend, daß Louise Otto zwar Fühlung mit fortgeschrittenen Arbeitern gewann und für deren Blatt schrieb, doch nichts in ihren Veröffentlichungen läßt darauf schließen, daß sie entscheidenden Verkehr mit geschulten, kämpfenden Vertretern sozialistischer und kommunistischer Lehren unterhalten oder sich in das Studium dieser Lehren vertieft hätte. Ihre Kenntnis des Sozialismus war eine nur oberflächliche und ist eine nur oberflächliche geblieben.

Sicherlich war ihr Mitgefühl mit den Bürden- und Notträgern der bürgerlichen Gesellschaft und insbesondere mit den Arbeiterinnen tief und echt. Die schier unübersehbaren verhängnisschweren Auswirkungen des Gegensatzes von arm und reich peinigten ihr Herz und ihren Gerechtigkeitssinn, stachelten ihren Willen an, bessere Zustände schaffen zu helfen. Jedoch sie war blind dafür, daß dieser so schmerzhaft empfundene Gegensatz seine höchste geschichtliche Form erhalten hat in dem Klassengegensatz von Bourgeoisie und Proletariat, daß er sich auf der Grundlage des Privateigentums an den Produktionsmitteln in der Wirtschaft wie in dem politischen und rechtlichen, kurz, ideologischen Überbau der Gesellschaft auswirkt.

Typisch für Louise Ottos soziales Mitgefühl, aber auch für die Schranken ihrer bürgerlichen Auffassung der gesellschaftlichen Dinge ist ihr ergreifendes Gedicht »Klöpplerinnen«. In Empfindung und Tendenz erinnert es an Thomas Hoods berühmtes »Lied vom Hemd«, ohne dessen künstlerischen Wert zu erreichen. Doch das Unterscheidende im sozialen Gehalt ist bemerkenswert. In der Dichtung des Engländers zuckt bereits das Wetterleuchten der Auflehnung der Ausgebeuteten wider die Ausbeuter auf. Die ausgeplünderte, ausgemergelte Heimarbeiterin selbst erhebt Anklage gegen ihr furchtbares Geschick. Louise Otto läßt ein empfindsames, einsichtsvolles Herz für die Klöpplerinnen um Mitleid und Beistand rufen, in ihren Versen grollt nicht der leiseste Unterton einer beginnenden Klassenrevolte gegen Ausbeutung und Elend.

Louise Otto verlobte sich mit dem demokratischen Schriftsteller August Peters, dem Sohn einer schlichten Weberfamilie, der unter dem klingenden Decknamen Elfried von Taura soziale Romane verfaßte und wegen seines aktiven Hervortretens im Maiaufstand zu Dresden als Revolutionär ins Zuchthaus zu Waldheim kam. Durch das Gitter im Sprechzimmer dort versprach sie ihm, als Braut auf seine Rückkehr zu harren und bis dahin mit verdoppeltem Eifer für die gemeinsamen Ideale zu wirken. Die Verlobten durften einander nur ein einziges Mal im Jahre, durch Gitterstäbe getrennt, sehen und sprechen, und dem brieflichen Verkehr waren engste, drückende Schranken gesetzt. Die Reaktion nahm mit kleinlichsten, tückischen Schikanen ihre Rache, die Dresdener Barrikadenkämpfer sollten lebendig begraben sein. Der Musikdirektor Röckel – ein Freund Richard Wagners, ehe diesem die Sonne des Ruhmes leuchtete – , der zu den Aufständischen gehört hatte, hat die körperlichen und moralischen Martern im Zuchthaus zu Waldheim geschildert. Als sich 1858 für August Peters die Kerkertore öffneten, war seine Gesundheit gebrochen. Louise Otto vermählte sich einem an Schwindsucht rasch Dahinsiechenden. Eine vollständige Harmonie der Anschauungen, des Wollens und Strebens hatte die beiden in den Prüfungsjähren unlöslich zusammengehalten und sicherte das Glück ihrer Vereinigung bei gemeinsamer Arbeit. Das Ehepaar ließ sich in Leipzig nieder, wo es ein demokratisches Organ herausgab: »Die Mitteldeutsche Volkszeitung«. Louises flüssige Beiträge waren beliebt und führten dem Blatte viele Leserinnen zu. Ihre Brautschaft, ihre Ehe, ihr politisches und soziales Zusammenwirken mit August Peters waren nicht nur Ausdruck ihres hochgerichteten persönlichen Verhältnisses zu dem geliebten Manne, sie müssen auch als Ausfluß und Symbol ihrer Treue für die Ideale ihrer Jugendzeit gewürdigt werden.

Nach August Peters frühem Tode widmete Louise ihre volle Kraft ausschließlich der Frauenbewegung. In ihr und durch sie wollte sie zur Wirklichkeit werden lassen, was ihr Traum in den vierziger Jahren gewesen: volles, gleiches Recht für ihr Geschlecht; volles, gleiches Recht für die Arbeiter. Erziehung, Bildung und Organisation dünkten ihr die erfolgverbürgenden Mittel dazu.

Die Entwicklung der Zustände im Reich der deutschen Einheit – ohne Österreich – vollzog sich nicht ohne harte Schläge der Enttäuschung für sie. Sie aber pflanzte am Grabe ihrer Illusionen immer wieder die Hoffnung auf deren sozial gestaltende Kraft auf. Die »Demokratie« marschierte, sie mußte siegen. Louise Otto-Peters erfaßte nicht die Unvermeidlichkeit und den geschichtlichen Sinn des feindlichen Aufmarsches der Klassen gegeneinander. Die Frauenbewegung mußte sich ihrer Überzeugung nach außerhalb seiner, fern von ihm halten, denn die »Achtundvierzigerin« wähnte, daß die Frauen zufolge der gleichen gesetzlichen Rechtlosigkeit als Geschlecht über den Klassen und Parteien stünden, zu einer großen einheitlichen Gemeinschaft verbunden. Ihr Auge sah nicht die gesellschaftlichen Zusammenhänge und Widersprüche, kraft deren das Ziel, das der Polarstern ihres Wirkens war, nur durch den revolutionären Klassenkampf des Proletariats erreicht werden kann. Trotz ihres hochfliegenden Idealismus war ihre Persönlichkeit nicht stark genug, im Geiste die sozialen Grenzen zu überschreiten, die sie vom Proletariat trennten. Sie blieb ideologisch die Gefangene ihrer Klasse. So Wertvolles sie für die Gleichberechtigung des weiblichen Geschlechts und die bürgerliche Frauenbewegung insbesondere geleistet hat, die höchste, wertvollste Leistung war ihr versagt: als in Wahrheit und Tat geistig Freie im Lager des Proletariats dessen Kämpfe zu teilen für die volle soziale Befreiung aller Ausgebeuteten und Geknechteten. Louise Otto-Peters starb nach einem reich ausgefüllten Leben der Arbeit und des Kampfes 1895.

Flora Tristan

Es läßt sich kaum ein vollständigerer Gegensatz ausklügeln, als er in der Lebensgestaltung der beiden Frauen besteht, die in den vierziger Jahren des 19. Jahrhunderts als Vorkämpferinnen der Gleichberechtigung des weiblichen Geschlechts hervortraten: Louise Otto und Flora Tristan. Dort die friedliche Idylle einer ruhig fortschreitenden Entwicklung und einer gesicherten Leistung in einem geschlossenen bürgerlichen Milieu; hier das sturmgepeitschte Drama des Kampfes ums Dasein, um das Wachsen und Wirken, ohne festen sozialen Boden unter den Füßen, in wechselnder, widerspruchsvoller Umgebung, überreich an äußeren und inneren Konflikten, immer aufs neue von Katastrophen bedroht. Dazu dort als weitere Umwelt in der Jugend die schläfrige Behaglichkeit eines sächsischen Landstädtchens; hier die erregende Atmosphäre des Paris, das die große Revolution und das Erste Kaiserreich zum Mittelpunkt der Weltgeschichte gemacht hatten, in dem sich auf jede Restauration die Kräfte zu einer neuen revolutionären Explosion ansammelten. Es versteht sich, daß dieser Gegensatz sich bis in die persönliche Eigenart der beiden Frauen geltend machen mußte, vor allem aber in ihrer Auffassung der sozialen Dinge und ihrer Auseinandersetzung damit.

Flora Tristan wurde unter Bonapartes Konsulat 1803 in Paris geboren. Ihre Persönlichkeit und die Ideen, denen sie sich mit Leib und Seele hingab, wurden »geschmiedet von der allmächtigen Zeit und dem ewigen Schicksal«, von dem Schicksal, das sie in Gestalt einer leidenschaftlichen, an Besessenheit grenzenden Veranlagungen durch das Leben begleitete; von der Zeit, die durch die Einflüsse des gesellschaftlichen Milieus an dem Naturgegebenen bosselte und meißelte. In Flora Tristan mischten sich verschiedene soziale Klassen und Kulturkreise. Ihr Vater war ein pensionierter spanischer Oberst, gehörte ältestem, vornehmstem und reichstem Geschlecht in Peru an, das unter den Ahnen berühmte Eroberer zählte. Es scheint, daß die Mutter, eine Französin, aus dem wenig begüterten Kleinadel oder Mittelbürgertum stammte. Als in Frankreich noch die Revolutionsgewitter grollten, war sie mit einer Verwandten ruhesuchend nach Spanien übergesiedelt. Die Ehe war von einem Geistlichen in einer Form geschlossen worden, die für Spanien volle Rechtsgültigkeit hatte. Bald darauf hatten Floras Eltern Sitz in Paris genommen, wo die Familie in bester Gegend ein hübsches Haus mit großem, vom Oberst liebevoll gepflegtem Garten bewohnte, standesgemäß und sorgenlos lebte und anregenden Verkehr mit angesehenen Persönlichkeiten unterhielt, namentlich auch mit Männern, die in Peru und anderen Teilen Südamerikas Namen und Einfluß besaßen. Zu den Freunden des Hauses gehörte Simon Bolivar, der später in den Unabhängigkeitskämpfen der Nordgebiete Südamerikas gegen die Spanier die führende Rolle spielte.

Unerwartet erlag der Oberst einem Schlaganfall. Damit wurden die Seinen in die Tiefen der Armut und des Elends geschleudert. Nach französischem Gesetz war die Ehe null und nichtig. Frau Tristan und ihre Kinder – Flora besaß einen älteren Bruder, der im zarten Alter starb – gingen aller Erbschaftsansprüche verlustig. Flora Tristan zählte fünf Jahre, als der brüske Umschwung eintrat. Die Erinnerung an die glücklichen frühen Kindheitsjahre und den gütigen, gebildeten Vater ist in ihr lebendig geblieben, offenbar gepflegt von der Mutter und ergänzt durch deren Erzählungen von dem Reichtum und der Vornehmheit der väterlichen Familie in Peru. Nach Jahren kärglichen Lebens auf dem Lande kehrte Frau Tristan mit ihrer Tochter nach Paris zurück, denn diese dünkte ihr erwachsen genug, um ihr beim Aufbau einer Existenz zu helfen und ihren eigenen Unterhalt durch Arbeit zu verdienen. Die äußerste Mittellosigkeit zwang Frau Tristan, in einem der übelstbeleumundeten Armutsviertel der Stadt Unterkunft zu suchen, in unmittelbarer Nachbarschaft von Dieben, Hehlern, Dirnen und Zuhältern. Jammer, Verwahrlosung, Verworfenheit und Verzweiflung drängten sich täglich an Flora vorüber. Das junge Mädchen war von berückender südländischer Schönheit, geistig reich begabt und in der strengen Schule der Not früh gereift. Es hielt sich in der niederdrückenden, schmutzerfüllten Umgebung aufrecht, stolz, rein. In sauren Wochen der Arbeit und ohne frohe Feste, als Arbeiterin, Kontoristin, Koloristin schlug es sich durch.

Schon damals traten entscheidende Wesenszüge Flora Tristans unverkennbar hervor. Die Ungunst der äußeren Lebensverhältnisse erduldete sie nicht leidend, als unabwendbares Schicksal; sie setzte sich tätig dagegen zur Wehr. Mit bewunderungswürdiger Zähigkeit kämpfte sie gegen das drohende Versinken im Lumpenproletariat. Als Arbeitende, Tätige suchte sie sich eine Existenz zu schaffen, die Entfaltung und Auslebung ihrer ungewöhnlichen Begabung ermöglicht. So wurde sie mit dem Proletariat nicht nur durch getragenes Elend und verstehendes Mitgefühl verbunden, nicht nur durch die Ideen und das Wirken ihrer späteren Jahre, vielmehr von Jugend auf auch durch die Arbeit. Unzweifelhaft ist ihr in jenen harten Zeiten wie auch weiterhin die Überzeugung ein starker Halt und ein Ansporn gewesen, daß sie sich der Tradition der Familie würdig erweisen müsse, auf deren sozialer Höhe zu stehen sie berufen sei. Flora Tristans Lebensträume schienen sich zu erfüllen. André Chazal, der Besitzer und Leiter der lithographischen Anstalt, in der sie als Koloristin arbeitete, warb um ihre Hand. Noch nicht ganz achtzehnjährig, wurde sie das Weib des dreiundzwanzigjährigen Mannes. Wie sie später wiederholt versichert hat, ward sie zum Eheschluß nicht durch leidenschaftliche Liebe bestimmt, sondern durch Zweckmäßigkeitsrücksichten und das Zureden ihrer Mutter. Statt der erhofften Lebenserfüllung und Lebenserhöhung fand Flora Tristan in der Ehe Lebensverkümmerung und Lebenserniedrigung. Sie schenkte rasch nacheinander zwei Knaben das Leben. Die engen Familienverhältnisse brachten Bindung ihrer sich mächtig regenden inneren Kräfte, die freie Entfaltung verlangten. Chazal war sicherlich ein Alltagsphilister, ohne Verständnis für das heiße Sehnen, das hochfliegende Wollen seiner Frau. Die Gegensätze der Charaktere und Lebensziele verschärften sich. Floras Empfindung wurde Gewißheit, daß sie wählen müsse zwischen dem Untergang in der Ehe oder der Loslösung aus der Ehe. Doch wehe! Die durch den Code Napoleon festgelegte gesetzliche Ehescheidung war 1816 von der Restauration aufgehoben worden; ein Symbol ihres Willens, zu den vorrevolutionären Zuständen zurückzukehren. Flora sah sich für Lebzeiten an einen ungeliebten, ja verhaßten Mann gefesselt, in Verhältnisse gebannt, die ihrem besten Wesen die Flügel knickten. 1825, als sich das dritte Kind unter ihrem Herzen regte, floh sie aus des Gatten Haus, zunächst bei der Mutter Zuflucht suchend.

Flora Tristans Schicksal seit ihrer Flucht bis zum Jahre 1830 liegt im dunkeln. Man nimmt an, daß sie zunächst den Unterhalt für sich und ihr neugeborenes Töchterchen mit Kolorieren und anderen Arbeiten erwarb. Feststeht, daß sie 1826 als Kammerfrau oder Gesellschafterin mit einer englischen Familie auf Reisen ging, die die Schweiz, Italien und England besuchte. Sie fühlte sich durch diese untergeordnete Stellung schmerzlich gedemütigt, nahm sie aber an, weil sie ihr Gelegenheit bot, die Zustände und die Menschen im Auslande zu studieren, fremde Sprachen zu erlernen, ihre Bildung durch Lektüre zu vervollständigen, und weil ihre Abwesenheit von Paris sie den Verfolgungen des Mannes entzog, der sie in die eheliche Gemeinschaft zurückzwingen wollte. Die Erinnerung an ihre damalige Abhängigkeit war ihr so peinlich, daß sie die Zeugnisse darüber vernichtete. Kaum daß sie 1829 nach Paris zurückgekehrt war, hetzte Chazal auf Grund seiner gesetzlichen Rechte hinter ihr drein. Das war sicherlich von Einfluß darauf, daß Flora Tristan 1831 trotz aller Dornen der Stellung ein zweites Mal als Begleiterin englischer Damen nach England reiste. Nach ihrer Rückkehr in die Heimat lebte sie mit ihrer Tochter Aline einige Monate in der Provinz, wo sie eine gute Pflegemutter für das Kind suchte und fand, dessen Unterhalt sie für längere Zeit im voraus deckte, denn sie trug sich mit dem Plane einer Reise nach Peru zu den Verwandten ihres Vaters. Zu diesem Zwecke hatte sie mit ihrem Onkel Pio, ihres Vaters jüngstem Bruder, Briefe gewechselt. Nun begab sie sich unter ihrem Mädchennamen als Fräulein Tristan Moscose nach Bordeaux, um in Verbindung mit dem Generalbevollmächtigten ihres Oheims und anderen angesehenen Persönlichkeiten die weite und nicht gefahrlose Reise gut vorzubereiten.

Anfang April 1833 ging sie in Bordeaux an Bord des kleinen Seglers »Mexikaner«, der sie nach dem fernen Lande tragen sollte. Die Seefahrt von Frankreich nach der Westküste Südamerikas war damals unter allen Umständen ein Wagnis, sie war es ganz besonders für eine alleinstehende junge Frau. Der »Mexikaner« hatte mit Einschluß des Kapitäns eine fünfzehnköpfige Bemannung und fünf Passagiere, darunter Flora Tristan, die einzige Frau. Infolge widriger Zufälle dauerte die Fahrt sehr lange, mehr als vier Monate, 133 Tage. Flora Tristans schönheitsdurstige Seele berauschte sich an der Großartigkeit des Ozeans in Ruhe und Sturm, an der Herrlichkeit des Himmels bei Sonnenschein wie Mondes- und Sternenglanz. Aus der Natur, aus dem bunten Getriebe der Hafenstädte in europafernen Zonen, aus der Beobachtung der Menschen an Bord und aus dem täglichen engen Verkehr mit ihnen schöpfte ihr suchender, fragender Geist eine vielgestaltige, reiche Fülle anregender und aufhellender Eindrücke, die sie, innerem Bedürfnis gehorchend, ihrer sich herausbildenden eigenen Weltanschauung einzugliedern strebte. Die lange Seefahrt war für sie eine Schule sozialer Betrachtungen und Schlußfolgerungen. Allein, sie brachte ihr noch anderes: die einzige Idylle ihres Lebens, eine Liebesidylle, auch sie nicht ohne Leid und Konflikt. Die Romantik der Situation begünstigte sie.

In eingehenden Gesprächen mit dem Kapitän Chabrié unter der Pracht des Sternenhimmels, in der Nußschale der Brigg, inmitten der weiten schimmernden Wasserwüste, in Gesprächen, in denen die überschwengliche Stimmung der Zeit atmete, klangen die Empfindungen und Gedanken harmonisch zusammen. Flora gewann den gebildeten, feinfühlenden, gewissenhaften Mann lieb »wie einen Vater oder Bruder«. Chabrié aber wurde von heißer Leidenschaft für das junge schöne Weib erfaßt. Besondere Umstände hatten Flora veranlaßt, ihm vor der Abreise anzuvertrauen, daß ein trauriges Geschick auf ihr laste. Chabrié hielt sie wahrscheinlich für eine Verführte und Verratene, für eine Verfemte und Verfolgte. Seine Liebe war so stark und tief, daß er ihr trotz des Dunkels um ihre Person seine Hand anbot; falls sie Europa meiden müsse, wollte er sich mit ihr in Mexiko oder Kalifornien niederlassen. Bei seinen wiederholten, immer stürmischer werdenden Werbungen hörte Flora Tristan nicht nur das Klirren der Ehekette an ihrem Fuß, sie fühlte, wie sie in Leib und Seele schnitt. Sie wußte, daß der Kapitän ihr hin und her geworfenes Lebensschiff in einen stillen, friedlichen Hafen lenken würde, daß ihr gequältes Herz in seiner Zärtlichkeit und Fürsorge ruhen könnte. Dennoch lehnte sie eine Vereinigung standhaft ab, und zwar mit Verschweigen, daß sie durch eine unglückliche Ehe gebunden sei. Es schien ihr ebenso unmöglich, dem Freunde erst jetzt die Wahrheit zu sagen, wie ihrer unwürdig, der Form nach in Bigamie zu leben. Sie schloß vor dem Einlaß begehrenden Glück das Tor zu.

Bei der Landung in Peru erfuhr Flora eine erste herbe Enttäuschung. Die Großmutter war gestorben, auf deren Liebe und Beistand sie besonders gehofft hatte. Ihr Onkel Pio befand sich mit seiner Familie auf einer großen Besitzung im Innern des Landes, im Gebirge. Die Reise dorthin mußte zum guten Teil zu Pferde zurückgelegt werden, die Pariserin war des Reitens unkundig und nicht mit der den Verhältnissen Perus entsprechenden Kleidung versehen. Dank ihrer zähen Willensstärke überstand Flora Tristan die Strapazen und Gefahren des Rittes durch das schluchtenreiche Hochgebirge. In Arequipa wurde sie von der väterlichen Familie mit dem feierlichen Pomp empfangen, der ihr als Verwandte eines der vornehmsten Geschlechter nach altspanischer Sitte gebührte. In die steife Grandezza vergangener Jahrhunderte mischten sich Anklänge warmer Herzlichkeit. Der Zuschnitt der Haushaltung des Oheims war fürstlich, und Flora bewegte sich als Gleichberechtigte in einer gesellschaftlichen Sphäre, auf deren Gunst sie nach ihrer Meinung kraft ihrer Abstammung ein Anrecht hatte. Jedoch von der moralischen Rücksicht auf ihre Abstammung und von Höflichkeitsbezeugungen vor ihrem Geblüt bis zur juristischen Anerkennung ihres Rechtes auf Titel, Stellung und Erbschaft war ein weiter Schritt, und Onkel Pio dachte nicht daran, ihn zu tun. Seine Augen füllten sich mit Tränen, wenn er des verstorbenen älteren Bruders gedachte, dem er seine Erziehung verdankte. Allein, seine Hand legte sich schwer auf das Erbe am Familienbesitz, auf das die vermögens- und schutzlos zurückgelassene Tochter einen moralischen Anspruch hatte. Flora mußte sich überzeugen, daß sie juristisch nichts gegen die harte Habsucht des Onkels auszurichten vermochte.

1834 kehrte Flora Tristan nach Paris zurück mit dem mageren materiellen Ertrag einer zugesicherten Jahresrente von 2500 Franc. Um so reicher war dagegen der Schatz der Erfahrungen und Beobachtungen, den sie aus Peru heimbrachte. Während ihres Aufenthalts daselbst hatte sie in Arequipa, Lima und anderen Orten die sozialen Zustände, das politische und religiöse Leben, die Gebräuche und Überlieferungen des Landes eifrig und ernsthaft studiert, und sie hatte viel und hatte scharf gesehen. Die Wirbel einer politischen Revolution, wie sie in Peru zu den häufigen Erscheinungen gehörten, hatten sie umspült. Einen Augenblick lang war die Versuchung an sie herangetreten, ihren Einfluß als schöne, kluge und energische Frau auf einen führenden politisch-militärischen Abenteurer zu nutzen, um die Geschicke des Landes zu lenken. Sie hatte ihr nicht nachgegeben, und das eine wie das andere ist charakteristisch für ihr Wesen. Als Frucht der Reiseeindrücke erschien Flora Tristans erste literarische Arbeit: eine Broschüre über »Die Notwendigkeit, Ausländerinnen gut aufzunehmen«. Auf Grund persönlicher Erlebnisse und Feststellungen schildert sie eindringlich die vielerlei Unbill, der die alleinstehende Frau besonders im fremden Land ausgesetzt ist, und fordert Einrichtungen zu Schutz und Hilfe für sie. Aus der kleinen Schrift klingen zwei Leitmotive ihrer sozialen Bestrebungen schon stark hervor: das Eintreten für die Gleichberechtigung der Frau; die Internationalität ihrer Einstellung. Sie enthält unter anderen diese Sätze, die für Flora Tristans Auffassung wie für ihre Ausdrucksweise bezeichnend sind: »Die Grenzen unserer Liebe dürfen nicht die Gebüsche sein, die unseren Garten einhegen; nicht die Mauern, die unsere Stadt umgürten; nicht die Gebirge und Meere, die unser Land einsäumen. Von nun an muß unser Vaterland das Universum sein.«

Jahre bienenfleißiger Arbeit begannen. Flora Tristan hatte jede Hoffnung auf der Väter Erbe fahrenlassen. Frei von Illusionen erkannte sie, daß sie nur dank eigener Kraft den Verhältnissen die Möglichkeit abzwingen könne, den Reichtum inneren Lebens frei zu Entfaltung und Betätigung kommen zu lassen. Ausleben war aber für sie gleichbedeutend mit Wirken für die Umgestaltung der Gesellschaftszustände, deren Mängel und Übel die Menschen in allen Ländern peinigten, die sie kennengelernt hatte. Flora Tristan strebte danach, sich für die hohen Aufgaben der Gesellschaftserneuerung geistig zu rüsten. Sie verfolgte die schöne Literatur, las ernste geschichtliche, politische und philosophische Schriften und wandte ihre besondere Aufmerksamkeit der Arbeiterfrage zu und den Lehren der sozialistischen Utopisten. Sie studierte die Werke von Owen, Saint-Simon und Fourier, setzte sich auch mit den Theorien und der Praxis der kleinen Nachfahren der Großen auseinander. Mit Owen hatte sie während seines Aufenthaltes in Paris eine Unterredung, sie traf mit Fourier zusammen und bekräftigte ihre Versicherung, daß sie gern mit seiner »Schule« zusammenarbeiten würde, indem sie in Beziehungen zu Victor Considérant trat und in seiner »Phalange« einen längeren Beitrag veröffentlichte, der ihre selbständige Wesensart durch die Frage beleuchtete: »Was tun, damit die schönen Ideen der Fourieristen Wirklichkeit werden?«

Mit dem Studium ging literarische Arbeit Hand in Hand. Flora Tristan sichtete und gestaltete die Aufzeichnungen über ihre Reise nach Peru und ihren Aufenthalt dort, Aufzeichnungen, in denen sie Tag für Tag ihre Beobachtungen und Eindrücke, die Ergebnisse ihres Erkundens und Erfahrens festgehalten hatte. Anfang 1838 erschien das Werk unter dem vielsagenden Titel: »Wanderungen einer Paria« mit dem Motto: »Gott, Offenheit, Freiheit«. Die zwei Bände sind ein aufschlußreiches biographisches Dokument von hohem Wert, denn Flora Tristan will stets aufrichtig, wahrhaftig sein, selbst dann, wenn ihr dies nicht günstig ist. Die »Wanderungen« enthalten außerdem scharf geschaute und lebendig gestaltete Bilder aus Peru. Sie sind mit sozialen Ideen durchtränkt, die – wenn auch zum Teil noch keimhaft und verschwommen – die Richtung anzeigen, in der sich Flora Tristans Wollen und Wirken folgerichtig vorwärtsbewegt. Die »Wanderungen« erregten durch Inhalt und Darstellung Aufsehen; sie offenbarten ein starkes und eigenartiges Talent, fanden eine lobende Kritik und erlebten binnen kurzem eine zweite Auflage. Onkel Pio bestätigte in seiner Weise, daß seine Nichte die Zustände und Menschen in Peru treffend und nicht oberflächlich geschildert hatte. Er entzog Flora die Jahresrente und ließ das Werk in Arequipa auf offenem Markt verbrennen. Die »Paria« konnte das verschmerzen, sie hatte literarische und gesellschaftliche Beziehungen gewonnen und war eine geschätzte Mitarbeiterin von Zeitschriften geworden – so vom »Voleur« und »Artiste« – , in denen sie Beiträge über Philosophie und Kunst veröffentlichte.

Flora Tristans unbeugsame Energie beim Studium und bei der schriftstellerischen Tätigkeit ist um so bewunderungswürdiger, als Chazals Verfolgungen sie weder zu äußerer noch zu innerer Ruhe kommen ließen. Die unsäglichen Leiden, die sie zufolge der gesetzlichen Unlösbarkeit ihrer Ehe erduldete, haben in ihren Schriften tiefe Spuren hinterlassen. Sie zeigen deutlichst, daß sie ihre Schmerzen nicht bloß als persönliches Los empfand, vielmehr voll bewußt als trauriges, oft vernichtendes Schicksal ungezählter Frauen. Sie erfaßte die Frage der Eheschließung und Ehescheidung in ihrem Zusammenhang mit der unfreien, unwürdigen, rechtlosen Stellung des weiblichen Geschlechts, für das sie auch in dieser Beziehung gesicherte Gleichberechtigung verlangte. Ihre »Petition an das Parlament für die Wiedereinführung der gesetzlichen Ehescheidung« ist ein Notschrei der Frauen, deren Leben in unglücklicher Ehe gebrochen wurde, ist ein Kampfruf für das Recht des weiblichen Geschlechts. Nach Flora Tristans Auffassung darf die Vereinigung von Mann und Weib nur durch eine Voraussetzung gebunden werden: durch die gegenseitige Liebe, die frei von Berechnungen und Zweckmäßigkeitsgründen ist. Der gesetzliche Zwang kann diese moralische Bedingung nun und nimmer ersetzen. Eine legale Ehe ohne Liebe ist schmutzige Prostitution. Es begreift sich, daß diese ihre Auffassung ihr niedrigste Beschimpfungen und Verleumdungen einbrachte, namentlich auch von ihrem Verfolger.

Vor dem Gesetz war Flora Tristan keine geschiedene, freie, sondern eine davongelaufene, strafbare Frau. Vergeblich hatte sie zweimal vor den Gerichten die rechtliche Aufhebung des Zusammenlebens mit Chazal beantragt. Dieser nutzte die durch das Gesetz geschaffene Lage aus. Er ließ Flora bespitzeln, suchte sie mit Gewalt in seine Wohnung zu führen und bot gegen sie Polizeiagenten, Polizeikommissare und behördliche Verfügungen auf. Um die Frau zu zwingen, wandte er sich gegen die Mutter. Er machte die beiden Kinder, Ernest und Aline – der zweite Knabe war früh gestorben – , zu Kampfobjekten. Flora mußte sich damit abfinden, daß Ernest aus der Pflege bei ihrer Mutter zu Chazal kam. Der Gedanke war ihr unerträglich, daß auch die Tochter unter seinem Einfluß aufwachsen würde. Damit jeder Vorwand für Alines Überweisung an den Vater fehle, gab sie das Kind in eine Erziehungsanstalt besten Rufes. Chazal bot aber alles auf, um Aline in seine Hand zu bekommen. Zweimal raubte er sie auf offener Straße und brachte sie trotz heftigen Widerstandes in seine Wohnung. Floras Marter als Mutter erreichte den Höhepunkt, als Ernest die Beschuldigung gegen den Vater erhob, dieser habe einen blutschänderischen Angriff auf seine Tochter versucht. Die Beschuldigung führte Chazal in Untersuchungshaft, sie konnte nicht bewiesen werden und erklärt sich wahrscheinlich durch die bitterste Armut – Vater und Kinder hatten nur ein Bett zusammen – in der Haushaltung Chazals, der materiell tief ins Elend gesunken war. Immerhin wurde nun durch Gerichtsentscheid die Erziehungsfrage in einer Weise geregelt, mit der auch Flora einverstanden sein konnte. Die Gequälte atmete auf, Chazals Haß gegen sie aber steigerte sich bis zur Siedehitze. Anfang September 1838 unternahm er einen wohldurchdachten Mordversuch auf sie, die er für die Ursache seines verpfuschten und verkommenen Lebens hielt. Seine Pistolenkugel ging nicht weit an Floras Herz vorbei, die Verwundung war schwer, doch nicht tödlich.

Während der Genesung schrieb die Tätigkeitsverlangende einen großen sozialen Roman: »Mephis oder der Proletarier«, der im Stile der Zeit mit Abenteuern, Verwicklungen und langatmigen Gesprächen überladen ist, in denen die Helden und Heldinnen Floras Ideen über wichtige gesellschaftliche Probleme vortragen. Sie verfaßte ferner eine Abhandlung über »Die Kunst seit der Renaissance« und eine »Petition an das Parlament«, in der sie die Abschaffung der Todesstrafe eingehend begründete. Dieses Dokument erregte großes Aufsehen und gewann der Verfasserin viele Sympathien, weil diese es auf ihrem Schmerzenslager nach Chazals Mordversuch geschrieben hatte. Flora Tristan erörterte darin die Frage des Rechts der Gesellschaft zur Strafe von Verbrechen, die sie im allgemeinen als individuelle Auflehnung gegen die Gesetze, die Einrichtungen, die Zustände der Gesellschaft betrachtete. Bei der Beurteilung von Verbrechen müßten alle in Betracht kommenden Umstände berücksichtigt werden, insbesondere auch, ob nicht Mängel und Fehler des Gesellschaftsregimes selbst die unmittelbare oder mittelbare Ursache der Taten seien. Die Verurteilung der Verbrecher entspringe dem Wunsch, dem Bedürfnis der Gesellschaft, sich gegen deren feindliches Handeln zu schützen, sie dürfe jedoch nicht den Charakter der Strafe, der Rache tragen, sondern müsse auf Besserung der Rechtsbrecher, auf ihre Erziehung abzielen. Das soziale Problem: Verbrechen und Strafe hat Flora Tristan anhaltend und lebhaft beschäftigt, wie namentlich der Roman »Mephis« beweist.

Der Mordversuch hatte die Aufmerksamkeit weitester Kreise auf ihr Lebensschicksal und ihre Schriften gelenkt. Als sie im Frühjahr 1839 in den Verhandlungen gegen Chazal vor Gericht erschien und den namenlosen Jammer ihrer Ehe enthüllte, flogen ihr die Herzen zu. Flora hatte nun Ruhe vor ihrem Peiniger; Chazal wurde zu 20 Jahren Zwangsarbeit verurteilt, die in einfaches Gefängnis gemildert wurden und von denen später 3 Jahre erlassen wurden. Er starb 1860, lange nach Flora.

Durch seine Einschließung erhielt sie praktisch und – durch den Gerichtsbeschluß, der endlich die persönliche Trennung der Gatten aussprach – formal und rechtlich ihre Unabhängigkeit. Sie war auf dem Wege zur Anerkennung, zum Erfolge, ja zum Ruhm. Ihre anmutige fremdländische Schönheit, ihr beweglicher weitfassender Geist, ihr flammendes Temperament und die Energie ihres Kampfes mit den Wechselfällen ihres Geschickes warben für sie. Sie begann eine gesuchte und gefeierte Persönlichkeit zu werden, verkehrte in der sogenannten guten Gesellschaft, namentlich mit Schriftstellern, Künstlern, demokratisch und sozial gerichteten Politikern, und baute sich eine einfache bürgerliche Häuslichkeit auf. Sie wies Lebensannehmlichkeiten und Lebensgenüsse nicht ab, allein, sie wurden ihr niemals zu Daseinszielen. Immer bewußter, bestimmter, unwiderstehlicher drängte es sie zum aktiven öffentlichen Wirken für die Umgestaltung der Gesellschaft. Kaum daß sie sich wieder im Besitz ihrer vollen Kraft fühlte, unternahm sie zur Vorbereitung darauf eine vierte Reise nach England, wo sie sich kurz nach ihrer Rückkehr aus Peru ein drittes Mal aufgehalten hatte.

Jeder hemmenden Verpflichtung ledig, konnte sich Flora Tristan nun völlig dem Studium der sozialen Verhältnisse widmen, und zwar in allen Klassen der Gesellschaft. Sie besuchte in London die entsetzlichsten Armuts- und Schmutzviertel, die Schlupfwinkel der Verbrecher, lernte das Leben der oberen Zehntausend kennen und machte sich wie in Paris mit den Führern aller politischen Parteien bekannt, obgleich sie selbst keiner von ihnen angehörte. Sie wohnte Sitzungen des Oberhauses und des Unterhauses bei, als Türke verkleidet, weil Frauen damals keinen Zutritt zum Parlament hatten. Sie war eifrige Besucherin der Arbeiterversammlungen und dehnte ihre Forschungen auch auf industrielle Zentren aus, auf die Zustände in Birmingham, Sheffield, Glasgow und Manchester. Die Eindrücke der früheren Reisen erhielten eine breitere und festere Grundlage, Klärung und Vertiefung. Die Schlußergebnisse aus der Summe der alten und der neugewonnenen Erfahrungen wurden in entscheidender Weise dadurch beeinflußt und zugespitzt, daß Flora Tristan in der Chartistenbewegung den politischen Aufmarsch des englischen Proletariats als Klasse kennenlernte. Die Versammlungen der Chartisten, die Forderungen, die sie erhoben, die Reden ihrer Führer O'Brien, O'Connor, Taylor und anderer wirkten auf sie gleich einer Offenbarung der unbezwinglichen Kraft der Arbeiter, die durch die Organisierung als Klasse entbunden werden müsse. In dem gleichen Sinne empfand und wertete sie das Auftreten O'Connells im englischen Unterhaus, der dort die Interessen der Irländer vertrat, in materieller Unabhängigkeit erhalten durch den reichen Ertrag der Sammlungen seiner Landsleute.

Flora Tristan hat das Ergebnis ihrer Reise in einem Buche dargestellt: »Wanderungen in London«. Es ist das ein starkes, lebensprühendes Glaubensbekenntnis zum Sozialismus, zur gesellschaftserneuernden Kraft der organisierten Arbeiterklasse. Allerdings, dieses Bekenntnis ist nicht als einheitliche Theorie formuliert, in logisch wohlgegliederten Sätzen und Thesen, es ist noch weniger wissenschaftlich unanfechtbar begründet. Es äußert sich in der zwanglosen Reihe scharf umrissener, farbiger Bilder voller Leben und Bewegung; Bilder, die gestaltet sind von einer unerbittlichen Kritik dessen, was sozial ist, und einer glühenden Hoffnungsfreudigkeit auf das, was sozial wird und sein soll, und es kommt unzweideutig in den Schlüssen zum Ausdruck, die die Verfasserin aus Erlebtem und Empfundenem zieht. Flora Tristans Urteil ist vor allem gefühlsmäßig und gipfelt in dem Satze, daß England »moralisch und sozial eine Kloake ist, zugedeckt mit Heuchelei«. Und ebenso gefühlsmäßig sieht sie das einzige Heilmittel. Es ist der Sozialismus, »und er wird mächtig sein, weil 20 Millionen Proletarier weinen und fasten«, vorausgesetzt, daß die Millionen aus dem Weinen und Fasten die Lehre ziehen, sich als Klasse international zu vereinigen. Die »Wanderungen in London« hatten einen sehr großen Erfolg.

Schon im Jahre ihres Erscheinens, 1840, kam eine zweite Auflage heraus, und 1842 erschienen abermals zwei Auflagen, die eine einfacher ausgestattet zu billigerem Preis, damit sie unter Arbeiter gehen könne. Das neue Vorwort, mit dem Flora Tristan die Volksausgabe einleitet, hat die Überschrift: »Der Arbeiterklasse gewidmet« und beginnt mit diesem Satze: »Arbeiter, euch allen, Männern und Frauen, widme ich mein Buch. Um euch über eure Lage zu belehren, habe ich es geschrieben: Also gehört es euch.«

Jedoch Flora Tristan hatte von ihrer Englandreise mehr heimgebracht als nur die feste geistige Kristallisationsachse ihrer sozialen Ideen. Nämlich die unerschütterliche Überzeugung, daß sie von Gott berufen und auserwählt sei, den Arbeitern das Evangelium ihrer Befreiung aus den Lebensnöten durch ihre internationale Vereinigung zu predigen, sie zu organisieren und zu führen. Wie ihre Einstellung zu den Gesellschaftsproblemen, so hatte sich auch der Glaube an ihr göttliches Apostelamt allmählich herausgebildet. Er keimte schon in den Zeiten, da sie noch von ihrer gesellschaftlichen Erhöhung durch Abstammung träumte, und wurde endgültig durch ein erschütterndes Erlebnis im Irrenhaus zu Bedlam bei London befestigt, das Flora besuchte. Ein Wahnsinniger, ein Franzose, der sich abwechselnd für Gott, Jesus oder einen Propheten hielt, sprach sie als Schwester an, segnete sie und übermittelte ihr den Auftrag Gottes, das Apostelamt der Ärmsten weiterzuführen. Flora Tristans Glaube an ihre göttliche Berufung als Gesellschaftsreformatorin hatte sicherlich ihre tiefste Wurzel in der Eigenart ihres Wesens, in dem sich bei großem Reichtum der Begabung ein leidenschaftlicher Betätigungs- und Geltungsdrang mit einer übersteigerten Empfindungs- und Vorstellungskraft paarte, die hart bis an die Grenze des Krankhaften ging. In Wechselwirkung mit den konfliktschweren, stürmischen Lebensschicksalen hatte sich auf dem Boden dieser Veranlagung der Hang zur gedanklichen Flucht in das Übernatürliche entwickelt. Der Glaubensüberschwang der Ahnen, in langen Jahrhunderten durch Generationen zum religiösen Fanatismus überzüchtet, der zur höheren Ehre Gottes mit wilder Freude Ketzer im Feuer schmoren ließ, lebte in ihr gemildert als Mystizismus auf. Flora Tristans Überzeugung, daß der Himmel sie zur Gesellschaftserneuerin und Menschheitsbefreierin auserkoren habe, wurde genährt und gestärkt durch ihre Zeit, in der die schwüle Stimmung eines messianischen Wunderglaubens auch in aufgeklärten Kreisen viele Gemüter beherrschte. Dieser soziale Sehnsuchtsglauben erkannte der Frau eine bedeutsame, entscheidende Rolle zu. Die Saint-Simonisten huldigten ihm und lebten in dem frohen Wahn, in ihrem Führer Enfantin den Heiland, »Vater« ihrer erlösenden sozialen Kirche, gefunden zu haben, und suchten seine Ergänzung, die messianische »Mutter«, zuletzt in dem mythenreichen Ägypten. Französische Frauenrechtlerinnen erwarteten sehnsüchtig das Erscheinen der »neuen Frau«, die als ideale Verkörperung aller Vollkommenheiten die Sache der Frauenemanzipation zum Siege führen würde. So war Flora Tristans Glaube an ihre göttliche Sendung nichts Außergewöhnliches in ihrer Zeit. Die geistig sonst so freie, unabhängige Frau, die die kirchlichen Bekenntnisse entschieden verneinte, hatte ihr eigenes, individuelles Verhältnis zum lieben Gott, von dem sie berufen und auserwählt worden war. Sie schrieb: »Meine Religion besteht darin, meine Brüder in der Menschheit zu lieben, mein Glaube, Gott in der Menschheit zu lieben und Gott in der Menschheit zu dienen.«

Die Stärke ihres Willens und das Feuer ihres Temperaments konzentrierte Flora Tristan von nun an auf die Erfüllung der Mission, die sie als göttliche empfand. Ihre literarischen Pläne, zu denen unter anderem einige soziale Romane gehörten, stellte sie zurück. Sie verzichtete zunächst auch darauf, ein größeres Werk über die Frauenemanzipation zu schreiben, für das sie eine reiche Fülle von einzelnen Aufzeichnungen angehäuft hatte, die nach ihrem Tode von einem Freund, dem früheren Abbé Alphonso Constant, zusammengefaßt, ergänzt und wahrscheinlich stark umgearbeitet unter dem Titel herausgegeben wurden: »Die Befreiung der Frau oder das Testament der Paria«. Sicherlich lag es Flora Tristan am Herzen, ihre Meinung zu der weitfassenden Frage im einzelnen ausführlich darzustellen. Allein, nötiger dünkte ihr die praktische Forderung der vollen Gleichberechtigung des weiblichen Geschlechts, und diese war ihrer Auffassung nach nur in der engsten Verbindung mit der Arbeiteremanzipation zu verwirklichen. Das Wichtigste, das Entscheidendste konnte sie also bei der Durchführung ihrer Sendung unter den Arbeitern sagen und wirken. Mit ihnen in Verbindung zu kommen und ihnen das neue Evangelium in allen Einzelheiten wohlbegründet, überzeugend zu übermitteln, das war Flora Tristans nächstes Ziel. Ihre »Wanderungen in London« verbanden sie mit dem Proletariat. Sie erweiterte und befestigte ihre Beziehungen zu fortgeschrittenen Arbeitern, zu Anhängern der verschiedenen sozialistischen Schulen, wie sie sich insbesondere um zwei von Proletariern geleitete Arbeiterzeitschriften gruppierten. Sie versammelte sie in ihrer Wohnung um sich, lernte die besonderen Bedingungen ihrer Existenz und Tätigkeit kennen, hörte ihre Ansichten über soziale und politische Fragen und setzte ihre eigenen Ideen auseinander.

Mit verzehrendem Eifer stürzte sie sich darauf, ihre Wegweisung zur Menschheitserlösung als Tat der vereinigten Arbeiterklasse in allen Einzelheiten, gleichsam programmatisch, darzustellen – entgegen ihrer Wesensart, aus Rücksicht auf das Verständnis der Arbeiter fast durchweg in einfacher ruhiger Sprache, die sich zum Pathos nur steigert, wenn das hohe Endziel berührt wird. Flora Tristan gab der Schrift, die ihren Namen unsterblich macht, den sachgemäß schlichten Titel: »Die Arbeitervereinigung«. Wir haben an anderer Stelle das darin niedergelegte Evangelium und seine Bedeutung kritisch gewürdigt, gezeigt, was es den Arbeitern zur Erkenntnis ihrer Klassenlage und ihrer geschichtlichen Sendung gab und was es ihnen schuldig blieb. Es sei hier hervorgehoben, daß Flora Tristan im Rahmen der Gesamtdarstellung die Forderung nach voller Gleichberechtigung für die Frauen in einem besonderen Kapitel behandelt und daß sie die Verwirklichung dieser Forderung nicht als Folge der Arbeiteremanzipation preist, vielmehr als unerläßliche Voraussetzung dafür heischt. Sie ist die erste Verfechterin der Frauenrechte, die sich eingehend mit den Löhnen, mit der Lage der Arbeiterinnen beschäftigt und die Rolle der proletarischen Hausfrau nach ihrer sozialen Bedeutung für die Arbeiter einschätzt. Bemerkenswert ist ferner der hohe Wert, den sie der Handarbeit zuerkennt, sie geht darin über Saint-Simon hinaus. Nach ihrer Meinung muß es jedes Glied der organisierten Gesellschaft, ob Mann, ob Weib, für eine Ehre und Selbstverständlichkeit halten, nach guter beruflicher Ausbildung irgendeine Handarbeit verrichten zu können. Deshalb ist auch die gründliche Unterweisung der Kinder, der Knaben und Mädchen, in Berufen der Handarbeit ein wesentlicher Bestandteil ihrer Erziehung in den »Arbeiterpalästen«. Flora Tristan legt der allseitigen Erziehung und Bildung beider Geschlechter von Jugend auf die größte Bedeutung für die Befreiung und die Erhebung der Arbeiter bei. Sie stellt stets mit starker Betonung die moralische und berufliche Bildung nebeneinander in den Vordergrund. Im einzelnen entwickelt sie zu der Frage der intellektuellen, moralischen und physischen Erziehung ausgezeichnete und anregende Gedanken, deren sich kein moderner Pädagoge zu schämen brauchte.

Das Manuskript des neuen Evangeliums ist fertig; aber wie die Schrift herausbringen und verbreiten, billig, unter Verzicht auf Gewinn, damit ihr Preis den Arbeitern erschwinglich ist? Auch der fortgeschrittenste Verleger verspürte keine Neigung dazu, und die Arbeiterorgane lehnten einen Abdruck in Fortsetzungen ab oder drückten sich verlegen um eine zustimmende Antwort herum. Flora Tristan selbst besaß nicht die Mittel, um die Kosten für Herstellung und Verbreitung des Werkes zu decken. Nach einer sorgengefolterten Nacht kam ihr beim Anblick der Türme der Kirche Saint-Sulpice wie durch »himmlische Eingebung« der Gedanke, durch persönliche Subskriptionen die erforderlichen Mittel zu beschaffen. Sofort ging sie ans Werk. Ihre Tochter Aline, die als Modistin ihr Brot erwarb, das Dienstmädchen, der Wasserträger, nahe und schnell erreichbare Freunde zeichneten als erste in der Subskriptionsliste. Flora suchte Persönlichkeiten mit glänzendem Namen und reichen Mitteln dafür zu gewinnen. Zu diesem Zweck klopfte sie persönlich an Türen und Herzen, von denen manche verschlossen blieben. Einige Monate hindurch wanderte sie kreuz und quer durch Paris, sie machte mehr als 200 Besuche, um Unterschriften zu werben. Ihre Gänge waren Opfergänge in der wahrsten Bedeutung des Wortes, sie legte sie bei Wind und Wetter zu Fuß zurück, denn sie war zu arm, um einen Wagen zu mieten. Doch der Erfolg krönte ihre Bemühungen.

Am 1. Juni 1843 konnte »Die Arbeitervereinigung« erscheinen. Die Monate bis dahin hatte die Verfasserin zur Propaganda für ihre Ideen und ihr Werk unter den Pariser Proletariern genutzt. Sie hatte es sich besonders angelegen sein lassen, organisierte Arbeiter als Stützen und

Träger ihrer Anschauungen zu gewinnen. Solche fanden sich damals nur – von einzelnen sozialistischen und politischen Vereinigungen abgesehen – in den aus der Zunftzeit überkommenen Bruderschaften der Gesellenvereine, auf die Flora Tristan durch die von ihr gewissenhaft studierten Schriften des Setzers Boyer, des Tischlers Perdiguier, des Schlossers Moreau und des Schmiedes Goset aufmerksam gemacht worden war. Sie trat in persönlichen Verkehr mit den letztgenannten drei Arbeitern und erhielt durch sie mit der Zeit auch Verbindung mit den Organisationen anderer Berufe. Einem aus diesen Kreisen hervorgegangenen Komitee von Arbeitern las sie vor dem Erscheinen ihre Schrift vor. Änderungen, die das Komitee mit Rücksicht auf das Verständnis und die Empfindlichkeit der Proletarier anregte, lehnte sie mit der kennzeichnenden Bemerkung ab, sie könne keine Änderung der Idee annehmen, die Gott in ihr Herz geschickt habe. Es scheint, daß Flora Tristan in jener Zeit auch den Kreisen der in Paris lebenden revolutionär gestimmten Deutschen nähergetreten ist. Der Junghegelianer Arnold Ruge, mit Marx zusammen der Herausgeber der Deutsch-Französischen Jahrbücher, schildert einen interessanten Abend, den er zusammen mit französischen und deutschen Arbeitern, Literaten und anderen Intellektuellen bei Flora Tristan verlebte. Er rühmt das taktvolle Geschick, mit der sie den Meinungsaustausch von Angehörigen der verschiedensten sozialen Schichten vermittelte und leitete, und das flammende Temperament, mit dem sie ihre eigenen Ideen vertrat.

Die Monate vor und nach dem Erscheinen der »Arbeitervereinigung« brachten Flora Tristan manch bittere Enttäuschung. Von den bekannten Utopisten bezeugte nur der Fourierist Victor Considérant Interesse und Sympathie für das neue sozialistische Evangelium. In der unter seiner Leitung stehenden »Phalange« waren im Frühjahr 1843 die ersten Kapitel der »Arbeitervereinigung« abgedruckt worden. Enfantin, Cabet und Pierre Leroux dagegen lehnten eine Unterstützung von Flora Tristans Propaganda mit höhnischer Kritik ab, und es entbehrt nicht des Reizes, daß sie, deren Lehren der reale geschichtliche Boden und die wissenschaftliche Fundamentierung fehlten, ihre Stellungnahme damit begründeten, daß »Die Arbeitervereinigung« eine Utopie predige. Arbeiterdichter, von großem Augenblicksruf und kleinem Talent, verweigerten die erbetene Förderung der Bewegung mit der geckenhaften Aufgeblasenheit von Protzen. Andererseits gingen Flora Tristan von Arbeitern Briefe freudigster und herzlichster Zustimmung zu. Aus Nantes, Toulon, Bordeaux, Lyon und auch aus Genf kamen Bestellungen auf die Schrift und Versicherungen, kräftig für ihre Verbreitung zu sorgen. Die erste kurze Werbereise, die Flora Tristan nach Bordeaux unternahm, hinterließ beste Eindrücke von der Empfänglichkeit und dem Verständnis der Arbeiter für die gewiesenen Ziele. In den ersten Monaten des Jahres 1844 konnte bereits eine zweite, erweiterte Auflage der »Arbeitervereinigung« erscheinen, deren Kosten gleichfalls durch eine Subskription gedeckt worden waren. In dieser fehlten größere Beträge und große Namen fast ganz, ein Anzeichen dafür, daß die Unterzeichner sich aus Arbeiterkreisen rekrutierten. Zu dem Ergebnis der Subskription fügte sich der volle Erlös aus dem Verkauf der ersten Auflage, da Flora Tristan von vornherein festgelegt hatte, daß sie keinen Centime Honorar für ihre Schrift annehme, sondern den Ertrag für die weitere Aufklärung der Arbeiter bestimme.

Wie der Ruf »Gott will es« einst die Kreuzfahrer zu ihren Zügen nach dem Heiligen Lande angespornt hatte, um das Grab Christi den Händen der Ungläubigen zu entreißen, also trieb die innere Stimme ihrer mystischen Berufung Flora Tristan mit unwiderstehlicher Gewalt vorwärts, als Evangelistin unter den Proletariern und Proletarierinnen persönlich, unmittelbar zu wirken und sie aus der Nacht und Not ihres leiblichen und geistigen Elends zur Befreiung und Menschheitserlösung zu führen. Im April 1844 trat sie ihre große Propagandareise durch Frankreich an. Ihr Weg verlief in der Linie der Wanderfahrten der zünftigen Handwerksgesellen. Bis Anfang September entfaltete sie in 17 Städten eine ebenso energische wie hingebungsvolle Tätigkeit, so in Auxerre, Dijon, Chalon-sur-Saône, Mâcon, Lyon, Toulon, Toulouse, Avignon, Montpellier, Marseille und in anderen Orten. Je nach den Umständen war ihr Aufenthalt in den verschiedenen Orten von kürzerer oder längerer Dauer; Lyon und Marseille besuchte sie zweimal. Flora Tristan gibt sich ihrem Apostelamt mit der vollen Glut ihres Wesens hin. Der Glaube an ihre göttliche Berufung stärkt stets aufs neue die schwindenden Kräfte zu den außerordentlichsten Leistungen. Schon bald nach dem Antritt ihrer Werbetätigkeit treten Anfälle des Leidens auf, dem sie nach wenigen Monaten erliegen sollte. Sie läßt sich dadurch nicht mahnen und schrecken. »Gott will es!« Die Anforderungen an die körperliche und geistige Energie der zarten Frau sind ungeheuer, sie unterwirft sich ihnen mit freudiger Hingabe. Die sehr knappen verfügbaren Mittel und auch der Zweck der Reise zwingen dazu, daß Flora Tristan fast überall Herberge in bescheidensten, ja schlechten Gasthäusern sucht, wo sie keine Bequemlichkeit, manchmal nicht einmal ungestörte Ruhe findet. Sie erfährt alle Schwierigkeiten und Bitternisse, die in jenen Tagen eine alleinreisende und öffentlich hervortretende Frau treffen können. Schmutzige Verleumdungen eilen ihr voraus und folgen ihr nach, die einen denunzieren sie als Agentin der Regierung, denn sie greift auch die radikalen Bourgeois an, die oppositionelle Politik wie Jagdsport betreiben; die anderen beschimpfen sie als verworfene Abenteuerin; die dritten bewitzeln sie als halbverrückten Blaustrumpf. In mehreren Städten wird sie von der Polizei schikaniert und verfolgt. Spitzel begleiten sie gleich ihrem Schatten; ein Polizeikommissar durchstöbert ihr Zimmer und ihre Koffer; Polizisten kontrollieren als Wachtposten; wer bei der »Aufrührerin« ein- und ausgeht; Behörden schüchtern die Inhaber von Lokalen ein, daß sie diese nicht für Sitzungen und Versammlungen zur Verfügung stellen, sie entsenden Polizeimannschaften und Soldaten gegen Versammlungen; sie drohen Flora Tristan mit Ausweisung.

Und die Ideensaat zur Aufklärung und Organisierung der proletarischen Männer und Frauen, fällt sie auf fruchtbares Erdreich? Ist der Boden nicht nur durch das Elend vorgepflügt, sondern auch durch das Bewußtsein des Elends und den Drang, es zu wenden? In den wenigsten Städten haben Mitglieder von Organisationen oder sympathisierende Utopisten Vorbereitungsarbeit für Flora Tristans Werben um die Sache der Arbeiter geleistet. Meist fällt ihr die Last der vorbereitenden, aufreibenden Kleinarbeit zu. Sie sucht einzelne Arbeiter in ihren Wohnungen auf, beteiligt sich in den Cafés und Herbergen an den Unterhaltungen der Proletarier, verteilt Prospekte der »Arbeitervereinigung«, verkauft und verschenkt die Schrift usw. In ihrem Hotelzimmer oder in engen Arbeiterwohnungen hält sie Sitzungen ab, organisiert sie kleine und größere öffentliche Versammlungen und die Maßnahmen weiterer Zusammenwirkens und festen Zusammenschlusses. Sie tritt als Vortragende in die Öffentlichkeit. Sie hat Unterredungen mit Redakteuren, Unternehmern, den Spitzen der katholischen und protestantischen Geistlichkeit, denn ohne Illusionen über den Beistand, der der Arbeiterorganisation von solchen Herrschaften kommen kann, möchte sie dieser doch möglichst Widerstände aus dem Wege räumen. Durchaus nicht alle Blütenträume Flora Tristans von der Erfüllung ihres Apostelamtes reifen. Wie vielen dumpfen und stumpfen Geistern, verständnisunfähig und verständnisunwillig, begegnet sie unter den Arbeitern und erst recht unter den Arbeiterfrauen! Sie sieht Laster, die sich der von ihr erstrebten geistig-sittlichen Hebung des Proletariats widersetzen; sie stößt mit häßlichen, barbarischen Lebensgewohnheiten zusammen, die ihr schwer auf die verfeinerten Nerven fallen. Trotz alledem und alledem! Flora Tristans Glaube bleibt unerschüttert, daß die Arbeiter die einzige starke Kraft für ihre Befreiung, für die Menschheitserlösung sind und daß ihre Vereinigung über die Grenzen des Berufs, des Geschlechts, der Religion und der Nation hinaus so sicher ist wie das Aufgehen der Sonne nach dunkler Nacht. »Gott will es!« Und sie erlebt Schöpferfreuden. In manchen großen Städten legt sie die Grundsteine zur Organisation, in anderen wirkt sich ihre aufrüttelnde, wegweisende Tätigkeit erst später aus. Kaum ein bereister Ort, in dem nicht neues Leben aufkeimt. Den größten Erfolg bringt Lyon. Unter der Arbeiterschaft der Seidenindustrie dort ist der stolze Geist nicht gestorben, der sich zehn Jahre zuvor in der bewaffneten Revolte wider Ausbeutung und Knechtschaft aufgelehnt hatte. Die sich organisierenden Arbeiter beschließen eine billige Ausgabe der »Arbeitervereinigung« zum Preise von 25 Centime und zeichnen sofort 4000 Exemplare. Diese dritte Auflage erscheint noch im gleichen Jahre, 1844, in der Höhe von 10 000 Exemplaren.

In Lyon findet Flora Tristan in der jungen Arbeiterfrau Eleonore Blanc, einer Wäscherin, eine tiefdringende, voll verstehende Schülerin und eine zärtlich hingebende Freundin, ihre »geistige Tochter« und ihren »Johannes«. Eleonore Blanc hat durch ihre weitere Tätigkeit und durch eine Biographie Flora Tristans bekundet, daß sie der Meisterin und ihrem Werk die Treue gehalten.

Als eine Zusammenbrechende, eine Sterbende, traf die Evangelistin in den letzten Tagen des Septembers in Bordeaux ein. Ein Gehirnschlag warf sie darnieder, und das ihre Werbereise begleitende tückische Leiden – wahrscheinlich ein typhöses Fieber – trat stärker auf als je zuvor. Sie erlag ihm am 14. November 1844, von der ersten bis zur letzten Minute von der liebevollsten, gewissenhaften Pflege persönlicher Freunde umgeben. Arbeiter trugen die lebenslang Ruhelose zur Ruhe. Flora Tristans Hinterlassenschaft reichte gerade aus, die Kosten der Krankheit und die Schulden zu zahlen. Ein Arbeiterkomitee wurde mit der Aufgabe eingesetzt, für ein Denkmal zu sorgen, das Flora Tristans und ihres Lebenswerkes würdig sei. Im Oktober 1848, nachdem die Februarrevolution und der glorreiche Juniaufstand des Pariser Proletariats Frankreich erschüttert hatten, wurde das Denkmal enthüllt. Die Feierlichkeit gestaltete sich zu einer gewaltigen Demonstration der Arbeiter. Das Grab der kühnen Kämpferin schmückt eine abgebrochene, mit Eichenlaub umwundene Marmorsäule. Die Tafel am Fuße trägt außer den Daten der Geburt und des Todes diese Inschrift: »Dem Gedächtnis Flora Tristans, der Verfasserin der ›Arbeitervereinigung‹, die dankbaren Arbeiter. Freiheit, Gleichheit, Brüderlichkeit.«

Starke Zeitstimmungen und Zeitströmungen. Ausstrahlungen eines großen geschichtlichen Milieus haben ihren Ausdruck in Flora Tristans Leben und Wirken gefunden, und Leben und Wirken war für diese Tatverlangende eins. In ihrem Schicksal und in ihrem Werk redet die Sehnsucht erwachender und wacher Frauen nach Sprengung der fesselnden Ketten ihres Menschentums; treten die Ideen des utopischen Sozialismus hervor, die Einflüsse der Klassenbewegung der Chartisten für die politische Gleichberechtigung des Proletariats, des Ringens der Irländer um das Recht ihrer Nation; weht die Atmosphäre des Landes, das dank seiner großen Revolution damals der Brennpunkt des politischen und Sozialrevolutionären Lebens von Europa war; rauscht das Banner der todesmutigen Lyoner Aufständischen; künden Sturmvogelschreie das Heraufziehen des revolutionären Gewitters. Jedoch das Zeit- und Milieugegebene ist empfunden von einem glutvollen Temperament, gestaltet von einem auf Selbständigkeit gerichteten wägenden Geist. Eine außergewöhnlich starke und reiche Persönlichkeit verlieh ihm glänzende Farben, beseelte es mit eigenem Leben, hohem Schwung und hinreißendem Feuer. Wie Flora Tristans Persönlichkeit, so ist auch ihr Lebenswerk voller Gegensätze und Disharmonien. Sie kann für sich die Worte in Anspruch nehmen, die der Schweizer Dichter Conrad Ferdinand Meyer Ulrich von Hütten in den Mund legt:

»...ich bin kein ausgeklügelt Buch.

Ich bin ein Mensch mit seinem Widerspruch.«

Flora Tristan ist alles andere eher als ein »ausgeklügelt Buch«. Unvermittelt, elementar sich durchsetzend, liegen bei ihr die Widersprüche des Menschlichen nebeneinander, in ihrer Stärke der Stärke ihrer Trägerin entsprechend: Edelstes, Großzügiges und Kleines, Alltägliches; freudigste Selbstaufopferung und schroffe Ichbehauptung; scharfer Wirklichkeitssinn und nebelhafte Traumseligkeit. Doch alle Gegensätze ihres Wesens und Wirkens tragen keinen Bruch in ihre Persönlichkeit hinein, und sie treten zurück hinter der Einheitlichkeit und Geschlossenheit ihres Willens, die Arbeiter als international vereinigte Klasse ihrer Befreiung aus eigener Kraft entgegenzuführen und mit den Arbeitern die Frauen, die gesamte Menschheit; verblassen in der Glut der schrankenlosen, opferfreudigen Hingabe der Kämpferin an ihr Werk. Als Flora Tristan die Illusion ihrer Kinder- und Jugendjahre literarisch einsargt, nennt sie sich bitter eine »Paria«. Um Lebenserhaltung und Lebenserfüllung ringend, ist die »Paria« zum Proletariat emporgestiegen, zu der Klasse, die sie selbst wiederholt mit Nachdruck nicht bloß als »die zahlreichste«, sondern auch als die »nützlichste« bezeichnet und die sie als die menschheitserlösende Macht gewertet hat. Nicht als Verfemte, als Kämpfende für der Menschheit große und größte Dinge hat Flora Tristan Heimatrecht im Weltproletariat erobert, dem sie diente.

Julius Motteler

Der Darstellung des neuen geschichtlichen Lebens, das in der Internationalen Gewerksgenossenschaft der Manufaktur-, Fabrik- und Handarbeiter kraftvoll zur Entfaltung kam, sei einiges zum Gedächtnis an Julius Motteler hinzugefügt, der der Begründer dieser Organisation war und mehr als das: das klare Bewußtsein ihrer Bedeutung und ihres Zieles, ihr unerschütterlicher Wille, ihre allzeit bereite Tatkraft. Julius Motteler gehört zu denen, die in schwerster Zeit Jahr für Jahr, Tag für Tag bis zum letzten Fünkchen ihrer Lebenskraft an das Befreiungsringen des Proletariats den ganzen Reichtum ihres Wesens und Wirkens hingegeben haben, und dieser Reichtum war groß. Was darüber an dieser Stelle gesagt werden kann, das ist nur eine farblose Spiegelung des Lebenswerkes eines vielseitig begabten Menschen, den der reinste hochfliegende Idealismus zum wohlgerüsteten, nie versagenden Kämpfer für den internationalen Sozialismus werden ließ. Ein Blick auf dieses Lebenswerk läßt ein lehrreiches Stück Geschichte der Arbeiterbewegung, der Sozialdemokratie Deutschlands erstehen.

Motteler tritt ungefähr gleichzeitig mit August Bebel – und bald mit ihm in treuer Waffenbrüderschaft und aufrichtiger persönlicher Freundschaft verbunden – in der deutschen Arbeiterbewegung der sechziger Jahre des vorigen Jahrhunderts hervor. Das heißt also zu der Zeit, wo die Proletarier um ihre Emanzipation von der geistig-politischen Vormundschaft des Liberalismus zu ringen begannen und allmählich ihre Lage als Klasse mit eigenen sozialen Interessen und einer eigenen geschichtlichen Mission entdeckten. Der Tuchmacher Julius Motteler, »der Schwab« – Motteler war 1838 in der ehemals Freien Reichsstadt Eßlingen in Württemberg geboren – , und der Drechsler August Bebel, »der Rheinländer«, fanden sich zuerst 1863 in Leipzig in der Bildungsbewegung zusammen. Von da an stehen die beiden bald vereint, einander unterstützend und ergänzend, im Vordertreffen des Kampfes, der im Verband Deutscher Arbeitervereine um die Frage entbrennt: proletarische Klassenziele der Organisationen oder aber bürgerliche Bildungsträumereien.

Dieser Kampf – eine Etappe der Auseinandersetzung zwischen Bourgeoisie und Proletariat – war gleichzeitig für Motteler ein leidenschaftliches, hartnäckiges Ringen um die eigene klare, wissenschaftlich festgegründete Erkenntnis. Er hatte im Elternhaus eine sorgfältige Erziehung genossen, und unersättlicher Wissensdurst hatte ihn von Jugend auf zu ernstem Selbststudium getrieben. Lassalles Ideen regten ihn an, befriedigten ihn jedoch nicht; stark und nachhaltig, für immer überzeugend wirkten dagegen die Grundsätze der I. Internationale auf ihn. Motteler war einer ihrer ersten und besten Vorkämpfer in Deutschland. Das Eindringen in die Gedankenwelt von Marx und Engels veranlaßte ihn, sich damals besonders in die Geschichte der Französischen Revolution zu vertiefen, der umwälzenden Klassenkämpfe, die sich in ihr abspielten. Er gewann dahier volles Verständnis für die Bedeutung der Frauen als aktive revolutionäre Kräfte und begeisterte Sympathie für ihre soziale Gleichberechtigung. Als Propagandist und Organisator unter den Proletarierinnen trat Motteier als einer der frühesten und treuesten Verteidiger der Frauenrechte hervor. Er stand in dieser Beziehung in der Frühzeit der sozialdemokratischen Bewegung ebenbürtig neben Bebel, ja ging ihm nicht selten orientierend und anspornend voraus, wie dieser selbst wiederholt versichert hat.

Die Feste, von der aus Bebel und Motteler – als Dritter im Bunde Wilhelm Liebknecht – ihren Feldzug gegen den Liberalismus führten, war der Arbeiterbildungsverein zu Leipzig, der bei seiner Gründung »Gewerblicher Bildungsverein« getauft worden war. Die Vereinstage des Verbandes Deutscher Arbeitervereine lassen die rastlose Betätigung Mottelers und seine Erfolge erkennen. Als Delegierter, Schriftführer, Berichterstatter usw. auf den Verbandstagungen war er Vertreter, Wortführer der sozialistischen Auffassung. Als Agitator, Propagandist, Organisator wirkte er, um das Proletariat Sachsens und insbesondere die Kohlengräber und Textilarbeiter des Erzgebirges und des Vogtlandes in Bildungsvereinen, Genossenschaften und Gewerkschaften zusammenzufassen, sie politisch und sozial aus dem lähmenden Bann bürgerlicher Weltanschauung zu lösen. Nach dem Vereinstag zu Gera steigerte Motteler im Bunde mit Bebel seine Tätigkeit aufs höchste, um für den Vereinstag zu Nürnberg im Herbst 1868 den Sieg der

Grundsätze der Internationale zu sichern, ebenso wie sein Wirken von wesentlicher Bedeutung für das erfolgreiche Zustandekommen des Eisenacher Kongresses ein Jahr später war und damit für die Gründung der Sozialdemokratischen Arbeiterpartei. So rückhaltlos er deren Programm verfocht, trat er den Lasselleanern doch nicht als starrer Dogmenfanatiker und erbitterter Feind entgegen. Er betrachtete sie – von ihren Führern abgesehen – vor allem als kampfentschlossene Proletarier, mit denen die Eisenacher zu einer Verständigung kommen müßten, um vereint den gemeinsamen Feind zu schlagen. Motteler betätigte sich eifrig, um ein freundnachbarliches Verhältnis zwischen den Eisenacher Gewerksgenossenschaften und den lassalleanischen »Arbeiterschaften« herbeizuführen, denn die Streiks schrien geradezu nach gemeinschaftlicher Aktion der Gewerkschaften. Er nahm hervorragenden Anteil an den Vorbesprechungen mit Führern der Lassalleaner und an der Konferenz von je 9 Vertretern beider Parteien, die den Einigungskongreß zu Gotha 1875 mit vollem Erfolg vorbereiteten.

Julius Motteler zeichnete sich durch ungewöhnliche organisatorische Fähigkeiten aus, und er war gleichzeitig ein glänzender Redner. Er riß seine Zuhörerschaft durch anschauliche Bilder und Vergleiche wie durch das hohe Pathos seiner Rede hin, das nicht erkünstelte Rhetorik war, vielmehr Ausdruck innerer Überzeugung und Leidenschaft; er erfrischte sie durch Witz und Humor und fesselte sie durch die Klarheit und Wucht seiner Gedankengänge, die sich auf Erfahrungstatsachen aufbauten, die jeder Proletarier, jede Proletarierin selbst nachprüfen konnten; er rührte an alle Seiten des Gemütes und Geistes und brachte sie zum Mittönen. Nicht zum wenigsten waren es auch die Frauen, die zu den Versammlungen, zu allen Veranstaltungen strömten, wo Motteler sprechen sollte. Jahre vorher, ehe er daranging, die Fabrik- und Heimarbeiterinnen wie die Kleinmeisterinnen der Textilindustrie in der Internationalen Gewerksgenossenschaft zu organisieren, weckte er in den werktätigen Frauen Persönlichkeits- und Klassenbewußtsein und erfüllte sie mit Begeisterung für ihre Gleichberechtigung und ihre volle Befreiung durch den Sozialismus.

Nicht lange, und die Bourgeoisie quittierte in ihrer Weise über Mottelers Tätigkeit als Erwecker und Führer des Proletariats. Infolge seines energischen Vorstoßes im Wahlkampf zum Norddeutschen Reichstag 1867 verlor er seine Stellung in einem Fabrikkontor zu Crimmitschau. Damit die Textilbarone des Bezirks nicht den Triumph genießen sollten, den verhaßten Feind unschädlich gemacht zu haben, gründeten Freunde zusammen mit Motteler die Spinn- und Webgenossenschaft E. Stehfest & Co. Motteler selbst übernahm die geschäftliche Organisierung und Leitung des Unternehmens. Der Herren Liebesmühe war umsonst, die Genossenschaft niederzukonkurrieren. Sie blühte empor, denn Motteler verfügte über eine vorzügliche kaufmännische und fachtechnische Ausbildung – um sie zu erwerben, hatte er nicht nur in Kontoren gesessen, sondern hatte auch als Arbeiter in Fabriken geschafft – , und sein organisatorisches Talent, sein Scharfblick für die Realitäten des Lebens kamen dem Unternehmen zugute. Das gab Halt und Ermutigung, daß Motteler zusammen mit Stolle 1870 in Crimmitschau eine Druckereigenossenschaft gründete, in der die erste tägliche Lokalzeitung der sozialdemokratischen Partei erschien, der von Carl Hirsch redigierte »Crimmitschauer Bürger- und Bauernfreund«. Der Haß der Bourgeoisie gegen den »Hetzer und Wühler« und sein »Satansnest« stieg und erreichte Siedehitze infolge der unsterblichen Ruhmestat der jungen Partei: ihrer »vaterlandsfeindlichen« Stellungnahme im Deutsch-Französischen Krieg und ihrer Solidarisierung mit der Kommune von Paris. Es versteht sich, daß Motteler im heißesten Getümmel der politischen Schlachten kämpfte, die in Deutschland um diese beiden welthistorischen Ereignisse entbrannten. Der Spinn- und Webgenossenschaft E. Stehfest & Co. wurde der Bankkredit gekündigt, sie mußte ihre Zahlungen einstellen, und Motteler opferte sein ganzes Vermögen, um die Gläubiger zu befriedigen. Arm wie Hiob diente er der Partei mit der gleichen selbstlosen Hingabe und glühenden Begeisterung. Er sei aufopfernd bis zum äußersten, eine der edelst angelegten Naturen, die er kenne, sagte Bebel von dem Freunde, und er erwähnt auch in einem Briefe, daß Motteler wie auch Liebknecht sich zufolge einer vielseitigen, rastlosen Parteitätigkeit in drückendster materieller Not befänden.

1874 erweiterte sich Mottelers Tätigkeitsfeld. Der Wahlkreis Zwickau–Crimmitschau entsandte ihn in den Reichstag und erneuerte 1877 sein Mandat, das der Partei 1878 bei den »Attentatswahlen« verlorenging. Bei der Beratung der Militärvorlage der Regierung vertrat Motteler 1874 im Reichstag die Forderung der Miliz. Als Sprecher der sozialdemokratischen Reichstagsfraktion begründete er, 1878 die Notwendigkeit durchgreifenden gesetzlichen Schutzes der proletarischen Kinder gegen die kapitalistische Ausbeutung.

Was Motteler für den ersten, schweren Aufbau und Ausbau der sozialdemokratischen Partei, was er für die Anfänge der proletarischen Frauenbewegung geleistet, würde hinreichen, um seinem Namen die Unvergessenheit zu sichern. Es tritt jedoch zurück hinter seinem illegalen Werk in den Jahren des Sozialistengesetzes. Jeder Möglichkeit öffentlicher Betätigung beraubt, bedurfte die geächtete, zersprengte und gehetzte Partei einer starken, den klassenstaatlichen Gewalten unfaßbaren ideologischen Zusammenschmiedung und der einheitlichen, klaren Orientierung. Verantwortungsreicher und weitertragend noch als in normalen Zeiten war ihre Aufgabe, die gehudelten und gebüttelten proletarischen Massen nicht in Mutlosigkeit, Verzweiflung und Wirrnis versinken zu lassen, sondern im Gegenteil, sie mit höchster Kampfbegier und Kampfentschlossenheit erfüllt, auf das Feld der geschichtlichen Auseinandersetzung mit der Bourgeoisie zu führen. Diese Aufgabe konnte nicht ohne ein Zentralorgan der Partei gelöst werden, das – wie die Dinge lagen – im Auslande erscheinen mußte. Es erfolgte 1879 die Gründung des »Sozialdemokraten« in Zürich, und Motteler wurde mit der Expedition und Geschäftsführung betraut. »Damit hatten wir den richtigen Mann für den richtigen Posten gefunden«, urteilte Bebel. Und so war es.

Als »Roter Feldpostmeister« hat Motteler Wertvollstes, Unvergeßliches geleistet. Dank seiner Geschäftsführung konnte Eduard Bernsteins hervorragende Leistung als Redakteur – Friedrich Engels stand hinter ihm – in Deutschland voll zur Geltung kommen. Der Leserkreis des »Sozialdemokraten« erweiterte sich schnell und stark. Nicht bloß Tausende, bald warteten Zehntausende deutsche Proletarier ungeduldig auf ihr Blatt. Damit sie nicht vergeblich warteten, mußte ein gewaltiges Stück konspirativer Arbeit geleistet werden. Das Schwierigste war die Sicherung des Transports durch Schmuggel über die Grenze und die Verteilung in Deutschland. Die in Betracht kommende Grenze zwischen der Schweiz und dem Deutschen Reiche vom Bodensee bis Basel ist nicht lang, sie war dicht mit Zollwächtern besetzt und von einem Spitzelheer umlauert. Spitzel beobachteten bei Tag und Nacht die Druckerei und Mottelers Wohnung.

Wenn eine Nummer des »Sozialdemokraten« herauskam und verschickt wurde, so stand Motteler wie ein Feldherr auf dem Kriegsschauplatz, Nachrichten empfangend, Anweisungen austeilend, alles beobachtend, leitend, kontrollierend. Man lachte manchmal über die Pedanterie des »Onkels«, die durch die Strenge der »Tante« – Mottelers Frau, seine nie versagende Helferin und treueste Mitkämpferin – womöglich noch übergipfelt wurde, aber man fügte sich, denn ihre Notwendigkeit wurde erkannt. Nichts, nicht das geringste durfte bei der Auflieferung der Sendungen bei der Post in Deutschland und beim Austragen auffallen, Verdacht erregen. Die Auflage des »Sozialdemokraten« stieg mit der Zeit so hoch, daß die leitenden Genossen es zweckmäßiger fanden, einen Teil davon in Deutschland selbst geheim drucken zu lassen. Nun galt es, die in der Schweiz hergestellten Matern rasch und sicher nach Deutschland zu bringen, ebenso die Matern von Broschüren und anderer Kampfliteratur. Es war unvermeidlich, daß es bei der revolutionären Expeditionstätigkeit auch »schwarze Tage« gab. Trotz aller Schlauheit und Umsicht fiel die eine oder andere Sendung in die Hände der Behörden oder ging verloren. Wenn eine derartige Trauerbotschaft einlief, setzte Motteler sofort, und wenn es mitten in der Nacht war, alles in Bewegung, um schnellstens Schuld und Versäumnis festzustellen, und suchte Maßnahmen gegen künftiges Mißgeschick zu treffen. Der »Rote Feldpostmeister« schuf ein Meisterwerk konspirativer Arbeit. Seine vielseitigen und starken Fähigkeiten wirkten sich dabei aus: sein organisatorisches Talent, sein feiner Spürsinn für Menschen und Dinge, sein Vertrautsein mit dem Geschäftsleben und nicht am wenigsten seine eiserne Energie, sein nicht ermüdender Tätigkeitsdrang, seine peinliche Gewissenhaftigkeit in der Pflichterfüllung und eine außerordentlich rege und reiche Phantasie. Er war unerschöpflich im Erdenken und Erdichten neuer Listen, um Grenzwächter und Spione »hineinzulegen«. Ein Kranz von Legenden bildete sich um seine Tätigkeit. Motteler hatte für den Schmuggel des »Sozialdemokraten« über die Grenze wie die Versendung in Deutschland einen Stab zuverlässigster, kluger Genossen zusammengebracht, die ebenso kühnen Sinn wie kühlen Kopf hatten. Sein tüchtigster Mitarbeiter für den heiklen Grenzverkehr war der Schuhmacher Joseph Belli, ein politischer Emigrant aus Baden, listenreich und verschlagen wie Odysseus und unerschrocken in jeder Gefahr. Jenseits der Grenze stellten jahrelang Genossen in Baden und namentlich in Offenburg eine Elitetruppe dem Sozialismus ergebener revolutionärer »Transportarbeiter«. In Offenburg lebte in dem unerschütterlich revolutionär gesinnten Karl Geck, in seiner Familie und seinem Freundeskreise die Tradition der Sturmjahre 1848 und 1849 fort. Diese Tradition ward Überzeugungstreue für den internationalen Sozialismus, aktivstes Wirken für ihn, das weder Mühe und Gefahr noch Opfer scheute. Adolf Geck, einer der wenigen Überlebenden aus jener Zeit und der Aufopferndsten einer, könnte ein Heldengedicht darüber schreiben, vermischt mit Seldwyler Idyllen. In den Großstädten und Industriezentren Deutschlands ließen sich Hunderte mit Feuereifer die Verbreitung des Blattes angelegen sein: Alte und Junge, Männer und Frauen, alle angespornt von dem Bewußtsein, der Befreiung der Unterdrückten und Ausgebeuteten zu dienen.

Mottelers erfolgreiche Tätigkeit hatte zur Voraussetzung auch eine enge, lebendige Verbindung sowohl mit Führern wie Genossen aus Reih und Glied der sich geheim organisierenden Sozialdemokratie. Zu diesem Zwecke unterhielt er eine ausgedehnte Korrespondenz, die selbstverständlich ebenfalls auf illegalen Wegen gehen mußte. Sie vermittelte fruchtbare Fühlung und tätiges Zusammenhalten zwischen hüben und drüben. Mottelers Briefverkehr mit der Heimat war auch von sachlichem Wert für die Redaktionsführung des »Sozialdemokraten«. Sie erleichterte ferner den »Zürichern« wie den Genossen in Deutschland die Entlarvung von Spitzeln, Provokateuren und anderen unsauberen Elementen, die sich an die Partei herandrängten, er schützte diese vor wohlmeinenden, aber gefährlichen Narren. Wehe dem »Nichtgentleman«, dem »Zweideutigen, dem Motteler auf der Spur war! Unterstützt durch sein starkes Gedächtnis und eine sorgfältige Dokumentensammlung, sorgte dieser dafür, daß dem Schädling, wenn irgend möglich, das Handwerk gelegt werden konnte.

Der »Sozialdemokrat« war zu einer Kampfmacht des deutschen Proletariats geworden, zu der gefürchtetsten Waffe der Sozialdemokratie. Der Bundesrat der Schweiz fügte sich löblich dem Hochdruck Bismarcks und wies im Herbst 1808 die Mitglieder der Redaktion und Expedition des »Umsturzblattes« aus. Das in Jahren unter Mühen und Gefahren aufgebaute Werk sollte zerschlagen werden. Doch seine revolutionäre Lebenskraft trotzte dem Schlag, sie nährte sich nicht nur von der unerschütterlichen Überzeugungstreue und Opferfreudigkeit der ausgewiesenen Vorkämpfer, nein, auch von dem glühenden Wollen Hunderttausender in Deutschland. Motteler, Bernstein und ihre Schicksalsgenossen gingen nach London und bauten dort fast über Nacht das Unternehmen auf. Frisch, schneidig wie je zuvor störte der »Sozialdemokrat« weiterhin die Verdauungsseligkeit der deutschen Bourgeoisie und die Nachtruhe ihres Heros Bismarck. Die bereits damals trefflich organisierten und in illegaler Arbeit gut bewanderten Hamburger Genossen traten mit stolzer Zuversicht und vollem Erfolg die Nachfolge des kleinen revolutionären Vortrupps in Offenburg an.

An dem ehernen Willen des Proletariats zuschanden geworden, fiel 1890 das Sozialistengesetz. Sein Schöpfer mußte dem jungen Kaiser Platz machen, der, seiner komödiantischen Natur entsprechend, die Rolle des »sozialen Monarchen« probieren wollte. Eine Periode legaler Betätigung hob für die Sozialdemokratie an. Damit war auch die Aufgabe des Zentralorgans im Auslande beendet, das der Partei, dem Proletariat das Banner des revolutionären Sozialismus so tapfer vorangetragen. Hunderte und aber Hunderte Emigranten kehrten nach Deutschland zurück, um sich mit dem Ungestüm lange zurückgestauter Energie in den Kampf zu stürzen. Für den Redakteur des »Sozialdemokraten« und für den »Roten Feldpostmeister« blieben die Grenzen der Heimat noch zehn Jahre verschlossen. Sie waren so gefährliche Hoch- und Staatsverbrecher, daß wieder und wieder gegen sie der Steckbrief erneuert wurde, der sie den schwersten Strafen überliefern sollte.

Zehn weitere Jahre auf des »Exiles dorn'ger Flur«, in einem sozialen Milieu, in dem der revolutionäre Sozialismus den Kampf mit dem erfahrenen, schlauen bürgerlichen Liberalismus um die Seelen der Arbeiter kaum begonnen hatte. Nicht erbittertes Ringen zwischen Proletariat und Bourgeoisie, der »Burgfriede« zwischen ihnen gab den Verhältnissen dort das Gepräge. Eduard Bernstein akklimatisierte sich in der englischen Umwelt so vollkommen, daß sich etliche Zeit nach Engels' Tode der revolutionäre Fahnenträger des »Sozialdemokraten« in einen sanftflötenden Prediger des Reformismus wandelte. Motteler dagegen konnte in England nie heimisch werden. Wohl verfolgte er mit gespannter Aufmerksamkeit und herzlicher Freude das Aufkommen des »neuen Tradeunionismus«, den Zusammenschluß und die Kampftendenzen der ungelernten und bis dahin unorganisierten Arbeiter, die Entwicklung der jungen sozialistischen Parteien. Er stand in persönlichen freundschaftlichen Beziehungen zu ihren Führern, zu denen auch Eleanor Marx gehörte. Jedoch Umstände verschiedener Art verursachten, daß er an dem sich regenden Leben und Drängen in dem Proletariat Großbritanniens keinen aktiven Anteil nahm. Der Beobachtende, »Sympathisierende« wurde nicht zum Handelnden. Zur Haupttätigkeit ward Motteler, was früher Nebenbeschäftigung gewesen: das Suchen und Sammeln von Dokumenten zur Geschichte der klassenbewußten Arbeiterbewegung Deutschlands. So wertvoll diese archivarische Arbeit war, sie bot keine Lebenserfüllung und Lebenserhöhung für den revolutionären Kämpfer, der – auch fern von Deutschland in den Zeiten der Illegalität – doch mit seiner Tätigkeit mitten im dichtesten Kugelregen des Klassenkampfes gestanden hatte und mit allen Fasern seines Wesens daran beteiligt gewesen war.

Erst 1901 wurde der fällige Steckbrief gegen Eduard Bernstein und Julius Motteler nicht wieder erneuert. Als »Revisionist« des Marxismus hatte Bernstein den Ablaßschein verdient, und die Behörden hofften, daß der »Gemauserte« in der Sozialdemokratie als Spaltungsbazillus wirken würde. Um diese Hoffnung zu bemänteln, mußte die Rückkehr des »Roten Feldpostmeisters« mit in Kauf genommen werden. Herbe Enttäuschung ward Mottelers sehnsüchtiger Erwartung, nach mehr als zwanzigjähriger Abwesenheit in der alten Heimat, in Leipzig ein ausfüllendes, befriedigendes Tätigkeitsfeld zu finden. Er fand herzlichste, enthusiastische Aufnahme, er wurde mit Ehren überhäuft, die Genossen hörten achtungsvoll seine Meinung und zogen ihn zur Mitarbeit heran. Allein, das gab ihm nicht die Lebenskraft und Lebensfreude des Bewußtseins, auch in veränderter Form als revolutionärer Sozialist unter revolutionären Sozialisten zu wirken. Der hochfliegende Idealist fand auch nicht, wessen er bedurft hätte, als sich ihm 1903 das parlamentarische Arbeitsgebiet eröffnete. Die Leipziger Proletarier eroberten für ihn in heißem Kampfe in der Stichwahl gegen einen alldeutschen Professor das Reichstagsmandat. Freunde klagten gelegentlich: »Julius hat den Anschluß an die Partei verloren, er versteht die Zeit der Legalität nicht mit ihren neuen Bedingungen und Bedürfnissen.« Dieses Urteil war schief.

Julius Motteler hatte seinen scharfen Wirklichkeitssinn bewahrt, der sich durch Äußeres nicht täuschen ließ. Er begriff ausgezeichnet die veränderte geschichtliche Situation, jedoch gerade deshalb war ihm die Art und Weise unverständlich, wie die Sozialdemokratie und die von ihr geführten Proletariermassen sich mit der Situation auseinandersetzten. Hier wie da blieb ihm die überhandnehmende Abrüstungsstimmung unverständlich, denn trotz der Legalität hörte er den Schrei des Sturmvogels unvermeidlicher schwerer Kämpfe.

In dem Deutschland des sich entfaltenden Imperialismus fand Motteler nicht das große Geschlecht, dessen die nahenden großen Stunden bedurft hätten. Er erblickte nicht mehr die suchenden, tastenden, ringenden Proletarier, die leidenschaftlich danach drängten, sich aus dem Schlepptau des bürgerlichen Liberalismus zu lösen, ihre geschichtliche Wesenheit als Klasse zu erkennen, ihre historische Aufgabe als Klasse zu erfüllen. Er fand nicht mehr die trotzig kühnen, opferbereiten Proletarier aus der Zeit des Sozialistengesetzes, die den Kampf mit allen klassenstaatlichen Gewalten aufnahmen. Er sah ringsum ein Geschlecht, das, beherrscht von den Tendenzen »sanftlebenden Fleisches«, sich auf dem Boden der bürgerlichen Gesellschaft heimisch zu fühlen begann, statt ihn zu hassen, ihn kämpfend von Grund aus umzuwälzen und den Sozialismus aufzurichten.

Der Zufall fügte es, daß ich zu einer Versammlung gegen den Revisionismus just nach Leipzig kam, als Motteler nach Berlin in den Reichstag gereist war. Abends kehrte er zurück, offensichtlich in gedrückter, schwerer Stimmung. »Nun?« fragte ich, nachdem die herzliche Begrüßung vorüber war. Julius empfand, was ich damit meinte. Er antwortete mit der ihm eigenen Bestimmtheit: »Clara, ich wittere Konventsluft.« Sprach's und ging in sein Zimmer. Nie werde ich das prophetische Wort vergessen und den Blick der blitzenden, klaren Augen, die in weite Ferne zu schauen schienen. Später begründete Motteler seinen Ausspruch mit den in Berlin erhaltenen Eindrücken. Scharf, schneidend klang es von seinen Lippen: »Starrer, hochnäsiger, beschränkter Bürokratismus statt warmer Menschlichkeit, lebendiger sozialistischer Brüderlichkeit. Parlamentarischer Kretinismus in Reinkultur. Journalistischer Zynismus, der nichts und sich selbst nicht ernst nimmt. Kampfgesten der Routine, aber kein unwiderstehlicher, entschlossener Kampfwille.« Motteler unterzog dann noch den »Revisionismus des guten Ede«, das heißt Eduard Bernsteins, und die »Wassersuppenpolitik der Gewerkschaften« einer beißenden Kritik. Zum Schluß rief er aus: »Die Sozialdemokratie wird revolutionär sein, oder sie wird nicht sein. Eine brave Sozialdemokratie nach dem prayer-book Gebetbuch. von Keir Hardie oder den Toasten der fabianischen Tischgesellschaft in London hat keine Existenzberechtigung. Das Proletariat wird sich die revolutionäre Klassenpartei, und die Führung schaffen, deren es bedarf, um zu siegen!«

Mit der flammenden Begeisterung eines Jünglings erlebte Motteler den Vorstoß der Revolution 1905 in Rußland. Er wertete dieses heldenhafte Unterfangen als die Angelegenheit des gesamten internationalen Proletariats. Es leitete seiner Überzeugung nach eine Periode revolutionärer Erhebungen ein. Der Generalstreik in Finnland und seine Errungenschaften, die revolutionäre Bereitschaft der österreichischen Arbeiterklasse faßte er als Anzeichen dafür auf. Die Diskussion über den politischen Massenstreik auf dem Parteitag der Sozialdemokratie in Jena und der einschlägige Beschluß bestärkten seine Erwartungen, daß die Wahlrechtskämpfe und insbesondere das Ringen um das Wahlrecht in Preußen eine Erweiterung und Zuspitzung des Klassenkampfes bewirken müßten. Dann werde es für die Sache der Revolution heißen: Das deutsche Proletariat in der Welt voran! Die schwächliche Rückwärtserei des Mannheimer Parteitages Der Mannheimer Parteitag der Sozialdemokratischen Partei Deutschlands fand vom 23. bis 29. September 1906 statt. empörte Motteler, entmutigte ihn aber keineswegs. »Bebel empfängt Befehle von Legien«, rief er aus. »Wahrlich, die Welt steht auf dem Kopf. Das kann nicht dauern, sie muß wieder auf die Füße kommen!« Schwere körperliche Leiden veranlaßten den fast 69jährigen, die Erneuerung seiner Kandidatur zum Reichstag 1907 abzulehnen. Ende September dieses Jahres verstarb er. So blieb ihm der Schmerz erspart, Zeuge des schmachvollen Verrats der Sozialdemokratie und der II. Internationale bei Ausbruch des imperialistischen Weltkriegs zu sein. Julius Motteler hätte sich nimmer in die Tiefe dieser Schmach reißen lassen. Die deutschen Proletarierinnen dürfen stolz darauf sein, daß an den Anfängen ihrer klassenbewußten organisierten Bewegung Julius Motteler stand, dessen beste Lebenskraft der Dienst für die große Befreierin der Frauen getrunken hat: die Revolution.

Die bürgerliche Frauenbewegung

Die bürgerliche Frauenbewegung ist – wie die moderne Frauenbewegung als Ganzes betrachtet – das Kind der kapitalistischen Produktionsweise. Diese schafft die wirtschaftliche Grundlage, sie ist die tragende und treibende Kraft des Strebens nach der vollen sozialen Gleichberechtigung des weiblichen mit dem männlichen Geschlecht. Sie vernichtet in der bürgerlichen Gesellschaft, die sich auf ihr aufbaut, die sozialen Bedingungen der produktiven Tätigkeit der Frau im Hause und für die Familie, jene sozialen Bedingungen, die früheren Gesellschaftsorganisationen eigentümlich waren, die Lebensgestaltung der Frau bestimmten und sie der Herrschaft des Mannes unterwarfen. Entscheidend für diese tiefgreifende Umwälzung sind die vervollkommneten Produktionsmittel, Kraft- und Werkzeugmaschinen, sind wirtschaftstechnische Fortschritte anderer Art, beruhend auf angewandter wissenschaftlicher Erkenntnis; ist ferner die Entwicklung der modernen Städte, die der früheren vielseitigen hausgewerblichen Tätigkeit der Frau die Arbeitsstätte in der Familienwohnung und die selbsterzeugten Rohstoffe aus der Landwirtschaft entzog. Der gezeigte Wandel in der Wirtschaft der bürgerlichen Gesellschaft ist Voraussetzung der modernen Frauenbewegung. Schritt für Schritt mit ihm entstehen große, wachsende Frauenmassen, die planmäßig, organisiert die Befreiung des Weibes von der rechtlichen, sozialen Herrschaft des Mannes, die soziale und menschliche Gleichberechtigung des weiblichen mit dem männlichen Geschlecht erstreben.

Die bürgerliche Frauenbewegung erhebt die grundsätzliche Forderung voller rechtlicher und sozialer Gleichwertung und Gleichstellung der Frau mit dem Mann. Ihre Führerinnen behaupten, daß die Verwirklichung dieser Forderung für alle Frauen unterschiedslos die gleiche befreiende Bedeutung habe. Das ist falsch. Die Frauenrechtlerinnen sehen nicht oder wollen nicht sehen die für volle soziale, menschliche Freiheit oder Sklaverei entscheidende Tatsache, daß die bürgerliche Gesellschaft, die sich auf der kapitalistischen Produktionsweise aufbaut, durch den unüberbrückbaren Klassengegensatz von Bourgeoisie und Proletariat gespalten ist in Ausbeutende und Herrschende auf der einen Seite und Ausgebeutete und Beherrschte auf der anderen. Die Zugehörigkeit zu der einen oder der anderen Klasse ist letzten Endes ausschlaggebend für die Lage, die Lebensgestaltung der Frauen und nicht ihre Gemeinschaft als Geschlecht, das zugunsten der Vormacht- und Vorrechtstellung des Mannes mehr oder minder rechtlos und unterdrückt ist. Die formale Gleichstellung des weiblichen mit dem männlichen Geschlecht in Gesetzestexten sichert in der Folge den Frauen der ausgebeuteten und unterdrückten Klasse ebensowenig tatsächliche volle soziale und menschliche Freiheit und Gleichberechtigung, wie sie solche den Männern ihrer Klasse trotz ihrer Geschlechtsgemeinschaft mit den Männern der Bourgeoisie verleiht.

Die Grundursache des Klassengegensatzes, die das bewirkt, ist das Privateigentum an den der bürgerlichen Gesellschaft eigentümlichen Mitteln der Gütererzeugung für Lebenserhaltung und kulturelle Lebenserhöhung. Damit die Frauen der unterdrückten und ausgebeuteten Klasse und ihr nahestehender Schichten – und sie bilden die ungeheure Mehrzahl des gesamten weiblichen Geschlechts – in Wahrheit und Tat volle Befreiung und Gleichberechtigung erlangen, muß diese Grundursache ihrer Klassensklaverei beseitigt werden. Dem vergesellschafteten Charakter der modernen Produktionsmittel entsprechend, kann das nur dadurch geschehen, daß sie aus dem Privateigentum einzelner oder kleiner Gruppen zum Gesellschaftseigentum werden, daß die Gesellschaft die Bedingungen der Gütererzeugung und die Verteilung ihrer materiellen und kulturellen Früchte regelt. Nur auf dem Boden der so umgewälzten Wirtschaft können sich neue, höhere soziale Lebensformen entwickeln, die der Gesamtheit der Frauen tatsächliche Freiheit der Entwicklung und Betätigung zu vollem Menschentum verbürgen. Nur der organisierte revolutionäre Klassenkampf aller Ausgebeuteten ohne Unterschied des Geschlechts führt zu diesem Ziel und nicht der Kampf der Frauen ohne Unterschied der Klasse wider die Vormachtstellung der Männer.

Im Gegensatz zu dieser wissenschaftlichen Erkenntnis, die durch die Tatsachen und Erfahrungen bestätigt wird, beschränkt die bürgerliche Frauenbewegung ihr Eintreten für die Emanzipation der Frauen auf den Kampf gegen die Vorrechte, die Macht des Mannes in Familie, Staat und Gesellschaft. Diese Beschränkung ist international das charakteristische Merkmal der bürgerlichen Frauenbewegung. Sie läßt erkennen, daß die Frauenrechtlerinnen das große und verwickelte Problem der Frauenbefreiung nicht in seinen vielverzweigten sozialen Zusammenhängen erfassen, vielmehr aus der Froschperspektive der Interessen der bürgerlichen Gesellschaft betrachten. Ihre Auffassung und Praxis ist um so kennzeichnender dafür, als die Geschichte lehrt, daß die Geschlechtssklaverei der Frau sich auf der Grundlage des Privateigentums und in Verbindung mit ihm entwickelt hat.

Um die Herrschaft und Macht des männlichen Geschlechts über das weibliche Geschlecht zu brechen, sind Hauptforderungen der bürgerlichen Frauenbewegung: gleiches Recht der Schließung, Gestaltung und Scheidung der Ehe; Verfügungsrecht über die Kinder für Frau und Mann; eine einheitliche sexuelle Moral für beide Geschlechter; freies Verfügungsrecht der Frau über ihr Vermögen, ihr Einkommen, ihren Verdienst; gesicherte Freiheit der Berufsbildung und Berufstätigkeit; gleiches Recht der Bewegungs- und Betätigungsfreiheit der Frauen mit den Männern auf allen Gebieten des sozialen Lebens; volle politische Gleichberechtigung im Staat und in seinen Organen und anderes mehr. Unbestritten, daß die frauenrechtlerischen Forderungen auch für die Proletarierinnen, die werktätigen Frauen von Wert sind, daß insbesondere auch für sie die grundsätzliche Anerkennung der Gleichwertung und Gleichberechtigung des weiblichen Geschlechts von großer Bedeutung ist. Allein, Wert und Bedeutung von Reformen zur Milderung oder Aufhebung der Geschlechtssklaverei der Frauen werden für deren Mehrheit in der bürgerlichen Gesellschaft herabgemindert, ja zunichte gemacht durch das Fortbestehen der Klassensklaverei, die Leib und Geist der Ausgebeuteten in Ketten hält. Die Erfolge der bürgerlichen Frauenbewegung kommen in der Hauptsache überwiegend den ökonomisch freien Frauen der besitzenden, herrschenden und ausbeutenden Klasse zugute.

Die Frauenrechtlerinnen verzichten auf den Kampf gegen die Klassensklaverei der weitaus meisten Frauen, obgleich sie die Geschlechtssklaverei aufrechterhält und verschärft. Mehr noch, sie lehnen diesen Kampf grundsätzlich ab, der Klasse gegen Klasse von den Niedergetretenen gegen ihre Herren und Peiniger ausgefochten werden muß. Die bürgerliche Frauenbewegung steht mit beiden Füßen auf dem Boden der bürgerlichen Gesellschaft und verteidigt ihn gegen das vordrängende Proletariat. Sie strebt lediglich danach, die bürgerliche Gesellschaft durch Lösung der rechtlichen und sozialen Bindungen zu reformieren, die das weibliche Geschlecht zum Vorteil des Mannes fesseln. Dem Kampf für die frauenbefreiende Revolution der Gesellschaft mittels der Machteroberung des Proletariats und der Aufrichtung des Sozialismus steht die übergroße Mehrheit der Frauenrechtlerinnen heute nicht mehr mit dem Schein einer gewissen Neutralität gegenüber wie zum Teil in den Anfängen ihrer Bewegung, vielmehr in unverhüllter bitterer Feindschaft.

Die bürgerliche Frauenbewegung ist folglich nicht Vorkämpferin, Interessenvertreterin aller befreiungssehnsüchtigen Frauen. Sie ist und bleibt bürgerliche Klassenbewegung. Sie ist der letzte Ausläufer des Emanzipationskampfes, in dem das Bürgertum die herrschenden und regierenden Schichten der feudalen Gesellschaft niederwarf und die Bourgeoisie zur herrschenden politischen Macht emporstieg. Ihr Ziel ist die rechtliche Verwirklichung der Grundsätze, in deren Namen das Bürgertum zu diesem Kampfe alle anführt, die von den feudalen Herrschaftsgewalten niedergetreten und ausgeplündert wurden. Es waren die Grundsätze formaler bürgerlicher Demokratie, der gesetzlichen Anerkennung der Gleichheit und Gleichberechtigung aller Glieder der bürgerlichen Gesellschaft als Ausdruck allgemeiner Menschenrechte.

Nach der stark religiös gefärbten Ideologie der Vorkämpfer für die Macht der Bourgeoisie in England im 17. Jahrhundert sind diese allgemeinen Menschenrechte ein Geschenk des himmlischen Schöpfers. Nach der materialistischen Weltanschauung der Philosophen, deren Lehren ein Jahrhundert später die Führer des bürgerlichen Machtringens gegen die feudalen Gewalten in Frankreich begeisterten, sind die allgemeinen Menschenrechte Naturrecht, das jedem Glied der Gesellschaft unterschiedslos mit der Geburt zufällt. Von beiden Auffassungen geleitet, forderte und fordert zum Teil noch heute die internationale bürgerliche Frauenbewegung die Gleichberechtigung des weiblichen Geschlechts als »allgemeines Menschenrecht«, als Gottesgabe und Naturrecht, die den schwachen Frauen von den stärkeren Männern entwendet worden sind. Erst allmählich und unvollständig ist sie dazu übergegangen – namentlich unter der Auswirkung sozialistischer Lehren und sozialistischer Kritik – , ihre Forderungen mit den veränderten Tätigkeits- und Lebensbedingungen der Frauen zu begründen. Sie verschließt sich gegen die Tatsache, daß in der bürgerlichen Gesellschaft sich die beschworenen »Grundsätze der Demokratie« als Diktatur der Bourgeoisie, die »allgemeinen Menschenrechte« als Vorrechte der Besitzenden ausleben.

Die bürgerliche Frauenbewegung führt ihren Ursprung auf die Französische Revolution am Ausgang des 18. Jahrhunderts zurück. In dem Wettern und Flammen dieses gewaltigen Ereignisses erheben organisierte, kämpfende Frauen die Forderung voller Gleichberechtigung des weiblichen Geschlechts in Familie, Gesellschaft und Staat. Olympe de Gouges prägte sie als Konsequenz der proklamierten allgemeinen Menschenrechte in dem berühmten Satz aus: »Wenn die Frau das Recht hat, die Guillotine zu besteigen, so muß ihr auch das Recht zustehen, die Rednertribüne zu besteigen.« Trotz der Opfer und Leistungen von Frauen, von Frauenmassen für die Verteidigung und den Sieg der Revolution wurden die Menschenrechte nicht Frauenrechte. Der junge Kapitalismus hatte die bürgerliche Gesellschaft noch nicht tief genug für diesen Fortschritt umgewälzt. Er hatte auch den Klassengegensatz von Bourgeoisie und Proletariat noch nicht zu einer Schärfe und Reife entwickelt, die den unzulänglichen, formalen Charakter der Frauenrechte als allgemeiner Menschenrechte unzweideutig hervortreten ließen. Noch konnten sie scheinen, was sie nicht sind: volle Befreiung des gesamten weiblichen Geschlechts.

Die Revolutionen der ersten Hälfte des 19. Jahrhunderts in Frankreich und Deutschland wie die politischen und sozialen Kämpfe in England und namentlich die große, zuletzt kriegerische Auseinandersetzung des industriellen Nordens mit dem feudalen Süden der Vereinigten Staaten um die Aufhebung der Negersklaverei waren von dem Hervortreten grundsätzlicher Vertreter und Vertreterinnen der Gleichberechtigung des weiblichen Geschlechts begleitet; es bildeten sich lose zusammenhängende Frauengruppen, die diese Forderung erhoben. In Frankreich und Deutschland heischten manche ihrer Vorkämpferinnen außer der Emanzipation der Frauen auch, die Verbesserung der Lebensbedingungen der Arbeiterinnen. Das geschah jedoch nicht vom proletarischen Klassenstandpunkt aus, sondern im Namen einer gefühlsseligen Humanität, die den »armen Schwestern« von oben helfen, sie aber nicht zum selbsthelfenden Kampfe rufen wollte. In den Revolutionen in Frankreich und Deutschland hatte das Auftreten der Arbeiter als sich zusammenschließende, kämpfende Klasse – die Pariser Junischlacht 1848! – die Bourgeoisie, das »honette Bürgertum«, erschreckt. In allen Ländern, wo der Kapitalismus triumphierend vorstieß, bewirkte die davon untrennbare Verschärfung des Klassengegensatzes von Ausbeutern und Ausgebeuteten, daß die Proletarier als fordernde, sich gewerkschaftlich und politisch organisierende revolutionäre Macht aufzumarschieren begannen. Die Bourgeoisie versuchte erst diese Macht zu ködern, dann zu brechen. Sie wurde aus einer weiland revolutionären zu einer reaktionären, schließlich zu einer ausgesprochen gegenrevolutionären Klasse.

Die bürgerliche Frauenbewegung nahm an dieser Entwicklung teil. Ihr Klassencharakter trat immer klarer, unverhüllt durch die alte Phraseologie, in Erscheinung. Das erwies sich besonders in ihrer Einstellung zum gesetzlichen Arbeiterinnenschutz und zum Frauenwahlrecht, das zum »Damenwahlrecht« zusammenschrumpfte. Wohl drängten »radikale« Frauenrechtlerinnen vorwärts, hinter denen die Bedürfnisse und Forderungen breiter Frauenschichten des Mittelbürgertums, der Intelligenz standen, die die Herrschaft des Großkapitals bitter empfinden. Jedoch, trotzdem wurde die bürgerliche Frauenbewegung als Ganzes in Theorie und Praxis »maßvoller«, »vernünftiger«.. Sie paktierte mit alten Vorurteilen, sie stellte bürgerliches Klasseninteresse über die Gleichberechtigung des weiblichen Geschlechts. Die terroristische Taktik der opferbereiten, anarchistelnden Suffragetten in den Vereinigten Staaten und England im Kampfe für das Frauenwahlrecht unterstrich zwar, änderte aber nicht den Klassencharakter der Frauenrechtlerei. Ungeachtet ihrer feierlichen Festgesänge internationaler Schwesterschaft und brennender

Friedensliebe betätigten sich die weitaus meisten bürgerlichen Frauenorganisationen aller Länder im Namen der »Vaterlandsverteidigung« als fanatische nationalistische, mordspatriotische Durchhalterinnen des mehr als vierjährigen imperialistischen Völkergemetzels.

Seit das russische Proletariat im Roten Oktober 1917 begonnen hat, die Sturm- und Siegesglocke der proletarischen Weltrevolution zu läuten, seit unter dem Eindruck dieses größten Ereignisses unserer Zeit sich die Unterdrückten und Ausgebeuteten der noch kapitalistischen Staaten, der Kolonial- und Halbkolonialländer kettenrüttelnd, kämpfend erheben, ist allem übergeordnetes Hauptziel der bürgerlichen Frauenbewegung der Schutz, die Erhaltung der bürgerlichen Gesellschaftsordnung, in der die Frauen weder ihrer Klassensklaverei noch ihrer Gesellschaftssklaverei ledig werden können. Und das, obgleich der Bund sozialistischer Räterepubliken durch die Sowjetverfassung und den sozialistischen Aufbau erhärtet, daß die proletarische Revolution die höheren wirtschaftlichen und sozialen Formen schafft, die die volle soziale und menschliche Gleichwertung und Gleichberechtigung aller Frauen aus Buchstabenrecht in blühendes Leben verwandeln. Eine Ausnahme zu der Betätigung der bürgerlichen Frauenbewegung als Macht der Gegenrevolution bildet nur die Internationale Frauenliga für Frieden und Freiheit. Aus ehrlichem Pazifismus, heißer Freiheitsliebe und in vorurteilsloser Anerkennung des frauenbefreienden Werkes der russischen Revolution beben ihre besten Führerinnen nicht vor dem Nahen des Umsturzes der bürgerlichen Gesellschaftsordnung durch das revolutionär kämpfende Proletariat und seine Diktatur. Allein, die Liga ist nur ein kleiner Bruchteil der bürgerlichen Frauenbewegung.

Die gegenrevolutionäre Macht der organisierten Frauenrechtlerei beruht nicht auf der Sammlung der Bourgeoisdamen, sondern auf dem täuschenden, lähmenden Einfluß auf große werktätige Frauenmassen, deren Wollen und Handeln auf den Kampf von Geschlecht zu Geschlecht für die Reform der bürgerlichen Ordnung konzentriert wird, statt auf den Kampf von Klasse zu Klasse für die Revolution. Die bürgerliche Frauenbewegung erniedrigt diese Massen zu Kräften der Gegenrevolution. Sie nimmt bei ihrem Tun und Treiben die starke reformistische, sozialdemokratische Frauenbewegung in ihr Schlepptau. Die Bedeutung dieses Geschehens darf nicht unterschätzt werden. Mit dem Kapitalismus schreitet die bürgerliche Frauenbewegung über alle Erdteile. Sie erfaßt auch in der Welt des Orients wachsende Frauenmassen. Überall, wo niedergehaltene, ausgeplünderte Klassen und Völker sich gegen den imperialistischen Kapitalismus erheben, kommt sie diesem zu Hilfe, indem sie werktätige Frauen vom revolutionären Kampf ihrer Brüder durch narrende Illusionen zurückhält. Sie schleift eine Gefolgschaft von vielen Millionen hinter sich her. Sie umfaßt Bildungsorganisationen, die zu kapitalfrommer Demut erziehen, Genossenschaften, Gewerkschaften, Berufsvereinigungen, die kleine Vorteile verschaffen; Wohltätigkeitsvereine, die als Ketten und Knebel antibürgerlicher Gesinnung und Betätigung wirken. Sie verfügt über raffiniert ausgeklügelte Propaganda- und Agitationsapparate, über viele Zehntausende aktiver Kräfte. Sie wird aus öffentlichen und privaten Kassen mit reichen materiellen Mitteln bedacht. Der klassische Ausdruck des gegenrevolutionären Wesens der bürgerlichen Frauenbewegung sind die faschistischen Frauenorganisationen in Italien, Polen, Deutschland, den Vereinigten Staaten und anderen Ländern. Kurz, die bürgerliche Frauenbewegung ist eine ernste, gefährliche Macht der Gegenrevolution. Mit ihr kann, darf es kein Kompromiß, keine Bundesgenossenschaft geben, sie muß geschlagen werden, damit die proletarische Weltrevolution siege. Die objektiven und subjektiven Kräfte der Geschichte verbürgen ihren Triumph.

Die sozialdemokratische Frauenbewegung

Auf einer bedeutsamen, auf der besten Strecke ihrer Geschichte konnte die sozialdemokratische Frauenbewegung als proletarische Frauenbewegung der bürgerlichen entgegengestellt werden. In Theorie und Praxis war sie während dieser Periode, was jene scheinen wollte: Vorkämpferin für die volle soziale und menschliche Befreiung und Gleichberechtigung des gesamten weiblichen Geschlechts. Sie erfaßte die Frauenfrage im Lichte des historischen Materialismus als wesentlichen Teil der allgemeinen sozialen Frage. Sie erkannte daher, daß der Klassengegensatz und der Klassenkampf von Ausgebeuteten und Ausbeutern in der bürgerlichen Gesellschaft von ausschlaggebender Bedeutung für die volle Frauenemanzipation ist. Ihr Handeln wurde von der Auffassung geleitet, daß nur der revolutionäre Umsturz der bürgerlichen Gesellschaft und die Verwirklichung des Sozialismus als Tat des sich kämpfend befreienden Proletariats der Gesamtheit der Frauen voll erblühendes und sich auswirkendes Menschentum bringen werde und nicht die formale Gleichstellung der Geschlechter im Gesetz.

Im Gegensatz zu der bürgerlichen Frauenrechtlerei rief die proletarische Frauenbewegung zufolge ihrer grundsätzlichen Einstellung nicht die Frauen aller Klassen und Schichten zum gemeinsamen Kampfe von Geschlecht zu Geschlecht für eine Reform der Gesellschaft, die die Vorrechte des Mannes aufhebt. Sie sammelte, organisierte und schulte vielmehr vor allem die Proletarierinnen für den Kampf in Reih und Glied ihrer Brüder. Sie rief aber auch die unterdrückten und ausgebeuteten Frauen aller Schichten, zusammen mit dem Proletariat den Kampf von Klasse zu Klasse zu führen für die Revolution der bürgerlichen Ordnung mittels Aufhebung des Privateigentums an den Produktionsmitteln.

Die sozialdemokratische Frauenbewegung hat die Ehre verwirkt, in Lehre und Tat proletarische Frauenbewegung zu sein. Sie ist heute ihrem Ziel und Inhalt nach bloße Reformbewegung, eine besondere Spielart bürgerlicher Frauenrechtlerei, bürgerlicher Demokratie. Sie hatte ihren Aufschwung im Zusammenhang mit der II. Internationale, und gemeinsam mit dieser und deren Verrat am Proletariat ist sie seit dem Ausbruch des imperialistischen Weltkriegs 1914 von Stufe zu Stufe gesunken.

Die Bewegung der Frauen des Proletariats und des Bürgertums für ihre Emanzipation hat die gleiche Grundlage: die Vernichtung der alten hausgewerblichen Tätigkeit der Frau in der Familie durch die kapitalistische Produktionsweise. Jedoch darüber hinaus macht sich in der bürgerlichen Gesellschaft der Klassengegensatz der Frauen geltend. Die Besitzlosigkeit macht produktive, erwerbende Arbeit zur Existenzfrage für die Proletarierin, ja für die Proletarierfamilie. Die wirtschaftliche Umwälzung schafft dank der modernen Produktionsmittel und Produktionsbedingungen mit der Fabrikindustrie ein weites und wachsendes Gebiet solcher Arbeit in der Gesellschaft. Der Drang nach Mehrwert, nach Profit, der die Seele des Kapitalismus ist, peitscht mit dem Zwange der Not Scharen von Proletarierinnen in die Fabrik. Die ausgiebige Verwendung billiger und durch Lohndruck verbilligender, williger Frauenarbeit ist nicht lediglich eine Folgeerscheinung der Ausbreitung des Kapitalismus, sie ist gleichzeitig eine Voraussetzung seines Aufblühens.

Die Verdienstarbeit in der Gesellschaft löst für die Proletarierin die wirtschaftliche Abhängigkeit vom Manne und macht sie als Selbsterwerbende diesem gleich. Doch ihre Geschlechtssklaverei als Weib kettet sie rechtlich, gesetzlich weiter an ihn. Sie muß außerdem ihre wirtschaftliche Selbständigkeit mit teurem Preis bezahlen, mit den erbarmungslosesten Auswirkungen der proletarischen Klassensklaverei. Und nicht nur sie allein muß ihn zahlen. Auch der Proletarier in Gestalt sinkenden Lohnes und Verdrängung aus der Fabrik; das proletarische Kind mit mangelnder Pflege und Fürsorge, mit Verderben und Sterben; die gesamte Arbeiterklasse mit steigender Verelendung. Die Arbeiter, die noch nicht durch die Lehren des wissenschaftlichen Sozialismus klarsehend geworden sind, verwechseln Wirkung und Ursache. Für die verschärfte Not machen sie die Arbeit der am härtesten Ausgebeuteten verantwortlich, statt des gesellschaftlichen Regimes der kapitalistischen Ausbeutung. Sie bekämpfen die industrielle, die erwerbende Frauenarbeit und heischen ihr gesetzliches Verbot. Der Kampf der Geschlechter entbrennt auch in der Welt des Proletariats um eine Forderung, deren Verwirklichung die Frauen in die altersgraue Abhängigkeit vom Manne zurückwerfen würde. Geschlechtsunfreiheit und Klassensklaverei gestalten in enger Verschlingung das leidbeschwerte Dasein der Proletarierinnen.

Die Ideen der utopischen Sozialisten Owen, Saint-Simon, Fourier und ihrer Schüler entzünden das Licht der Hoffnung in diesem Dunkel. Die zum Bewußtsein ihres Menschentums und zum Freiheitssehnen erwachenden Proletarierinnen erwarten ihre Befreiung von allen Übeln in einem neuen, idealen Gesellschaftsbau der Gleichheit, Freiheit und Brüderlichkeit. Sie finden sich allmählich in Gruppen zusammen – auch mit bürgerlichen Frauen – , die sich gegen das Verbot der Frauenarbeit wehren und eine Verbesserung der Arbeits- und Lebensbedingungen der Arbeiterinnen verlangen. Sie vereinigen sich mit Gleichgesinnten – Männern wie Frauen – , um gemeinschaftlich für den Aufbau der utopischen, erträumten Gesellschaft zu werben, zu wirken. Sie sind jedoch noch sehr weit von der Erkenntnis entfernt, daß der Kapitalismus im Schöße der bürgerlichen Gesellschaft die objektiven Voraussetzungen der neuen, frauen- und menschheitsbefreienden Ordnung erzeugt und daß diese durch den gemeinsamen revolutionären Klassenkampf der Männer und Frauen des Proletariats verwirklicht werden muß.

Die ersten Anfänge der Emanzipationsbestrebungen proletarischer Frauen waren so nichts weniger als grundsätzlich, klar sozialistisch, sozialdemokratisch. Sie stellten ein Miteinander und Durcheinander frauenrechtlerischer, utopischer, sozialrevolutionärer, sozialreformlerischer Tendenzen und Forderungen dar. Sie entbehrten national und erst recht international eines festen organisatorischen Gefüges. In England, Frankreich, Deutschland, den Vereinigten Staaten von Nordamerika und anderwärts traten bald die einen, bald die anderen Charakterzüge mehr hervor, bald mehr ökonomische, bald politische Losungen. Allgemein bestimmend dafür war unter den gegebenen geschichtlichen Verhältnissen der einzelnen Länder die fortschreitende Entwicklung der kapitalistischen Produktion und ihre Auswirkung auf den Klassengegensatz von Bourgeoisie und Proletariat, auf das Rückwärts der bürgerlichen Demokratie, das Vorwärts des Proletariats an Erkenntnis, Organisation, Kampfkraft als revolutionäre Klasse. Im Verlaufe dieses geschichtlichen Reifeprozesses traten bei den Freiheit und Gleichberechtigung verlangenden Proletarierinnen frauenrechtlerische Stimmungen und Strömungen hinter die Anforderungen des Klassenkampfes zurück, rangen sich die Proletarierinnen zu der Auffassung durch, daß der Befreiungskampf der Klasse ohne die bewußte und hingebungsvolle Beteiligung gleichberechtigter, gleichgewerteter Frauen nicht siegreich geführt werden könne.

Führend, beispielgebend ging die I. Internationale dem Proletariat im Kampf für die volle Emanzipation des gesamten weiblichen Geschlechts voran. Ihr Kongreß zu Genf 1866 schlug die Vorstöße für das gesetzliche Verbot der industriellen Frauenarbeit zurück, das zünftlerische englische Gewerkschafter von rechts her, Anarchisten, Proudhonisten und Gesinnungsverwandte von links her forderten. Ausschlaggebend dafür war eine Darstellung des Problems – eine persönliche Arbeit von Marx – , die entsprechend dem dialektischen Materialismus die weitreichende revolutionäre Bedeutung der industriellen Frauenarbeit erhellte und gegen ihre reaktionären, die Klassenlage des Proletariats verschlechternden Auswirkungen in der Gesellschaftsordnung des Kapitalismus durchgreifenden gesetzlichen Schutz wider Ausbeutung und Unterdrückung heischte. Wie die Resolution über die Gewerkschaften zeigte sie die Notwendigkeit des gemeinsamen Klassenkampfes der Proletarier und Proletarierinnen zum Sturze des knechtenden und ausbeutenden Kapitalismus. Im Generalrat der I. Internationale saß eine Frau, berufliche Arbeiterinnenorganisationen gehörten ihr an: der Verband der Schuharbeiterinnen in England, der Seidenwirkerinnen von Lyon, und mit großer Energie und gutem Erfolg unterstützte die Internationale Arbeiterassoziation einen Streik der letztgenannten. Die Ideen dieser Weltorganisation der kämpfenden Arbeiterklasse befeuerten und leiteten viele Proletarierinnen und Kleinbürgerinnen, die bei der Verteidigung der Pariser Kommune als Heldinnen und Märtyrerinnen ihren Anspruch auf Gleichwertung und Gleichberechtigung mit dem Manne bewiesen hatten. In Deutschland war noch vor dem großen, international aufwühlenden und lehrenden Ereignis der Machteroberung des Proletariats der erste gemeinsame, organisierte Aufmarsch von Proletarierinnen und Proletariern im Zeichen des Sozialismus gegen den Kapitalismus erfolgt. Die Gewerksgenossenschaft der Manufaktur-, Fabrik- und Handarbeiter zu Crimmitschau wurde gegründet, eine Vorläuferin des Textilarbeiterverbandes, die sich zu den Grundsätzen der Internationalen Arbeiterassoziation bekannte.

Die I. Internationale fiel als Organisationsform auseinander, ihr reicher geschichtlicher Inhalt lebte im Proletariat auch in der revolutionären Auffassung der Frauenfrage weiter und gewann immer mehr Anhänger und Anhängerinnen. Der Gründungskongreß der II. Internationale zu Paris 1889 bewies es. Eine der beiden Vertreterinnen deutscher Arbeiterinnenvereine Die Vertreterinnen der deutschen Arbeiterinnenvereine waren Clara Zetkin und Emma Ihrer. Das Referat »Für die Befreiung der Frau!« hielt Clara Zetkin; siehe Clara Zetkin, Ausgewählte Reden und Schriften, Bd. I, Dietz Verlag, Berlin 1957, S. 3– 11. wandte sich im Auftrage der deutschen Delegation gegen ein Verbot der Frauenarbeit, wies die Frauenrechtlerei ab und forderte die Eingliederung der Proletarierinnen in die Kampfreihen der Arbeiterklasse. Der Kongreß solidarisierte sich durch stürmischen Beifall mit der Auffassung, faßte jedoch keinen die Parteien und Gewerkschaften verpflichtenden Beschluß in der aufgerollten Frage. Das ist kennzeichnend für das Verhalten der II. Internationale zu ihr. Die II. Internationale verzichtete auf Initiative und Führung, das Ringen der proletarischen, der werktätigen Frauen für ihre Befreiung und Gleichberechtigung ideologisch und organisatorisch mit dem Klassenkampf des Proletariats zu verbinden und zu einer nicht zu missenden tragenden und treibenden Kraft der sozialen Revolution zu machen. Sie überließ es den Bekennerinnen des Sozialismus selbst, diese bedeutsame Aufgabe zu lösen.

In allen kapitalistischen Ländern gingen diese mit reifender theoretischer Erkenntnis und größtem hingebungsvollem Eifer daran, die Wirrnis frauenrechtlerischer, sozialreformlerischer, sozialistischer Gedanken zu klären, die Zersplitterung der vielerlei von Organisationsformen zu überwinden und die in Fluß befindliche Bewegung der Proletarierinnen zu einer grundsätzlich richtigen, praktisch wirksamen, ausgesprochen sozialistischen Frauenbewegung zu machen. Die Sozialdemokratinnen Deutschlands gingen bei diesem Werk wegweisend und beispielgebend voran. Die sozialdemokratische Frauenbewegung erhärtete ihre Gleichwertigkeit als Teil des revolutionären proletarischen Befreiungskampfes durch ihre reinliche Scheidung in Theorie und Praxis von der Frauenrechtlerei und dem bürgerlichen Reformismus. Die dafür nötigen Auseinandersetzungen erfolgten auf der ganzen Front der Frauenfrage als sozialer Frage, die nur durch die proletarische Revolution und Diktatur als Wegbereiter des Sozialismus gelöst werden kann.

Sie konzentrierten sich zunächst auf die grundsätzliche und praktische Einstellung zum gesetzlichen Arbeiterinnenschutz. Der Kongreß der II. Internationale zu Zürich 1893 entschied entgegen starken frauenrechtlerischen Tendenzen im Sinne der marxistischen Auffassung. Wichtiger und weittragender noch war der Kampf um die grundsätzliche und taktische Stellungnahme zum Frauenwahlrecht. Sollte das Eintreten für ein »Damenwahlrecht« gestattet sein, der Verzicht auf die Forderung des allgemeinen Frauenwahlrechts in proletarischen Wahlrechtskämpfen, die frauenrechtlerische Gleichsetzung des politischen Frauenwahlrechts mit der vollen sozialen Befreiung des weiblichen Geschlechts? Die Klärung dieser Streitfragen wurde zu einem leidenschaftlichen Kampf gegen den Reformismus, den Opportunismus auf der ganzen Linie. Die Initiative und Zähigkeit der fortgeschrittensten Trägerinnen der sozialdemokratischen Frauenbewegung setzten es durch, daß dieser Kampf auf dem Kongreß der II. Internationale zu Stuttgart 1907 mit dem Sieg des revolutionären Marxismus endete. Die sozialdemokratische Frauenbewegung war in ihren besten Zeiten eine wertvolle Kraft des »linken Flügels« der sozialistischen Parteien der II. Internationale im Ringen mit dem Opportunismus und Revisionismus.

Ihrer Auffassung von der einheitlichen Organisation der Ausgebeuteten ohne Unterschied des Geschlechts getreu, führte sie die Arbeiterinnen den Gewerkschaften ihrer Berufsgenossen zu, die proletarischen Frauen jeder Schicht der sozialistischen Partei ihres Landes. Auf der geschaffenen Grundlage nahm die sozialdemokratische Frauenbewegung ihren internationalen Zusammenschluß im Rahmen und in engstem Zusammenhang mit der II. Internationale in Angriff. Die erste internationale Konferenz sozialistischer Frauen zu Stuttgart 1907 bestimmte die »Gleichheit«, das Frauenblatt der deutschen Sozialdemokratie, zum internationalen Organ und wählte eine Internationale Sekretärin. Diese Funktion übte von 1907 bis 1917 Clara Zetkin aus. Die zweite internationale Konferenz sozialistischer Frauen zu Kopenhagen 1910 beschloß als einheitliche internationale Aktion den alljährlichen Frauentag. In Anknüpfung an aktuelle Forderungen der Proletarierinnen, so des Frauenwahlrechts, sollte er revolutionärer Klassenvormarsch der proletarischen Frauen und Männer gegen die bürgerliche Gesellschaft sein.

Das imperialistische Völkermorden brachte zum Ausdruck, daß der Wurm des Reformismus auch die so hoffnungsreich scheinende sozialdemokratische Frauenbewegung zerfressen hatte. Sie zeitigte noch eine kraftvolle revolutionäre Lebensäußerung: die internationale sozialistische Frauenkonferenz zu Bern 1915. Vom proletarischen Klassenstandpunkt aus rief sie die Frauen auf zum Kampf gegen den Verrat der internationalen Solidarität der Proletarier aller Länder durch die Mehrheit der sozialdemokratischen Parteien und Gewerkschaften, zum Kampf für den Frieden der Völker als Voraussetzung zur Entfesselung des schärfsten revolutionären Vorstoßes der proletarischen Massen zum Umsturz der bürgerlichen Gesellschaft. Die Konferenz war Aktion einer Minderheit der Bewegung, Vorbotin ihrer unerläßlichen Spaltung. Der weitaus größte Teil der organisierten sozialdemokratischen Frauen sank unter Führung der II. Internationale herab zu Verteidigerinnen der nationalen »Vaterländer« der imperialistischen Bourgeoisie. Sie wetteiferten an chauvinistischer Gesinnung und Aktivität mit den bürgerlichen Damen. Sie täuschten und beschwindelten die Proletarierinnen über Ziel und Charakter des imperialistischen Machtringens und trieben damit diese in die Schützengräben der Wirtschaft und aller Gebiete des sozialen Lebens. Unbelehrt durch das gewaltige Weltgewitter der proletarischen Revolution im Zarenreich, standen die Sozialdemokratinnen weiterhin der Bourgeoisie bei, ihre Klassenherrschaft gegen den Ansturm der revolutionär vordringenden Ausgebeuteten zu schützen.

Die rühmliche Vergangenheit wirft helles Licht darauf, wie tief die sozialdemokratische Frauenbewegung gefallen ist. Sie ist zu einer Nichts-als-Reformbewegung entartet, die die bürgerliche Ordnung nicht stürzen, sondern stützen will. Sie trägt dazu bei, die Klassensklaverei der Proletarierinnen zu befestigen, zu erhalten. Gewiß, in der sozialdemokratischen Frauenbewegung wird noch vom Sozialismus geredet, aber nur zu dem Zwecke, werktätige Frauen vom revolutionären Kampfe ihrer Klasse abzuhalten. Sie führt die Proletarierinnen nicht auf den einzigen Weg zum Sozialismus, zur kommunistischen Weltordnung: zur Revolution zur Eroberung der Staatsmacht. Sie lullt diese zwiefach Geopferten des Kapitalismus mit dem Traum ein vom »friedlichen Hineinwachsen in den Sozialismus« durch soziale Reformen und bürgerliche Demokratie. Sogar was Reformen und die Demokratie anbelangt, so narrt sie die werktätigen Frauen mit der Illusion, daß diese »Errungenschaften« Früchte des Zusammenwirkens der Klassen, des Burgfriedens zwischen ihnen sind und nicht Ergebnisse des erbitterten, hartnäckigen proletarischen Klassenkampfes. Indem sie das grundsätzliche Ziel preisgibt – die proletarische Revolution – , macht sie sich selbst unfähig, auch die Gegenwartsforderungen der Proletarierinnen zu vertreten.

Besonders charakteristisch für das alles sind die internationalen sozialdemokratischen Frauenkonferenzen, die in Marseille 1925 und in Brüssel 1926 und 1928 in der Gnadensonne der wieder zusammengeflickten II. Internationale stattgefunden hatten. In den Fragen des gesetzlichen Arbeiterinnenschutzes, des Schutzes und der sozialen Fürsorge für Mutter und Kind, für Hilfsbedürftige jeder Art zogen sich diese Tagungen auf die winzigen Forderungen der Washingtoner Konferenz 1919 zurück. Sie sind bis heute nicht von den gepriesenen Koalitionsregierungen großer kapitalistischer Staaten und der Arbeiterregierung in England ratifiziert, und ihre Verwirklichung als »humanitäres Menschenrecht« wird von den Sozialdemokratinnen sanft erbeten. Den Wert solcher Einstellung zeigt Frau Bondfield, Arbeitsminister der englischen Arbeiterregierung, durch deren Gesetzentwürfe und Vorschläge zur Regelung der Arbeitslosenfürsorge, der Arbeitsverhältnisse im Bergbau; durch die Stellungnahme zu dem großen Kampf in der Wollindustrie, in der viele Zehntausende Arbeiterinnen ausgebeutet und geknechtet werden.

Das Frauenwahlrecht werteten die internationalen Konferenzen der Sozialdemokratinnen echt feministisch als vollendetes Menschenrecht der Frauen. Trotzdem waren die Tagenden bereit, sich mit einem »Damenwahlrecht« zu begnügen, und drückten sich feige darum herum, die reformistische Arbeiterpartei Belgiens auch nur zur Ordnung dafür zu rufen, daß ihre Vertreter in der Kammer zufolge ihres Bündnisses mit den Liberalen gegen das von den Klerikalen beantragte Frauenwahlrecht gestimmt haben. Im höchsten Maße schamlos ist das Verhalten der Sozialdemokratinnen gegenüber der drohenden Gefahr imperialistischer Kriege. Sie verzichteten in Marseille auf die geforderte Brandmarkung des greuelreichen Marokkokrieges der französischen Imperialisten, weil dieser von den reformistischen Sozialisten Frankreichs nicht bekämpft worden ist. Sie hetzten dafür gegen den angeblichen »roten Imperialismus« der Sowjetunion und vertrösteten die friedenssehnsüchtigen Proletarierinnen mit der Hoffnung auf den »Stimmzettel der Mütter«. Die sozialdemokratische Frauenbewegung ist eine Pflegestätte der Illusionen über die friedenstiftende Macht des Völkerbundes, der internationalen Abrüstungskonferenzen der kapitalistischen Regierungen und jeder damit zusammenhängenden Massenbeschwindelung. Sie ist ebenso eine Pflegestätte aller Lügen und Verlästerungen gegen den ersten Staat der proletarischen Diktatur und seinen sozialistischen Aufbau. Sie schweigt hingegen in allen Sprachen von der ernsten Friedenspolitik dieses Staates, von seinem vorbildlichen Werk zur vollen menschlichen Befreiung der Frau durch die Sowjetverfassung und die Gestaltung wirtschaftlicher und sozialer Lebensformen, die die Gleichberechtigung zur Wahrheit und Tat erheben. Sie hat auch keine Tat internationaler Solidarität aufzuweisen für die Befreiungskämpfe der Kolonial- und Halbkolonialvölker gegen den Imperialismus; Kämpfe, an denen Arbeiterinnen, Bäuerinnen, Kleinbürgerinnen, weibliche Intellektuelle einen hervorragend opferfreudigen Anteil nehmen. Die sozialdemokratische Frauenbewegung ist verbürgerlicht. Sie unterscheidet sich vom Feminismus in der Konkurrenz um gläubige Gefolgschaft lediglich durch die Phraseologie, nicht durch ihr Wesen. Sie geht den politischen Parteien und Gewerkschaften, mit denen sie verbunden ist, nicht mehr Probleme der Frauenfrage klärend, die Praxis anregend und bereichernd voran. Sie ist die gefügige Magd dieser Organisationen im Dienste der Großbourgeoisie. Keine arbeiterfeindliche Schandtat der Koalitionspolitik, des Industriefriedens, mit deren Duldung sie nicht im Namen des »Staatsgedankens« und der »Volkswirtschaft« das Klassenbewußtsein der Proletarierinnen trübt, ihre Kampfenergie einschläfert. Die sozialdemokratische Frauenbewegung hat trotz ihres innerlichen Verfalls eine starke und aufsteigende äußere Entwicklung. Nach dem Bericht an den Brüsseler Kongreß der Sozialistischen Arbeiterinternationale 1928 waren in den dieser angeschlossenen Parteien 915 000 Frauen organisiert, die reformistische. Gewerkschaften zählten 1 687 000 weibliche Mitglieder. Diese Zahlen sind seither bei weitem überholt. Die sozialdemokratische Frauenbewegung wird nicht mehr wie einst von der »öffentlichen Meinung« verhöhnt, von den Behörden verfolgt, sie erfreut sich von beiden Seiten kräftiger Unterstützung. In den Ländern mit Koalitionsregierungen – und namentlich dort, wo das Frauenwahlrecht besteht – verwurzelt sie sich mittels starker Positionen im Staatsapparat in den Gemeindeverwaltungen, in der Sozialversicherung, der Wohlfahrtspflege unter den Massen der Proletarierinnen. Für sie wirken erfahrene, geschickte Propagandistinnen und Organisatorinnen, die das früher erworbene Vertrauen wie ihre ganze Kenntnis der Lage und Psychologie der werktätigen Frauen mißbrauchen, um diese zu täuschen und zu gängeln, indem sie ihren antirevolutionären Kleinmut, ihre Furcht vor der Revolution nähren und bestärken. Das in der Zeit, wo sie die erbarmungslose Herrschaft des Monopolkapitals, des beutegierenden Imperialismus, die begonnene proletarische Revolution, das unsterbliche Beispiel der revolutionär kämpfenden und sozialistisch aufbauenden Frauen in der Sowjetunion vor Augen haben. Auf daß die frauenbefreiende proletarische Revolution den Kapitalismus niederwirft, muß sie den Reformismus in der Arbeiterklasse vernichten...

Die kommunistische Frauenbewegung

Die kommunistische Frauenbewegung hat eine kurze, aber höchst inhaltsreiche Geschichte. Sie entwickelt sich und wirkt in der bedeutungsvollsten Periode, die die Menschheitsgeschichte bis nun kennt. In der Periode der mit dem Roten Oktober 1917 begonnenen proletarischen Weltrevolution, die dank der Aufhebung des Privateigentums an den Produktionsmitteln und der Verwirklichung des Kommunismus als Gesellschaftsordnung alle wirtschaftlichen und sozialen Schranken zwischen den Menschen niederreißt und neue gesellschaftliche Lebensformen schafft. Diese gewaltige Umwälzung der Gesellschaft ist unerläßliche Bedingung für ein neues, höheres Verhältnis von Mann und Weib, von Eltern und Kindern und in der Folge für die volle menschliche Befreiung und Gleichberechtigung des gesamten weiblichen Geschlechts. Die kommunistische Frauenbewegung soll und will bewußt diesem großen Ziel dienen, dessen Verwirklichung das Werk der vom Kapitalismus Ausgebeuteten und Unterdrückten der ganzen Welt sein muß, die unter Vorantritt und Führung des klassenklaren Proletariats zu revolutionär Kämpfenden werden. Die Tätigkeit der Kommunistinnen ist planmäßig und organisch darauf gerichtet, breiteste Massen der durch die Klassenherrschaft der Großbesitzenden ausgeplünderten und niedergetretenen werktätigen Frauen, die durch die Geschlechtsherrschaft des Mannes gefesselten Frauen aller sozialen Schichten zu Mitkämpferinnen für dieses Befreiungswerk zu erheben. Das Wollen und Handeln der zwiefach Geknechteten müssen von dem Wissen geleitet werden, daß die proletarische Weltrevolution der einzige Weg zu ihrer Befreiung ist.

Auf höherer Stufe der geschichtlichen, der theoretischen Erkenntnis und der praktischen Betätigung setzt die kommunistische Frauenbewegung das von der sozialdemokratischen Frauenbewegung einst im marxistischen Geiste willig begonnene, aber heute verratene Werk fort. Zwischen beiden gähnt abgrundtief ein unüberbrückbarer Gegensatz: die Einstellung zur bürgerlichen Gesellschaftsordnung, zu ihrer Wirtschaft, ihrem Staat. Volle Frauenemanzipation durch Reform der bürgerlichen Gesellschaft oder durch die Revolution – das ist die Frage, die die beiden Bewegungen grundsätzlich und taktisch trennt. Verbürgerlicht weicht die sozialdemokratische Frauenbewegung revolutionsfeindlich vor den klaren, eindeutigen Lehren der Ereignisse seit 1914 zurück. Die kommunistische Frauenbewegung zieht dagegen in Theorie und Praxis die zielsetzenden, wegweisenden Schlußfolgerungen aus dem imperialistischen Weltkrieg, der russischen Revolution und dem historischen Geschehen seither. Sie wird dabei von der treu festgehaltenen Geschichtsauffassung des revolutionären Marxismus geleitet und seiner konsequenten, lebenskräftigen leninistischen Anwendung auf die Probleme und Aufgaben des gesellschaftlichen Entwicklungsprozesses.

Der Ausgangspunkt der organisierten kommunistischen Frauenbewegung ist der Gründungskongreß der III. Internationale zu Moskau im März 1919. Das Verhältnis dieser weltumspannenden Organisation des Proletariats zu ihr spiegelt die fortgeschrittene objektive und subjektive geschichtliche Reife der gesellschaftlichen Entwicklung für die proletarische Revolution wider. Der Gründungskongreß der III. Internationale begnügte sich nicht damit, gleich dem Gründungskongreß der II. Internationale der Forderung der Gleichberechtigung der Frauen und ihres Marschierens in Reih und Glied des kämpfenden Proletariats Beifall zu spenden und nichts mehr. Auf Antrag russischer Genossinnen – ausländische Kommunistinnen konnten wegen, der damaligen außerordentlichen Schwierigkeiten des Verkehrs mit Sowjetrußland an der Tagung nicht teilnehmen – nahm er einstimmig eine Resolution an, die die volle Gleichberechtigung der Frauen und ihre Bedeutung als nicht zu missende Kraft der Revolution in sich begreift. Sie stellte fest, daß die Kommunistische Internationale »die vor ihr stehenden Aufgaben nur erfüllen, den endgültigen Sieg des Weltproletariats und die vollständige Abschaffung der kapitalistischen Ordnung nur sichern kann durch den engverbundenen gemeinsamen Kampf der Frauen und Männer der Arbeiterklasse. Die Diktatur des Proletariats kann nur unter regem und aktivem Anteil der Frauen der Arbeiterklasse verwirklicht und behauptet werden.« Siehe »Protokoll über die Verhandlungen in Moskau vom 2. bis 19. März 1919«, Hamburg 1921, S. 194.

Der Geist dieses Beschlusses ist bestimmend geblieben für das Werden, Wachsen und Wirken der kommunistischen Frauenbewegung, für ihr Verhältnis zu der Kommunistischen Internationale und ihren nationalen Sektionen. Die II. Internationale war ideologisch und organisatorisch ein loses Gebilde, dessen verpflichtende und führende Kraft nicht über Resolutionen und Demonstrationen hinausreichte. Die sozialdemokratische Frauenbewegung entwickelte sich in ihrem Rahmen, jedoch nicht unter ihrer Leitung. Die III. Internationale hat aus dem Geschehen des imperialistischen Zeitalters, hat aus den Mängeln und dem schließlichen schimpflichen Versagen und Verraten ihrer Vorgängerin gelernt. Im Gegensatz zu ihr ist sie ideologisch und organisatorisch eine festgefügte Einheit. Die kommunistische Frauenbewegung entfaltet und betätigt sich daher nicht bloß im Rahmen der III. Internationale, sondern in unlösbarem Zusammenhang mit ihr und unter ihrer Führung. Wie die ganze große Weltorganisation des vorstürmenden Proletariats stützt sie sich für ihr Arbeiten und Kämpfen auf die Theorie des historischen Materialismus, wie sie Lenin weiterentwickelt zur gestaltenden Praxis erhoben hat, und auf die Erfahrungen, die Lehren der russischen Revolution. Internationale Einheitlichkeit der Grundsätze der Organisation, der Aktion, um die mit Hand und Hirn werktätigen Frauenmassen gemeinschaftlich mit ihren Klassenbrüdern als Kräfte der sie befreienden, gleichberechtigenden Revolution zur geschichtlichen Geltung zu bringen: Das sind Leitgrundsätze und Ziele der kommunistischen Frauenbewegung.

Erfolgreich wirken internationale Frauenkonferenzen und Frauenberatungen für das dreifache Ziel. Sie finden in Verbindung mit Weltkongressen der Kommunistischen Internationale oder Vollsitzungen ihrer Exekutive statt, und ihre Beschlüsse wie Berichte werden diesen Tagungen zur Prüfung und Entscheidung vorgelegt, wobei selbstverständlich die Vertreterinnen der Genossinnen mitzusprechen und mitzustimmen haben. Für Grundsätze, Taktik und Organisation der kommunistischen Frauenbewegung war besonders die zweite Internationale Konferenz der Kommunistinnen 1921 zu Moskau grundlegend und richtunggebend. Sie beriet und beschloß Richtlinien für die internationale kommunistische Frauenbewegung, die diese scharf ebenso von der Frauenrechtlerei als auch von der nicht weniger bürgerlichen reformistischen Sozialdemokratie und ihrer Frauenbewegung scheiden. Die Richtlinien gehen von der Feststellung aus, daß das Privateigentum die letzte Ursache der Geschlechtssklaverei und der Klassensklaverei ist und daß einzig und allein die Aufhebung des Privateigentums an den Produktionsmitteln, ihre Umwandlung in Gesellschaftsbesitz, volle Frauenbefreiung sichert. Diese weit- und tiefreichende Umwälzung der Gesellschaftsordnung muß die Gemeinschaftstat der Besitzlosen und Wenigbesitzenden ohne Unterschied des Geschlechts sein. Ohne revolutionären Klassenkampf des Proletariats keine wirkliche volle Frauenemanzipation, ohne Beteiligung der Frauen daran keine Zerschmetterung des Kapitalismus, keine sozialistische Neuschöpfung.

Die Richtlinien weisen zwingend nach, daß der erlösende Kommunismus zur Voraussetzung die Revolution hat, in der das kämpfende, siegreiche Proletariat seine Diktatur aufrichtet als Weg zum Ziel der gewaltigen gesellschaftlichen Umwälzung. Sie zerfetzen die trügerische und verderbliche Illusion, daß geänderte Gesetzestexte zugunsten der Gleichberechtigung des weiblichen Geschlechts und soziale Reformen zur Besserstellung des Proletariats, daß bürgerliche Diktatur statt proletarischer Diktatur Freiheit und Gleichberechtigung zu bringen vermöchten. Reformen der einen und anderen Art sind und bleiben Flickwerk an der ausbeutenden, knechtenden bürgerlichen Gesellschaft, sie bedeuten keine Lösung der Frauenfrage, der sozialen Frage, erklären die Richtlinien. Nach dieser grundsätzlichen Ablehnung der Reformen als »Endziele« der kommunistischen Frauenbewegung formulieren sie eine Reihe von Forderungen, geeignet, brennende Tagesnöte der werktätigen Frauen ein weniges zu lindern, als Anknüpfungspunkte für die kommunistische Aufklärungs- und Organisierungsarbeit unter ihnen zu dienen, die Erkenntnis, den Willen und die Entschlußkraft der Erweckten über sich aufdrängende Tages- und Teilforderungen auf die Machteroberung des Proletariats, den Umsturz der Gesellschaft zu richten und ihre Kampftüchtigkeit für die Revolution zu stärken und zu steigern.

Die Richtlinien lehnen Sonderorganisierung der Kommunistinnen mit aller Entschiedenheit ab. Diese treten als gleichberechtigte, gleichverpflichtete und gleichgewertete Mitglieder in die kommunistische Partei ihres Landes ein; Arbeiterinnen, weibliche Berufstätige müssen den Gewerkschaften ihrer Berufsgenossen angehören. Angesichts vorgefundener bestimmter sozialer Verhältnisse, der Rückständigkeit und Unfähigkeit vieler Frauen und Männer, die Notwendigkeit und Überlegenheit der gemeinschaftlichen Organisation zu erfassen, bedürfen die kommunistischen Parteien zur Zeit noch besonderer Organe, die sich durch ihr erfolgreiches Wirken mit der Zeit selbst überflüssig machen. Wie diese Organe zusammengesetzt sind – am besten aus Genossinnen und Genossen –, ist Zweckmäßigkeitsfrage. Das Wesentliche der internationalen kommunistischen Frauenbewegung ist die planmäßig organisierte, energische Betätigung der nationalen kommunistischen Parteien unter den Proletarierinnen, den werktätigen Frauen, um diese in Massen gegen den Kapitalismus, die bürgerliche Ordnung, in Bewegung zu setzen.

Der III. Weltkongreß der Kommunistischen Internationale hat die Richtlinien bestätigt. Ihren Leitgedanken entsprechend, haben sich internationale Konferenzen und Beratungen der organisierten Kommunistinnen – zwei in Berlin, die übrigen in Moskau – mit der Betätigung auf wichtigen Gebieten der Parteiarbeit auseinandergesetzt: in den Gewerkschaften, den Genossenschaften, auf dem Gebiet des Bildungs- und Erziehungswesens. Die Tagungen haben sich ferner eingehend mit der systematischen Durchführung von Frauen- und Arbeiterinnendelegiertenversammlungen und Konferenzen beschäftigt als einem wertvollen Mittel, über die Kreise der kommunistischen Partei hinaus für deren Aktionen werktätige Frauen zu werben und die Geworbenen gleichzeitig zu sozialer Gemeinschaftsarbeit zu erziehen. Sie haben in dem gleichen Sinne Stellung genommen zu dem Wirken in überparteilichen Massenorganisationen, sympathisierenden, insbesondere überparteilichen Frauenorganisationen. Nationale Tagungen der Kommunistinnen fördern die Bewegung in der gleichen Weise, selbstverständlich in Verbindung mit der kommunistischen Partei ihres Landes. Seit 1921 wirkten zwei internationale Frauensekretariate – das eine in Berlin für den Westen, das andere in Moskau für den Osten – für die feste Verbindung der kommunistischen Frauenbewegung der einzelnen Länder miteinander und mit der Leitung der Kommunistischen Internationale. Sie wurden nach dem V. Weltkongreß als Frauenabteilung der Exekutive vereinigt und ausgestaltet. Sie hat ihren Sitz in Moskau und ist mit ihrer Arbeit allen Abteilungen und Organen des Stabes der proletarischen Weltorganisation eingegliedert. Diese geht mit gutem Beispiel der Leitung der nationalen Sektionen voran.

Die internationale Einheitlichkeit der grundsätzlichen Einstellung und Organisation der kommunistischen Frauenbewegung stärkt die internationale Einheitlichkeit ihrer Aktionen, verleiht ihnen fortreißenden Schwung und durchhaltende Kraft. Der Aufruf führender Kommunistinnen zur Hungerhilfe für Sowjetrußland 1921 entflammte in allen noch kapitalistischen Staaten ungezählte Frauenherzen zu opferfreudigem, tatkräftigem Beistand. Der internationale kommunistische Frauentag des 8. März vereinigt von Jahr zu Jahr wachsende Scharen revolutionär aufbauender Frauen in der Sowjetunion, revolutionär vorwärtsdrängender Frauen in den kapitalistischen Staaten und Kolonial- und Halbkolonialländern in dem einen gemeinschaftlichen Bewußtsein ihrer unlöslichen internationalen Zusammengehörigkeit miteinander und mit ihren Brüdern für die Verwirklichung des befreienden Kommunismus. Wann immer nationale kommunistische Parteien im Zeichen der III. Internationale die Massen der Proletarier, der Werktätigen aller Schichten zum geschlossenen und entschlossenen einheitlichen Kampf aufrufen gegen imperialistische Kriegsgefahr, gegen bürgerliche und sozialdemokratische antibolschewistische Hetzkampagnen, die eine sowjetfeindliche Politik zur wirtschaftlichen Erdrosselung des ersten Staates der proletarischen Diktatur rechtfertigen, militärische Überfälle imperialistischer Mächte wider ihn vorbereiten sollen: da stehen in den vordersten Reihen Frauen bereit, ihre ganze Kraft für die Sache der Revolution und damit für ihre eigene Befreiung einzusetzen.

Werktätige Frauen haben allerwärts durch höchstes Helden- und Märtyrertum den großen revolutionären Wert ihrer Beteiligung an den Kämpfen ihrer Brüder in die Geschichte geschrieben – bei den Erhebungen der sozial und national Niedergetretenen und Ausgesogenen in Bulgarien, Rumänien, Jugoslawien, bei dem Ringen industrieller, ländlicher, intellektueller Werktätiger mit Faschismus und Terror in Italien, Polen und anderen Staaten; bei dem Riesenkampf der Bergarbeiter in Großbritannien; bei dem revolutionären Vorstürmen von Arbeitern, Bauern, Kleinbürgern und Akademikern gegen nationale und soziale Knechtschaft in China, Indien, Indonesien, Indochina, Südwestafrika und anderen Gebieten imperialistischer Ausplünderung; bei Streiks und Aussperrungen jeder Art und überallhin denen die Arbeiterinnen und Arbeiterfrauen nicht selten beispielgebend vorangingen; bei harten Auseinandersetzungen um sozialpolitische Maßnahmen, politisches und kulturelles Recht der Habenichtse und anderes mehr. Stets und allerorten, wo die Frauen aktiv in das Geschehen eingriffen, wurde ihre Kampfentschlossenheit und Kampffreudigkeit durch das Bewußtsein internationaler Verbundenheit erhöht, auch wenn diese nicht in den Taten zum Ausdruck kommen konnte. Die revolutionäre Ideensaat der kommunistischen Frauenbewegung keimt, schießt in die Halme.

Starke und wohlgeschulte Bataillone, ja eine ganze stattliche Armee stellen die organisierten Genossinnen in der Sowjetunion der kommunistischen Frauenbewegung. Es ist wahrlich mehr und Wertvolleres als nur ihre zahlenmäßige Stärke und ihre Machtstellung als Gleichberechtigte im Staate der proletarischen Diktatur und der ihn führenden russischen Kommunistischen Partei, was sie ihr zubringen. Es ist der reiche Schatz ihrer Erfahrungen als revolutionär Kämpfende in der Periode der Eroberung und der Behauptung der Staatsmacht durch das Proletariat; als Mitarbeitende in der Zeit des Gebrauchs der Macht zum sozialistischen Aufbau; als Miterweckende und Miterziehende der proletarischen und bäuerlichen Massen – insbesondere der werktätigen Frauenmassen – in beiden aufgaben- und verantwortungsreichen Perioden. Es versteht sich, daß diese Erfahrungen für die kommunistische Frauenbewegung außerhalb der Sowjetunion keine gedankenlose, sklavische Nachtreterei unter anderen geschichtlichen Verhältnissen als dort bedeuten, wohl aber eine Fülle fruchtbarer Anregungen und Hinweise übermitteln. Ein unversiegbarer Born revolutionärer Kraft und Erhebung ist für die internationale kommunistische Frauenbewegung das glänzende persönliche Vorbild der Freiheitskämpferinnen des Roten Oktober, der Blockadezeit, des Interventions- und Bürgerkrieges, ist das nicht minder heroische Beispiel der sozialistisch Aufbauenden von heute. Die Kommunistinnen aller nichtsowjetischen Länder können von ihnen lernen, wie man für die Revolution stirbt und – was oft noch schwerer ist – für die Revolution lebt.

Zusammen mit der III. Internationale zieht die kommunistische Frauenbewegung ihre Kreise über den Erdball. Sie lebt und wirkt, nicht nur in Kanada und den Vereinigten Staaten, in Mexiko und den Ländern Mittel- und Südamerikas, in Südafrika und Australien. Sie revolutioniert auch Massen von Frauen im Nahen und Fernen Osten; Frauen, die, durch jahrtausendealte wirtschaftliche und soziale Lebensformen gekettet, die Versklavtesten der Geschlechtssklavinnen sind. Gewiß, der dort eingebrochene kapitalistische Handel und die in manchen jener Länder aufkommende kapitalistische Produktion haben mit ihren Auswirkungen zum Entstehen einer bürgerlichen Frauenbewegung geführt, die bemerkenswerte Erfolge errungen hat. Jedoch von dem bürgerlichen Wesen und den bürgerlichen Zielen dieser Bewegung abgesehen, ist sie nicht erweckend, emporreißend in die Tiefen der Gesellschaft gedrungen, es hat ihr deshalb der Schwung umfangreicher Bewegungen und höchster Zielsetzungen gefehlt. Im ziel- und wegweisenden Leuchten des Sowjetsterns entsteht in den Ländern des Orients im Zusammenhang mit kommunistischen Parteien eine kommunistische Frauenbewegung, die zumal in China Scharen von Proletarierinnen, Bäuerinnen wie auch zahlreiche studierte Frauen und Kleinbürgerinnen zu todesmutigen revolutionären Kämpferinnen erhebt. Am internationalen kommunistischen Frauentag 1927 trat für die Provinz Hubee eine Frauenkonferenz zusammen, die ihr Aktionsprogramm mit der Erklärung einleitete: »Die Revolution ist der einzige Weg zur Befreiung der Frau.«

Anerkennenswert ist die Entwicklung, sind die Leistungen der kommunistischen Frauenbewegung. Erfolge dürfen nicht berauschen, sie verpflichten. Es wäre des Kommunismus unwürdig, wollten seine organisierten Vorkämpferinnen ihr Werk unter den Frauenmassen des Proletariats, der Werktätigen an dem Erreichten messen und nicht an der Größe und Bedeutung der Aufgaben, die ihnen die Periode des niedergehenden Weltkapitalismus und der begonnenen, unaufhaltsam weiterreifenden proletarischen Weltrevolution stellt. Die Trägerinnen und Träger der kommunistischen Frauenbewegung dürfen diese nicht sehen, wie sie sein soll, sie müssen sie so erblicken, wie sie ist. Von ihrer Entwicklung und ihrem Wirken in der Sowjetunion abgesehen, ist sie in beiden Beziehungen noch schwach. Fast in allen nationalen Sektionen der Kommunistischen Internationale erweisen die Zentralleitungen und die ihnen unterstehenden Organe noch immer ungenügendes Verständnis für die Notwendigkeit und den Wert der Beteiligung werktätiger Frauenmassen am revolutionären Klassenkampf des Proletariats, für die geschichtlich gegebenen Bedingungen dieser Beteiligung. Wo der imperialistische Kapitalismus herrscht und ausbeutet, hat die kommunistische Frauenbewegung die Gewalten seiner Wirtschaft, seines Staates, seiner Gesellschaftsordnung gegen sich, dazu die schärfste, skrupellose Konkurrenz der bürgerlichen und der sozialdemokratischen Frauenbewegung. Sie ist noch jung, und aus geschichtlich begreiflichen Gründen kommen in ihr die Schwächen und Fehler der kommunistischen Parteien der einzelnen Länder besonders stark zum Ausdruck.

Diese und andere hindernde Umstände raschen und gewaltigen Aufschwungs der kommunistischen Frauenbewegung entmutigen nicht, im Gegenteil, sie spornen zu höchster Willens- und Kraftentfaltung an. Mit leninistischer Gewissenhaftigkeit wird sie an Hand des dialektischen Materialismus die Bedingungen ihres Reifens und Wirkens untersuchen, wird sie sich dank festgegründeter theoretischer Erkenntnis erfolgreiches praktisches Handeln sichern. Lernend, arbeitend, kämpfend wird die kommunistische Frauenbewegung die sich ihr entgegentürmenden Hindernisse und Schwierigkeiten bezwingen. Ihren Anspruch auf Gleichwertung der Frauen als Kräfte der Revolution, des Kommunismus wird sie durch Taten erhärten. Von besonderer Bedeutung dafür ist, daß die organisierten Kommunistinnen die Fehler und Mängel ihrer theoretischen und praktischen Einstellung niederringen, daß sie eifrigsten, verständnisvollen Anteil nehmen an der Überwindung der Fehler und Mängel, die den Entwicklungsprozeß der nationalen Sektionen zu führenden Massenparteien des revolutionären Proletariats begleiten. Vor der kommunistischen Frauenbewegung steht das anfeuernde Beispiel des ersten Staates der proletarischen Diktatur, der in seiner Verfassung die volle Gleichberechtigung des weiblichen Geschlechts festlegt, der diese Gleichberechtigung durch Einrichtungen und Maßnahmen für die berufliche und allgemeine kulturelle Bildung und Betätigung der werktätigen Frauen, durch weitreichende soziale Fürsorge für Mutter und Kind und andere grundlegende Neuerungen sichert. Sie wird getragen und vorwärtsgetrieben von den Auswirkungen der objektiven Elemente, die trotz Stabilisierung und Rationalisierung unter der erbarmungslosen Herrschaft des imperialistischen Monopolkapitals das Ende der bürgerlichen Gesellschaftsordnung beschleunigen. Mit den sich organisierenden, revolutionär kämpfenden Ausgebeuteten aller Staaten und Gebiete kapitalistischer Macht erweist sich auch die kommunistische Frauenbewegung als ein subjektiver Faktor des Umsturzes, der Verwirklichung des Kommunismus. Als ein solcher muß sie die werktätigen Frauenmassen der revolutionsfeindlichen bürgerlichen und sozialdemokratischen Frauenbewegung entreißen. Nicht die zahlenmäßige Stärke allein, mit der jene sich brüsten, bedeutet gesellschaftsumwälzende, befreiende Kraft. Von entscheidendem geschichtlichem Wert ist die richtige Einschätzung der gesellschaftlichen Entwicklung und der für ihr Ziel entfesselten Energien des Willens, der Tat. An diesen geschichtlichen Werten ist die junge kommunistische Frauenbewegung den beiden gegenrevolutionären Bewegungen, ja allen Gewalten der bürgerlichen Gesellschaft bei weitem überlegen. Diese Erkenntnis, durch Taten veranschaulicht, wird die proletarischen, die werktätigen Frauen lehren und um das rote Banner sammeln. Als frauenbefreiende Kraft wird der Sieg der Revolution auch das Werk der kommunistischen Frauenbewegung sein.